本书是国家社会科学基金青年项目
"中国法院执行生态文明公共政策的基本原理与优化路径研究"
（项目编号：23CFX052）的阶段性成果。

通过司法的社会治理

TONG GUO SI FA DE
SHE HUI ZHI LI

侯明明　著

上海三联书店

自序

治理型司法的兴起及其价值约束

　　本书贯穿了一个明显的主题——通过司法的社会治理。近年来，不仅是我，法学界很多学者也都提炼出了"通过司法的社会治理"这一命题，尽管具体的表达侧重有所差异，但是其本质上的内涵和立场也都大同小异，具有非常强的同一性，进而我们可以将其统一称呼为"治理型司法"。"治理型司法"之研究兴盛于2013年党的十八届三中全会提出"全面深化改革的总目标是完善和发展中国特色社会主义制度，推进国家治理体系和治理能力现代化"之际，随着2019年10月党的十九届四中全会通过《中共中央关于坚持和完善中国特色社会主义制度　推进国家治理体系和治理能力现代化若干重大问题的决定》以及"中国之治"概念的提出，关于司法治理的研究再次得到强化。如果在治理的视野下看待司法，那么司法治理和司法能力也应该是国家治理体系和治理能力的重要组成部分。具体而言，在司法领域则需要实现的就是审判体系和审判能力的现代化。"治理型司法"使得司法的治理功能得以彰显，在一定程度上区分司法治理与行政治理的同时，着重探求制度优势向治理效能的转化以及其在推进国家治理体系和治理能力现代化中的作用。

　　同时，值得我们反思的是，司法治理中的"治理"一词并非法学领域之独有，而是从管理学、社会学等领域借鉴而来的，其属于交叉学科的研究。也正是交叉学科的研究造就了司法治理研究的优势和劣势。优势在于通过治理的视角来审视司法的功能发挥，将其嵌入整个国家治理体系和治理能力当中加以审视,拓展了司法研究的视阈;劣势在于其具有一定话语沉浸式的"工具性迷失",缺乏法治价值和法治理念的指引与制约,有可能忽视司法本身的内在理念、司法规律和独立价值追求。比如"治理型司法"的定位有时给予司法过分的功能期待,但是司法本身却无法承载,进而出现司法功能的超负荷现象,实际上却影响了司法治理功能的发挥。对于后者的反思,就目前学界的研究而言,恰恰没有得到足够的重视。而司法法理的出场,正好弥补了这一缺陷,司法法理则是注重在一般意义上阐释司法之原理、公理和规律。其意在对中国当下的司法实践进行抽象的概念提炼和命题凝练,抑或对司法给予逻辑化的推理性分析和规范性分析。换言之,其可能不像司法治理那样,过分地关注中国司法实践的功用,而是具有非常强的科学意涵和价值追求;进而使得司法治理的研究得到了法治价值和法治理念的制约与控制,由此展现出司法治理当中的法理,也进而呈现出"善治"的司法样态;最终使得司法治理和司法法理各自有所侧重,却又相互补充,相得益彰。在区分司法治理和其他治理的基础上,通过法院的司法性力量和法理的价值性关怀,致力于从整体上推进我国社会治理的法治化是本书想要传达的最为关键的理念所在。

但是,这也只是一种相对模糊的划分,因为如果意识到了二者的互补,就会很难只谈司法治理或司法法理中的一个部分,很大程度上要兼顾性地阐释。所以,请读者在阅读时,不必局限于单一的进路划分,而是将司法治理和司法法理视作两种互补的思维方式而存在。这样一来,阅读本书也许就会有点收获。因为其不仅仅强调司法在社会治理中如何重要、如何能动,尤其是在"司法—社会"的二元结构中,法官在这其中起到了很大的建构作用。同时,其还看到了司法功能的有限性,社会正义对于司法正义的制约作用,以及个案判决本身所内含的制度意义与价值维度。

为了本书逻辑结构上的清晰,我在"通过司法的社会治理"这一主题下,将全书分为了上中下三篇,上篇着重总结了"通过司法的社会治理之一般原理",中篇重点论述了"通过司法的社会治理之价值追问",

下篇详细讨论了"通过司法的社会治理之个案展开"。三篇互相内在勾连，却也各自有所侧重。其遵循了从一般原理到价值追问，再到个案展开的逻辑层次；从宏观叙述到相对微观阐释的分析进路。但是彼此之间难免会有交叉，而且宏观与微观、一般与特殊也是从相对意义上谈及的，请读者不必纠结于此。此外，我还在每一章的标题下，设置了类似于题记的"经典"句子引用，试图起到"画龙点睛"的作用，进而突出该章的中心主题。具体而言：

上篇分为两章，都是从较为一般的意义上来阐释"通过司法的社会治理"这一命题的基本原理。其涉及"通过司法的社会治理"命题何以可能与如何可能，以及在司法回应社会诉求的话语中如何理解"通过司法的社会治理"命题。分而述之：

第一章以卡多佐的司法实用主义哲学作为参鉴，将司法实用主义哲学与"通过司法的社会治理"这一命题进行勾连，在对理论和实践之双重维度进行考察的基础上，试图探究司法实用主义哲学视角下的"通过司法的社会治理"在中国何以可能以及如何可能，进而尝试性地提出中国司法未来的理想图景与角色担当。本章认为，国家治理体系和治理能力的现代化构建对司法提出了更高的要求，司法在实现审判体系和审判能力现代化的基础上，才能更好地嵌入整个国家治理体系当中。一方面，司法需要落实国家法秩序，实现国家法律的各种安排与预期。另一方面，司法需要回应社会，实现通过司法的社会治理。而要实现通过司法的社会治理，可以以卡多佐的司法实用主义哲学作为参鉴，并且要对中国当下的司法功能发挥、社会转型的特殊性、全面推进依法治国中的司法权威与司法公信力等因素予以情景化的考量。在此基础上才能构建出自身良性发展、与政治良性互动、塑造时代价值、具有多样司法特质的中国司法理想图景。

第二章从更为宏观的意义上，使用了"诉求—回应"的话语来谈及司法与社会的关系问题，其中也囊括了"治理型司法"的研究，或者说，"通过司法的社会治理"本身就是司法回应社会诉求的一种治理面向，通过司法回应助益社会治理。在本部分，重点阐释了司法回应社会的多维原因、内在机理以及回应力度的控制机制。其中涉及的一个重要问题就是，司法权作为一种公权力，如何控制其对于社会的回应力度。因为并不是说，司法回应能力越强、回应力度越大，社会的发展就越好，而是要在遵循司法规律和社会自治优位的前提下，实现二者的良性互动，才能既促进社会发展，又能良好地发挥司法功能。也正是在此意义上看，第二章的内容对第一章的内容有很大程度上的补充意义，尤其是在"通过司法的社会治理"命题下对司法有限主义原则的坚守。

本章认为，转型时期中国司法回应社会面临着多重合力的助推，宏观上可以总结为四个原因：转型社会的内在需求；法治自身的简约属性；司法功能的实现方式；政法传统的路径依赖。由于这些原因客观上发挥了促使作用，所以这些原因也就同时成为了当代中国司法回应社会的实践动力。司法回应社会的运作机理一方面体现在司法要对社会因变迁、转型而出现的新技术、新事物、新诉求有所回应；另一方面指向司法要对社会公众关于某种确定价值、权利追求或者不确定价值、权利议论给予法律确认、案例固化或者作出价值与制度的引领与规训。司法回应社会的实质体现在它本身所内含的社会问题司法化的过程，亦即通过司法场域的社会问题反映、集中与解决。在中国社会问题司法化的语境下，中国司法的社会回应力并非是无限度的，仍然面临着回应能力不足以及回应社会之力需要得到控制的双重压力，所以，在逐步提高中国司法回应社会能力的同时，又必须受到司法的公共理性与司法场域的适度社会开放、回应型判决理由与判决的可接受性以及司法有限主义原则与复合型司法构造下的三重机制的控制。

中篇共分为三章，这三章是从价值追问的意义上来探求"通过司法的社会治理"这一命题。其中涉及传统司法文化的创造性转化和创新性发展与当代法治中国建设以及社会治理的关系，司法判决本身的正当性以及司法正义与社会正义的关系处理等。分而述之：

第三章是从文化主体性的视角来追问传统司法文化对于当代法治中国建设及社会治理的价值。其透视的是"通过司法的社会治理"命题的"传统司法文化"维度，且试图对中国传统司法文化和现代法治中国建设进行勾连。其或是传统价值观念的传承，或是现代具体制度的建构，希冀在某种程度上实现传统司法文化的现代转化，进而促使当下法治中国建设不仅符合我们的文化传统，又能契合现代法治精神，最终达至传统司法文化与当代法治中国建设的实质性对接，以彰显法治中国建设的文化主体性。

本章认为，当下司法改革甚或整个法治中国建设迫切需要从传统司法文化中寻求出能够塑造其主体性的文化涵养，以体现中国法治建设的特色性、自主性和中国性。和合司法与现代多元化纠纷解决机制的理性选择、情理司法与现代司法裁决的合理性和可接受性、仁道司法与现代刑罚人道主义以及宣教司法与通过司法判决的公众法治观念塑造都有着密切的价值关联。传统司法文化与当代法治中国建设进行对接的本质就在于挖掘传统司法文化背后的超时空价值，最为关键的是在对其进行识别的基础上开辟出创造性转化和创新性发展的路径。但是，在未来的研究中，依然需要处理好以下两个重要问题：一是既要抓住文化识别和创造转化两个重要方向，又要打破各种现实障碍；二是警惕传统司法文化中的泛道德主义话语。

第四章对司法参与社会治理的前提性问题——司法判决的正当性来源——给予了价值上的追问。本章从司法学术研究的纯粹逻辑思维与司法日常现实的差异出发，通过将法治梯度系统下司法判决正当性的来源作为例子加以论证和说明，试图揭示出只是运用逻辑切割式的单一思维来获取结论的可能风险所在，提倡基于"司法日常现实与逻辑思维简化"的合作式思考路径，从而规避纯粹逻辑式思考的肤浅性、单一性和单纯观照司法日常复杂样态上的无力感。最终提出了法治梯度系统下"三位一体"的司法判决正当性来源建构，进而实现合法性（Legality）、可接受性与权威性之间的有机结合。

本章认为，法治梯度系统分为法治初阶、法治中阶和法治高阶。在法治梯度系统下，因应塑造了司法裁判生成系统。从纯粹逻辑上讲，在法治初阶、法治中阶和法治高阶都会有不同的司法判决正当性来源，其分别为合法性、可接受性和权威性，且其言说是基于不同的主体立场。

但是纯粹逻辑化、单一化的切割式分析脱离了司法的日常现实，容易导致"偏至思维"，必须要在中国司法日常现实的基础上，构建以合法性为基本架构和底线、以可接受性为高层价值追求、以权威性为司法建设目标的"三位一体"的司法判决正当性来源。

第五章对司法通过审判参与社会治理过程中的——司法正义和社会正义——两种价值及其关系进行了追问。对于司法正义和社会正义的追问，是在热点案例中展开的，二者在诸多热点案例中出现了一种"错位"的对峙现象。在中国传统社会，由于官民共享儒家实质正义观，司法正义与社会正义共同契合于情理型司法判决当中；而在现代社会转型期，随着中国法治以建构的方式得以推进，二者随即出现了错位的现象，虽然从整体的视角加以审视，可以将其视为一种必然会出现的"正常现象"，但是仍需对其可能存在的潜在风险进行预防、规避和化解。本章对二者错位的类型、原因以及背后的司法实践启示进行了详细的分析。如果这种"错位"的对峙现象得以减缓，其将大大裨益于未来司法与社会的和谐相处，"通过司法的社会治理"这一命题也将顺利得以开展，司法治理的效果可能也会大大提升。

本章认为，司法正义与社会正义之间的错位存在明知故判型、无意判决型以及结构性错位、冲突性错位等类型化存在。二者之间的错位除却因社会的结构性问题、思考标准的二元化等因素而造成外，还与公众对司法存有过多期待与司法自身回应能力不足，媒体对于案件裁剪下一定程度上事实的重构叙述逻辑，公众法律理性和道义理性交替使用下的双重逻辑应对策略，及舆论下的民意幻象有关。因此，树立司法有限主义理念显得必要；打造司法判决的复合化生产，坚持适度司法义务和论证义务，才能走向"法律—道德"的兼容模式；司法正义在保持自身内在逻辑连贯性的前提下对社会正义具有引领作用，而社会正义对司法正义具有制约作用。

下篇共分为三章，都是从司法个案的视角来审视"通过司法的社会治理"这一命题。其中，既有以具体热点个案为素材而深入展开的"个案法理学"分析，也有以个案之功能和意义为思考基点所进行的相对抽象的分析。分而述之：

第六章以"张扣扣案"为分析素材，对此案背后的隐性社会结构及其对司法裁判的可能影响与限度给予了讨论，进而引申出对"诉源治理""私暴力复仇"等问题的关注。本章认为，在"张扣扣案"中，作为隐性社会结构的复仇文化下的共情效应，与作为显性法律结构的私力公权化了的制度性惩罚具有冲突的一面。但是由于定罪构造上的超稳定结构、司法者对于社会效应的考量、前案与后案之间不具有法定结构上的因果关系以及最高刑罚与罪行之间并非一一对应的可视化配置关系等原因，隐性社会结构对司法裁判所产生的影响仍然是有限的，其对于法律事实的认定、法律的适用以及量刑裁量的影响都是辅助性的，而非运作性依据。但是私暴力复仇的悲剧也呈现出值得现代法律结构、司法系统进行反思的一面，需要调和三者之间的冲突，促进司法与社会的融洽相处。

第七章从"通过个案判决塑造公众法治观念"这一命题的逻辑理路出发，对"通过司法的社会治理"进行了具体化的、微观化的分析，着重阐释了司法判决对于社会公众的价值引领作用，通过发挥司法的价值导引功能来发挥其社会治理功能。本章认为，"法律文化的内部结构冲突"和"法治观念社会化的事业未竟"是命题得以提出的背景和问题意识；个案判决塑造的特殊性是命题得以成立的逻辑前提；文化性意义的影响、法律与社会沟通的中介、司法判决的公共产品属性以及未来理性生活的安排是命题自身发挥作用的内在机理；权利需求市场的增生、信息互联网时代的司法公开是"通过个案判决塑造公众法治观念"的外在驱动力；价值释放模式、案例指导模式以及反面形塑模式是命题得以开展的基本模式。

第八章延续了对"通过个案判决塑造公众法治观念"这一命题的讨论，其重点在于从法治观念的可塑性与通过个案判决塑造两个维度，论证了"通过个案判决塑造公众法治观念"命题具备理论上的可行性和实践上的可操作性。但是，其依然存在着塑造的认同困境、实效困境、供需困境以及思维困境，需要从司法正义与社会正义的互惠模式、参与主体的理性化、整体性司法知识观下司法判决的复合化生产、塑造模式的完善以及践行案例法治文化实践模式等维度来加以消解。在此基础上，也才能更好地实现司法的价值引领功能，为社会公众的日常生活塑造良善的法治环境，进而促进社会治理的法治化、现代化，推进法治社会的建设以及现代社会的转型。

　　是为自序。

2022 年 6 月 22 日初稿

于山西五台山附近

2023 年 12 月 11 日终稿

于吉大匡亚明楼

目　录

中篇　通过司法的社会治理之价值追问

目　录

下篇　通过司法的社会治理之个案展开

上篇

通过司法的社会治理
之一般原理

第一章
通过司法的社会治理：何以可能及如何可能

只有那些以某种具体的和妥切的方式将刚性与灵活性完美结合在一起的法律制度，才是真正伟大的法律制度。

——[美]埃德加·博登海默

所有的司法行动都应该以社会福利的增加作为终极目的。

——[美]本杰明·卡多佐

法官们相信，没有人享有任何特定判决的权利；他们把自己的任务看作是在考虑了所有的因素之后，选择从整体上来说是最好的决定。

——[美]罗纳德·德沃金

美国伯克利学派的代表人物诺内特(Philippe Nonet)和塞尔兹尼克(Philip Selznick)曾将法律划分为"压制型法""自治型法"和"回应型法"，①其预设了法律的发展趋势，也粗线条地描绘了法律进化的图景。法律的最终方向应该是迈向"回应型法"，任何法律必定都是在现实的社会中运作，也必然是"社会中的法律"。按照系统论法学的观点，如果把整个社会比作一个大系统，那么法律则是其中的一个子系统，而子系

---

① 参见[美]诺内特、塞尔兹尼克. 转变中的法律与社会：迈向回应型法[M]. 张志铭，译. 北京：中国政法大学出版社，2004：18.

统对母系统的依赖,也必定会造成法律对于社会的依附。① 但是法律的发展不可能是单一化的存在与单向度的倾向,势必会出现多种类型的法律共生共存的局面,比如"压制型法"和"自治型法"共存,"自治型法"和"回应型法"共存,甚至是三种法律类型的共存。而作为国家法秩序的落实者和国家治理体系之子体系的司法,在这其中的责任担当是不可避免的,而且也必定是多样的。另外,特别是党的十八届三中全会所通过的《中共中央关于全面深化改革若干重大问题的决定》提出了"要实现国家治理体系和治理能力的现代化",其对于司法的功能发挥和治理效果提出了更高的要求。一方面,司法需要落实国家法秩序,实现国家法律的各种安排与预期;另一方面,司法需要回应社会,实现通过司法的社会治理,进而嵌入整个国家治理体系当中。但是,在这种背景下,其也面临着很大的挑战,亦即,如何通过司法治理能力的提升来增强国家治理能力。

因此,笔者在本章试图以卡多佐的司法实用主义哲学为理论参鉴,在探寻卡多佐司法实用主义哲学本质内涵的基础上,揭示出其对于我国司法治理的参考意义。并且立足于中国司法的现实境遇和具体情形,以期在司法实用主义理念与"通过司法的社会治理"命题之间建立某种勾连,达至将国外的理论变通式运用于中国本土司法场域的目的,进而提出"中国司法的理想图景"这一紧贴时代步伐与气息的宏观建构,希冀法学界对司法在现代社会治理中的作用能够运用崭新的视角审视,甚至在一定程度上重新厘清与定位司法在现代社会治理中的角色扮演。

第一节 跳出法条主义和法律现实主义中的极端思维

一、法条主义与法律现实主义的极端面向

法条主义和法律现实主义以及司法实用主义都具有自身的特质,

---

① 参见[德]卢曼. 社会的法律[M]. 郑伊倩,译. 北京:人民出版社,2009:14、296.

甚至有一些容易混淆之处,所以有必要首先对法条主义和法律现实主义的特点做一个梳理和阐释,然后再和司法实用主义进行比较,以便于在比较中对其各自本质有更加明确的认知,进而在认清三者优缺点的基础上作出理智的选择和取舍。

对于法条主义的界定,虽没有统一的解释,但是法条主义有其极端性的缺陷,面临着自身内部与外部理论的双重质疑与批判。[①] "法条主义是围绕法律条文研究法律的,一旦法律条文和社会实践发生冲突,或者不相适应,那么,法条主义也就可能遭遇尴尬。"[②]同时,苏力教授认为法条主义是一种法教义学和法律论证理论。[③] 即理想的法条主义决定是一个三段论的产品,其中法律规则提供了大前提,案件事实提供了小前提,而司法决定就是结论。这条规则也许必须从某个制定法或某个宪法规定中抽象出来,但与这一法条主义模型完全相伴的是一套解释规则,因此解释也变成了一种受规则约束的活动,清除了司法的裁量。[④] 可见,法条主义已经预设了法律的社会价值和社会目标蕴含在法条当中,法官只需要按照法律的意志执行,而且认为司法活动是封闭的而非开放的推理过程。[⑤] 但是,社会现实却是复杂多样的,一旦立法已经完成,其也不可能完全制止那些正在发生的变化。这时,法律与社会现实之间的一一对应关系就无法完美呈现,也进而可能会产生不可调和的结构性矛盾,尤其是形式正义和实质正义之间的冲突。即使法条主义坚守者发展出了发达的法律解释方法来试图完成这一艰巨的任务,但是其内部仍然面临着解释方法的位阶无法确定、解释元规则的缺位、方法的理论存在和司法现实适用的鸿沟等延伸性问题。甚至是,法条主义为了解决这些难以应对的复杂、疑难司法案件或者司法认知上的相对不确定性,有意无意地逐步扩大自身的范围,变得越来越不像其

---

① 具体内容的梳理,参见王永杰. 法条主义裁判的反思与出路[J]. 复旦学报(社会科学版),2019(6):176—181.

② 刘星. 怎样看待中国法学的"法条主义"[J]. 现代法学,2007(2):56.

③ 参见苏力. 法条主义、民意与难办案件[J]. 中外法学,2009(1):98—104.

④ [美]理查德·波斯纳. 法官如何思考[M]. 苏力,译. 北京:法律出版社,2009:38—39.

⑤ 参见顾培东. 能动司法若干问题研究[J]. 中国法学,2010(4):8.

预设的"法条主义",反而愈益变得有点"实用主义"。近年来,学界部分学者把"后果主义考量""后果主义裁判"或"效用考量"也作为一种法条主义范围内的裁判方法的主张,恰好印证了这一点。

法律现实主义则认为法官审理案件主要依据的不是法律规则,而是政治、经济及正义观念等非法律因素。而且法律现实主义者认为法律是不确定的,持一种"规则怀疑论","确定性一般说是一个幻想"。[①] 同时认为判决所依据的事实也是不确定的,只是法官内心的猜测,[②]亦即"事实怀疑论"。而且也断言法律就是法官的判决,[③]也就是"法律预测论"。让人值得铭记的是,给予法律现实主义致命打击的是英国著名法学家哈特(H. L. A. Hart)教授的观点。对于法律现实主义的"规则怀疑论",哈特教授提出了法律概念的核心(中心)意义和边缘意义,并且认为法律只有在边缘意义上才会存在开放结构,而在中心意义上不存在开放结构。[④] 关于法律现实主义的"法律预测论",哈特教授认为此观点忽视了法律的存在,过分夸大了司法认知的不确定性,是一种非常危险的行为。由此可见,法律现实主义也有其极端化的缺陷。[⑤] 基于以上梳理与分析,如果以理论模型的保守性和激进性作为横轴的考量因素,那么可以画出如下的图示 1-1:

从目前的法学理论研究来看,左边法条主义和右边法律现实主义

① [美]霍姆斯.法律的道路[C]//斯蒂文·J·伯顿.法律的道路及其影响.张芝梅,陈绪刚,译.北京:北京大学出版社,2005:424.

② 参见严存生.西方法律思想史[M].北京:中国法制出版社,2012:335.

③ 参见张文显.二十世纪西方方法哲学思潮研究[M].北京:法律出版社,2006:114.

④ 针对此观点哈特教授列举出了"禁止车辆入内"的例子,很显然我们对于车辆的中心含义很明确,但是对于"玩具车"这样车辆的边缘意义却认知得不够明确,也只有在此意义上法律概念存在开放结构。参见[英]哈特.法律的概念[M].张文显,等,译.北京:中国大百科全书出版社,1996:124—129.

⑤ 相对激进只是法律现实主义法学的一般倾向和特征,这种倾向和特征集中体现在卢埃林和弗兰克的法律思想中。参见严存生.西方法律思想史[M].北京:中国法制出版社,2012:324.[美]杰罗姆·弗兰克.初审法院——美国司法中的神话与现实[M].赵承寿,译.北京:中国政法大学出版社,2006.[美]卡尔·卢埃林.荆棘丛:关于法律与法学院的经典演讲[M].明辉,译.北京:北京大学出版社,2017.[美]卡尔·卢埃林.普通法传统[M].陈绪纲,史大晓,等,译.北京:中国政法大学出版社,2002.

图1-1　法条主义、法律现实主义与司法实用主义之保守与激进示意图

处于充盈状态，而中间的司法实用主义视域则在一定程度上陷于虚置或者忽视状态，单单从资源的利用与开发维度来看，其本身就是一片学术富矿。法条主义固然有其必要的价值与意义，但是其缺陷也是显而易见的。即使是捍卫和支持法条主义以追求公共理性的学者也不得不承认法条主义存在诸多的缺陷，有扬弃的必要。① "只有那些以某种具体的和妥切的方式将刚性与灵活性完美结合在一起的法律制度，才是真正伟大的法律制度。"②所以我们强调司法实用主义哲学就是在法条主义与法律现实主义之间找到一种妥协与结合，以便构建一种具有理论意义和实践意义之双重价值的理论模型。其实，把司法定位于"测度立法权威所确立的价值和现实生活之间的差距，从而找到弥补两者罅隙的方法"③，其实质就是实用主义哲学在法条主义思维上的渗透与显现。

值得注意的是，学术界有时将实用主义、现实主义在模糊的意义上使用，④没有非常精准地厘清二者的微观差异，致使许多人对卡多佐（Benjamin Nathan Cardozo）的司法实用主义哲学产生了误解，甚至是偏见。实际上，卡多佐并不是一个极端的法律现实主义者，而是一个带有几分保守性质和具有几分激进精神的司法实用主义者。几分保守是相对于法律现实主义而言，而几分激进则是相对于法条主义而言。"一

---

① 参见王国龙.捍卫法条主义[J].法律科学，2011(4)：40—51.
② ［美］E·博登海默.法理学：法律哲学与法律方法[M].邓正来，译.北京：中国政法大学出版社，2017：424.
③ ［美］欧文·费斯.如法所能[M].师帅，译.北京：中国政法大学出版社，2008：序言1.
④ 例如，"实用主义、现实主义的倡导者霍姆斯、卡多佐、庞德等人直接掌握着司法权力或者在司法实务界具有重要的地位和影响。""就司法领域的实际状况而言，实用主义和现实主义以及体现这种哲学意识的能动主义已牢牢地扎根于司法实践之中。"参见顾培东.能动司法若干问题研究[J].中国法学，2010(4)：17.

种现实主义精神应当在目前的规则和目前的需要之间带来一种和谐。"①司法的过程就是妥协状态下的飞跃与进步,"妥协"是法条主义和法律现实主义下的中庸,"飞跃"则是对现存法律状态的超越与重新塑造。他不像最极端的法律现实主义者那样怀疑法律(包括判例法)的存在,认为法院的判决才是法律。例如,卡多佐指出,否定普遍运行的规则实际上就是否认了法律存在的可能性,这必定是荒谬和错误的。这种法律定义致使法律看上去像是一种虚幻,失去了法律本身具有的品质。② 同时,他也保守地认为法官应该以遵循先例作为第一准则,而不是直接寻找或者获取法律之外的资源去解决纠纷、得出裁决。可见其观点具有一定的规范性导向,凸显了法官对于法治的捍卫姿态。再比如,卡多佐曾言及:"遵循先例应当成为规则,而不是一种例外。"③即使退一步讲,把卡多佐司法实用主义哲学也归到法律现实主义的阵营当中,其主张的"现实主义"也迥异于卢埃林(Karl N. Llewellyn)、弗兰克(Jerome Frank)等美国法律现实主义代表人物意义上的法律现实主义。所以,卡多佐的司法实用主义哲学其实已经跳出了法条主义和法律现实主义的极端性,也正是此理论的中庸性、温和性才使得其价值和意义巨大。

二、卡多佐的司法实用主义哲学意蕴

实用主义产生于 19 世纪 70 年代的美国,主要创始人有哲学家皮尔士与詹姆士、心理学家赖特和法学家霍姆斯等人,它吸收了经验传统主义、达尔文进化论、实验心理学、自然科学实验方法,经历了古典实用主义时期和新实用主义时期,现在已经是在美国最具影响的哲学流派之一。④ 在法学领域,引入实用主义的鼻祖是美国霍姆斯(Oliver

① [美]本杰明·卡多佐. 司法过程的性质[M]. 苏力,译. 北京:商务印书馆,2000:99.
② 参见[美]本杰明·卡多佐. 司法过程的性质[M]. 苏力,译. 北京:商务印书馆,2000:79.
③ [美]本杰明·卡多佐. 司法过程的性质[M]. 苏力,译. 北京:商务印书馆,2000:93—94.
④ 参见张芝梅. 美国的法律实用主义[M]. 北京:法律出版社,2008:13—22.

Wendell Holmes)大法官,后来学者们在借鉴和整合多种资源的基础上形成了司法实用主义,其中著名的代表人物就是美国联邦最高法院大法官卡多佐,其代表作品是《司法过程的性质》《法律的成长　法律科学的悖论》。[①] 下面笔者以上述两部作品为核心文本,同时以学界相关论述为辅来探究卡多佐的司法实用主义哲学,在尝试对卡多佐司法实用主义哲学进行全面解读的同时,以期消除学界对卡多佐的误解与曲解;进而,为后文勾连"通过司法的社会治理"与"司法实用主义哲学"提供前提性的理论资源和智识支持。

司法过程的性质是多种利益和价值博弈的过程,其内化于法官的头脑思维之中,外化于法官的行为与言辞之列。多种影响的力量集于法官一身,独自或者共同对法官产生功效。至于何者起支配作用、何者起次要作用,则是一种社会利益和价值追求的衡量,而这其中必定包含法律规范得以遵守和执行的社会利益。但是社会利益的大小如何考量和观照也肯定是错综复杂的。对此,卡多佐提出了四种方法,这四种方法构成了法官裁判的起点和基础。当然在此基础上,卡多佐也提出了一种形而上的统筹标准:法律的服务目的。法律的终极目的是社会福利,即正义和效益,"法律所服务的目的将支配所有这些方法"。[②] 由此观之,卡多佐最为推崇的就是社会学的方法,通过对社会需求的不断满足,使社会福利处于生长的状态,彰显了浓郁的实用主义精神和气质。同时,卡多佐认为,此时此刻的法官应该像立法者那样去思考,既求助于经验研究,又要开启自己的理性和智慧,从中获取智识,加以断定,这种断定之后的思维力量支撑就是立法与司法的触点。其实,法官彼时彼刻就是准立法者的角色,但是此角色的扮演与施展空间是有限的和局促的,卡多佐将其称为"法律中的空缺地带"。

至于卡多佐对司法实用主义哲学如何进行细致入微的论述,笔者

---

① 参见[美]本杰明·卡多佐.司法过程的性质[M].苏力,译.北京:商务印书馆,2000.[美]本杰明·卡多佐.法律的成长　法律科学的悖论[M].董炯,彭冰,译.北京:中国法制出版社,2002.

② [美]本杰明·卡多佐.司法过程的性质[M].苏力,译.北京:商务印书馆,2000:40.

概括如下：

第一，承认多种法律方法的综合使用。如上文所述，卡多佐将司法过程的方法分为四种——哲学（逻辑）的方法、历史的方法、习惯的方法、社会学的方法。对于逻辑的方法，卡多佐并不认为此种方法是最重要的，但却是指导我们选择何种路径的首要方法。如果排除其他因素的干扰，逻辑的方法必定会指引我们找到正确的判决方向，但事实往往并非如此，因为现实中的案件是错综复杂的。对于历史的方法，则是对起源的调查，其追求的是一种历史回溯的精神。正如卡多佐在书中所提到的令人警醒而不失深刻的话语，"今天我们研究前天，为的是昨天也许不会使今天无所作为以及今天又不会使明天无所作为"。^① 过去支配着现在和未来一说虽有无比崇尚的色彩，但是知历史明未来之意却表达得淋漓尽致。习惯的方法则是一种对传统保持的惯性，这种惯性是我们遵循传统时的一种参考。对于社会学的方法卡多佐最为推崇。逻辑、历史、习惯虽具有其特殊的地位和意义，但是其限度也是显而易见的。逻辑的方法放弃了经验，历史的方法回顾的是过去，而习惯虽有传统的力量与路径依赖，但是远距离地、不分语境地加以使用毕竟会令其作用弱化。而只有注重经验，关注当下的社会需求与社会福利才是更急迫和紧要的。

第二，司法具有回应社会、承担更多社会责任的能动性。司法裁判从来都不应该是一判了之——尽管它需要通过判决来实现社会的稳定预期，而应该是在考虑社会多元诉求的基础上，加以不同程度的回应，进而实现一种"诉求—回应"下的社会治理与责任承担。

第三，司法具有变通、灵动的必要性和现实性。司法面对的是复杂的社会生活和众多流变的事实状态，如果司法一味保持原状，容易造成一种纯粹形式理性的虚幻。

第四，司法的裁决理由应该是除法律单一维度的多因素考量。司法裁判不仅是基于实践和经验的结晶，而且保持着对社会效果的高度

---

① ［美］本杰明·卡多佐. 司法过程的性质［M］. 苏力，译. 北京：商务印书馆，2000：32.

观照。卡多佐一直把遵循先例作为原则而不是例外，后来的先例植根于之前的先例，之前的先例是后来先例的土壤与阳光，先例与先例之间是一脉相承的，彼此之间是充满稳定的存在与潜在的隐含。先例与先例之间虽然也存在着无数的变数与反常的渴望，但是类型化过程的打磨使其二者甚或多者之间更具包容性与统一性。除此之外，他主张法官的判决应该反映时代影响、社会、商业以及政治当前的状况。① 同时他也同意司法过程"意味着评估和权衡，它也意味着考虑选择的实际道德和结果；它还意味着不仅运用抽象逻辑的论证，而且运用经济学、政治学、伦理学、社会学及心理学论证"②。

第五，以社会福利、社会利益作为最高目标与追求价值。卡多佐注重司法的运行规律和逻辑，把社会的福利和社会目标作为司法追求的第一要素，亦即司法运行的终极原因和终极目的是社会福利。

第二节　司法实用主义哲学与通过司法的社会治理之勾连

司法实用主义哲学作为一种理论模型，而"通过司法的社会治理"是一种法学理论的命题建构，那么如何突破二者之间的"二歧鸿沟"③，如何实现二者的关系勾连以达至理论的契合必将是一个必须解决的前提性问题。如果二者之间具有不可逾越的鸿沟，而且不具有理论包容的空间和契合点，那么笔者试图在卡多佐司法实用主义哲学参鉴下的

---

① ［美］本杰明·卡多佐.法律的成长　法律科学的悖论［M］.董炯，彭冰，译.北京：中国法制出版社，2002：66.

② See PEKELIS. The Case for a Jurisprudence of Welfare ［M］//MILTON R. KONVITZ. Law and Social Action: Selected Essays of Alexander H. Pekelis. Ithaca & New York: Cornell University Press, 1950:1, 8 - 15.转引自［意］莫诺·卡佩莱蒂.比较法视野中的司法程序［M］.徐昕，王奕，译.北京：清华大学出版社，2005：13.

③ 二歧鸿沟本来是休谟难题之一，即实然和应然之间的关系难题，这里笔者不是运用其本意，而是强调司法实用主义哲学和"通过司法的社会治理"之间的隔阂。

理论融合建构也必将是伪命题。通过笔者长期的实证观察和理论思辨，发现二者之间所谓的陌生与疏离其实是一种假象。

一方面，司法实用主义哲学必然要求司法与社会大系统中的各个元素（这里的元素有很多，例如群体利益、社会福利、民族的生活习俗、民众的法律观念与司法认知等）建立联系。而根据帕森斯（Talcott Parsons）对结构功能主义的阐释，司法功能的发挥要产生各种信息，并且把这种信息以影响的方式输入其他社会功能系统。① 亦即尽可能地通过各种方式与社会建立各种各样的互动模式。而根据哈贝马斯（Jürgen Habermas）沟通、交往行为理论的启发，②司法与外界的沟通、交往（在一定程度上表现为对话，当然对话的方式更是多种多样）必定是司法与社会建立联系、发挥功能的最佳方式和选择。而与社会建立此样或者彼样的联系与互动又必须寻求社会功能的发挥，亦即司法功能的发挥以及司法与社会建立某种程度的联系是相辅相成的，是共生共长的，是正和的关系。而司法功能的发挥也必定进一步要求司法对社会进行回应和反馈，达至通过司法的社会治理。但是这时的司法治理不再是一种"压制式"的管理或统治，而是一种多元主体参与式的、平和对话式的理性交流。在这里免除了传统压迫感的存在，也弥补了政府主导社会治理下的尴尬与困境，而是积极地依靠法治话语、法治理性

① 在帕森斯看来，社会系统乃至整个行动系统都面临着一些大致相同的基本功能要求，满足这些要求是系统存在的先决条件。因此行动系统被概念化为四个生存问题，或是四种生存的必要条件：适应（Adaptation）；目标达成（Goal Attainment）；整合（Integration）；维持潜在的模式（Latency Pattern Maintenance）。适应是指系统必然与环境发生一定关系，为了能够存在下去，系统必须确保从环境中获取足够的资源，然后在整个系统中进行分配。目标达成是指在系统目标中建立秩序级别，然后调动系统内部资源以集中实现系统目标。整合是为了保证组成系统的各个部分相互配合，使系统作为一个整体有效地发挥功能，必须将各个部分联系起来，使各个部分协调一致、相互合作，避免出现游离、脱节和断裂。维持潜在的模式围绕着两个相关问题：模式维持和紧张处理。模式维持指的是系统要确保社会系统的行动者显示合适的个性（动机、需求、角色扮演技巧等）；紧张处理则是应付处于社会系统中的行动者的内部紧张。参见[美]杰弗里·亚历山大. 社会学二十讲：二战以来的理论发展[M]. 贾春增，董天民，等，译. 北京：华夏出版社，2000：27—34.

② 参见[德]哈贝马斯. 交往行动理论——行动的合理性和社会合理化（第1卷）[M]. 洪佩郁，蔺青，译. 重庆：重庆出版社，1994. 哈贝马斯. 交往与社会进化[M]. 张博树，译. 重庆：重庆出版社，1989.

来关照和处理社会中众多场域出现的问题和存在的关系。

另一方面,通过司法来治理社会本身就是一次司法实用主义理念运用的探讨和模拟,甚至可以说是一种谨慎的、尝试性的社会科学实验。苏力教授曾经提言,中国司法必须回应中国问题,当代中国必须有效回应当代中国问题,任何国家的司法必须分担国家治理的职责。[①] 具体来讲,第一,通过司法的社会治理可以实现法律效果和社会效果的统一,进一步消除法官因规避风险而进行保守裁判的顾虑。而且通过司法的社会治理是以一种更加完美的方式实现司法正义的明智路径选择,其不仅注重形式法治下的正义,而且更加关注实质法治下的正义。法官适用法律也是灵活地适用,运用各种方法对政治、经济、文化等因素的参与进行解释和权衡,进而实现社会效果与法律效果的双赢。[②] 第二,通过司法的社会治理不仅是一种注重实践与经验的审判路径,也是一种重视效果和政策执行的裁判选择。司法过程并非简单易行,也并非像法条主义那样程式化的预设,司法是鲜活的存在,是充满创造性和智慧化的活动。[③] 所以,其又被称为一种关于审判的法律艺术。第三,通过司法的社会治理是"压制型司法"逐渐迈向"自治型司法"和"回应型司法"的理论建构,其在强化自我治理的基础上,倡议对社会的诉求加以回应,而不是一味受到其他权力的压制。司法通过对社会的回应增强了判决的可接受性,体现了对民众诉求的关切,打破司法只有"刻度"没有"温度"的传统形象。第四,通过司法的社会治理是对大陆法系之传统法律推理中单纯演绎推理的超越。法官应该突破传统的法律推理路径,看到传统形式推理中因为机械司法而导致的规范正义和个案正义之间的冲突,不应该仅停留在为了得到一个结论而煞费苦心地只进行逻辑推理的层面,而是增加司法的社会维度考量。第五,通过司法的社会治理不仅发挥了法院整体的功能,而且充分挖掘了法官的个体潜能,加大了法官自由裁量权的展开,有利于实现裁量正义。

---

① 参见苏力.关于能动司法与大调解[J].中国法学,2010(1):7.
② 参见刘治斌.案件事实的形成及其法律判断[J].法制与社会发展,2007(2):14—27.
③ 参见顾培东.能动司法若干问题研究[J].中国法学,2010(4):14—15.

第三节　司法实用主义哲学视角下的中国社会治理

一、司法实用主义哲学本土化的中国可能

卡多佐的司法哲学以及司法理念产生的土壤是普通法，是以司法为中心的法律传统，司法在社会中的作用和影响是巨大的和不可替代的。违宪审查、法官造法等角色的扮演无一不透视出司法的价值与效用。但是，回顾我国具有大陆法系传统色彩的司法状态，司法扮演更多的是法律的执行者、遵守者和国家意志的表达者之角色，其在社会的治理中并非处于中心地位。因此我们是否就肯定得出"通过司法的社会治理"命题在中国必定不成立的结论？笔者不认为这是必然的，恰恰通过司法的社会治理在中国是亟待和迫切的。同时，也必须深刻探究国外司法实用主义哲学的理论主张是否与我国司法面临的国情和社情相适应，以免造成水土不服的怪相。

盲目地与世界攀附可能造成自大，但也没必要刻意地封闭以建立某种自卑。将西方司法实用主义哲学适用于中国语境加以本土化，不仅不会造成民族的自卑和学术资源的浪费，反而本土化的过程会使得中国法治、中国司法增强自身的信心与话语权。因此，在这种心理的认同下，再去试想普通法土壤下所生长的卡多佐的司法实用主义哲学如何在中国语境下扎根，甚至适度变通、调试就变得很有可能。

（一）中国司法改革的"长时段"经验脉络

中国的司法改革正在如火如荼地进行，所以要实现司法实用主义哲学的中国运用，必须在此大背景下予以探讨。司法改革既是抽象的也是具体的。抽象在于司法理念、司法文化、司法功能的提炼、定位与升华；具体在于司法组织、司法程序、司法技术的变迁、改进与提升。不管是抽象的改变还是具体的变迁，都可以通过一定的媒介予以认识和

识别，这个媒介就是最高人民法院历任院长的司法理念以及由其主导下的各类司法实践。主要透过他们的讲话、报告、文章，再加以官方或民间媒体的鲜活报道辅助，我们可以相对全面地了解我国多年司法改革的经验脉络。

通过对以上所提材料进行恰当审视与分析以后，从"长时段"的视角而言，可以得出以下具有可接受性的结论：我国的司法改革大体遵循了司法职业化和司法大众化这两条主线，并且从总体方向上（虽然在总体的内部有所微调）呈现出了"司法职业化——司法大众化——司法职业化"的格局，亦即现在我国的司法重新走上了精英式的专业化改革道路，越来越重视司法工作人员的法律素质和司法技术，注重提高司法效率、提升司法权威和司法公信力，进而通过"自治型司法"建设以期实现司法审判体系和审判能力的现代化。

进而可以透视出，司法职业化是一个群体被塑造的动态过程，也是一个司法知识不断被赋予特殊群体的过程，更是一个群体与另外群体相互分离、相互区别的专业化过程。在这个过程中，司法精英逐渐显现，法律知识运用更加熟练，法律技艺不断提升，法律思维甚至法治思维逐步强化，法治精神意蕴更是不断内化。其最终结果是形成具有法律知识、法律技艺、职业操守、法治思维方式和对内部职业高度认同的法官群体，而此群体就是参与通过司法治理社会的中坚力量。

（二）司法专业化和司法实用主义哲学之关系

根据前文所述，我国的司法改革正迈向司法职业化、专业化。那么如此司法改革背景与司法实用主义哲学在中国司法领域的展开是否存在某种关系的勾连？如果存在某种契合的关系，那必将为中国司法改革注入新的理论活力和参鉴资源。

首先，司法的专业化为司法实用主义哲学的现实化提供了良好的人才基础和智识平台，进而塑造了司法实用主义哲学的应用背景。高素质的人才是治理现代社会、处理纠纷的前置性条件，相关人才的在位、特定知识的运用会使得社会治理和社会纠纷处理起来简单易行，效率加倍。仅有"法官"称号而无司法专业知识和技能的法律人，人品再好、再正派，也非常容易受到不恰当的、非程序化的因素影响，很可能会被卷入各种社会思潮。① 其次，司法的专业化与司法实用主义哲学的结合也是司法精英意识与大众诉求的亲切接触。"法律问题从一开始就明显不仅是法律问题，而同时也是政治问题、社会问题、历史问题和文化问题。"② 同样，司法问题也不仅仅是司法本身的问题，其是多维度、多面向问题的集合。众多问题又极易引发各种话语的积聚，而在这众多的话语中，很多情景下公民的呼声被精英式的话语所覆盖，民众的诉求难以表达。由于民众对司法缺乏认知过程的心理体验，甚至对司法改革产生了陌生感与疏离感，更加难以认同司法判决，进而使得司法呈现出了一种"高冷"的状态。③ 而将二者结合势必会打破这种现实的尴尬局面，还司法一种"既有刻度又有温度"的良好形象，体现出司法运行的价值关怀。再次，司法实用主义哲学对司法专业化的展开提出了更高的要求，同时也期待司法对社会进行更全面地观照。司法实用主义哲学要求司法在专业化运作的过程中，在必要的时刻考虑社会诸因素，将法律之外的其他资源作为法律依据选择或适用的背后支撑性因素。甚至更多的情景是，在法律处于空缺状态时，司法必须找到更好的理由来维护社会福利和社会利益。最后，司法实用主义哲学对司法的专业化变得不加区分地普遍化、一般化提出了反思和警醒，因为在有些地区、有些案件领域实现司法的专业化、职业化反而是一种不协调和不经济的表现。（关于这一点笔者将在后文作详细阐释）

所以，司法专业人员应有两束目光，一束投向法律本身，另一束投向社会现实。同时，作为法律人，不能不关怀政治以及心系社会大众，而这也是一个法律人必要的情怀和使命。

---

① 参见苏力. 中国司法改革逻辑的研究——评最高法院的《引咎辞职规定》[J]. 战略与管理，2002(1)：28.
② 梁治平. 法律的文化解释[C]. 北京：生活·读书·新知三联书店，1994：代序6.
③ 参见沈明磊，谢新竹，王成. 司法改革的价值向度——民本视阈下司法改革进路之分析[J]. 法学，2011(4)：52.

二、中国司法实用主义哲学现实化的考量因素

在中国司法实用主义哲学现实化的过程当中必定会有许多的现实助推因素，也必定会存在众多的约束性条件。不管是助推因素还是约束条件都必须加以厘清和甄别，以识别出司法实用主义哲学在中国场域下得以实践化的绊脚石和垫脚石。

第一，司法目前虽一方面面临着"案多人少"的矛盾，但是另一方面，司法的功能和作用在中国并没有得到全方位、多层次的展开，部分司法能量还处于闲置状态，通过司法的社会治理能够发挥出司法的全方位能量以及实现司法资源的最大效能。不管是实在法还是判例法都具有其本身的时代局限性，那么司法在社会治理当中就具有其极大的发挥空间和施展余地。如果司法能量在很长的时间内不能向外部得以释放，其不仅可能会产生相应的内在问题与矛盾，进而导致司法内部的能量消耗，而且也会造成国家相应资源的流失与浪费。与其任其付诸东流，不如加以疏导利用，通过司法能量来治理社会，进而在树立司法权威和司法公信力的同时，又能呈现出司法与社会的和谐状态。尤其是，司法过程不仅仅承载着解决纠纷的作用，而且它还要向社会宣示公平与正义的理念，以使得社会成员的行为受到法律的约束、精神受到法律价值的洗礼。[1]

第二，处于社会转型期的中国所呈现出来的复杂性和多样性要求司法承载更多的社会责任，不仅倡导主流价值观，解决矛盾与纠纷，而且要发挥司法能动性，实现国家其他权力的平稳运行。亦即，司法的焦点不仅仅局限于个案的事实，而是扩大至影响诸当事人的生存、生活状态的人文视野和国家诸项权力的运作空间。特别是在民间法、习惯法或软法研究如火如荼的时代背景下，在我国处于"社会规则体系的复杂

---

[1] 参见唐莹莹,陈星言,倪联辉."一元钱诉讼"与纠纷解决机制[J].法律适用,2004(2):61.

性"和"社会矛盾复杂性"的双重压力之下，①不可保持一种类似鸵鸟、掩耳盗铃式的回避方式去面对现实的司法问题。这些与国家法相对应存在的民间法之所以仍有较大的研究空间和价值，进一步说明了包括立法权、执法权等在内的国家权力运行的不健全性，或者其本身就具有一定的天然缺陷。以一种开放的司法姿态去拥抱现实的法律生活与真实状态也必定是时代对司法提出的外在要求与呼唤。在社会转型期，"礼俗社会"逐渐瓦解，"法理型社会"②日益被塑造，特别是法治话语占据主导地位的时代，司法不仅应该承担起规范、教育、指引等社会功能，对社会形成一种关切和回应，与社会形成良好的互动，而且需要对其他权力的运行加以规制以期实现权力的平稳化操作。

第三，法治中国语境中司法权威、司法公信力的树立未处于已然的状态，而是正处于建构的行动当中。如果司法出现与社会失调和脱节的状态，那么进一步树立司法权威、提升司法公信力的内在要求的现实将变得更加严峻。对社会的高度关切并运用自身能力发挥对社会进行回应是司法本身的应有之义和内在职责。社会与司法是双向互动的，而不是单向命令式的控制关系。一方面，司法要对社会情景加以考量，回应时代的需求，必要时以期恢复先前社会生态平衡时的状态和属性。另一方面，时代或者社会的反馈会再次重申司法本身的内在张力，进而使其更加具有行使社会治理能力的综合性经验。

第四，司法实用主义哲学的变通实践版在我国已经初步展开，虽初露端倪而且根本谈不上系统全面地展开，③但是在一定程度上体现了中国对于司法发展规律和司法哲学的尝试性探索与理念追求。其中，

---

① 社会规则的复杂性是指我国当前社会不仅有法律规则、政治规则，而且还有道德规范、伦理规范、习俗规范等；而社会矛盾的复杂性主要是指人民内部矛盾的复杂性，有政企矛盾、私人矛盾、私人和政府之间的矛盾等，而且这些矛盾背后往往是政治、经济、道德、伦理等各种因素、各种利益的博弈与权衡。参见顾培东. 能动司法若干问题研究[J]. 中国法学，2010(4):23.

② 参见[德]马克斯·韦伯. 经济与社会(上)[M]. 林荣远，译. 北京:商务印书馆，1998:238—250.

③ 参见兰照. 论司法实用主义[D]. 长春:吉林大学博士学位论文，2011:116.

最具代表性的就是江苏省高级人民法院"六个机制"的理论建构和制度设计,这六个机制分别为政策考量机制、利益平衡机制、司法技术运用机制、多元纠纷解决机制、诉讼指导机制和便民诉讼机制,并且取得了较好的司法效益。① 同时,我们必定予以铭记的是苏力教授的重量级作品《送法下乡》,这一建立在实证调查基础上的九十年代末的作品就早早地指出,送法下乡是国家权力的一种运行策略,是司法权对地方治理权力的一种分割与参与。② 其实,这恰恰在某种程度上说明了国家已经在悄无声息地进行着"通过司法的社会治理"。这也从侧面,甚至正面佐证了"通过司法的社会治理"不是空中楼阁、镜花水月,而是有现实实践的奠基。除此之外,很多典型的案例也已公布。③ 这时,司法不

---

① 参见江苏省高级人民法院司法改革办公室. 能动司法制度构建初探[J]. 法律适用,2010 (Z1):28—31.除此之外,还有 2013 年右江法院启动"创新'六个机制' 为民司法促公正",这六个机制分别为:第一,创新联动司法工作机制,积极推进社会管理创新。第二,创新司法便民工作机制,妥善化解社会矛盾纠纷。第三,创新人民法庭文化建设机制。第四,创新司法监督工作机制,深入推进"阳光司法"建设。第五,创新审判执行工作机制,全面提升审判质量效率。第六,创新廉政监督工作机制,切实改进司法作风建设。

② 参见苏力. 送法下乡——中国基层司法制度研究[M]. 北京:北京大学出版社,2011:27、28.

③ 比如,村委会在没有召开村民会议或村民代表会议的情况下,以过低的费用把村里集体所有的几百亩荒地承包给外村农民用以种植果树和棉花的案件。参见刘学智. 司法能动性的价值功能与限度——司法能动主义中国本土化之思考[J]. 山东审判,2007(3):60—64.再如,在现实的民商事交易中很多的票据都属于空白票据,有票据被转让人自己填写,如果一概认定所有的空白票据都是无效的,那么对中国的市场经济交易将要产生很大的摧残和打击,所以法院可能会在综合因素的考量下承认空白票据的有效性。而这其中显现的就是司法实用主义理念下的社会整体利益的考量,不能只考虑法条的规定而不考虑现实的状况和情景变迁。再比如"广州许霆案",本来按照刑法一般的规定,应该判处十年以上有期徒刑或者无期徒刑,但是在二审时,最终判决五年有期徒刑,就是法院在综合考虑民众可接受程度、社会主流价值观、民众对金融机构的评价等次要因素下作出的判决。这样的判决不仅引导了时代的主流价值观,而且对被告人在人性考验面前的弱点给予了一定程度的容忍,实现了法律效果和社会效果的统一。类似的案例还有很多,比如 2016 年的"山东聊城于欢案""内蒙古农民王力军收购玉米获罪案",2017 年的"郑州电梯劝烟猝死案",2018 年的"老人摘杨梅坠亡案"等,都体现出了司法在社会治理中的参与,尤其是发挥了对于社会制度与观念的塑造意义。参见广东省广州市中级人民法院(2008)穗中法刑二重字第 2 号刑事判决书、山东省高级人民法院(2017)鲁刑终 151 号刑事附带民事判决书、内蒙古自治区巴彦淖尔市中级人民法院(2017)内 08 刑再 1 号刑事判决书、河南省郑州市中级人民法院(2017)豫 01 民终 14848 号民事判决书、广东省广州市中级人民法院(2018)粤 01 民终 4942 号民事判决书。

再是冷冰冰的法律机器,而是富有价值追求的社会回应者,带着时代的气息去承载矛盾纠纷的解决。而且从长远来看,司法实用主义哲学的现实化是中国司法从自发到自觉的适用过程,也是一个由应对型司法到常态型司法的实质转变过程。

第五,中国司法是全面推进法治中国建设必不可少的组成部分和内在驱动力量。司法系统在社会控制体系中具有极其重要的地位,而司法本身就是一种合法的正当社会控制形式。^① 伴随着法治现代化,司法机制在社会治理中扮演着日益重要的角色,而司法的现代化是实现法治国家的基本要求。法治的实现要求司法高度组织化、结构化,而反过来,司法的高度组织化和结构化又能够保证法治的实现,发挥司法的社会整合功能。就实践而言,司法也始终作为一种社会治理的积极力量参与其中。

最后,也必须认识到绊脚石的存在并不必然否定司法实用主义哲学存在的价值与意义,因为助推因素与约束条件共生共存,二者不是非此即彼的零和关系,恰恰可能是司法实用主义哲学的实践化消解了这些约束性的因素,变绊脚石为垫脚石。总之,双重因素的考量反而促使我们怀揣着一颗审慎而又积极的心态去开展通过司法的社会治理,在实现审判体系和审判能力现代化的基础之上,逐步实现国家治理体系和治理能力的现代化。

三、中国司法实用主义哲学运用中的现实障碍

采取鸵鸟的回避政策本身不可取,只看到其有利成分亦是不可取。一边是面对西方的司法实用主义哲学,另一边则是面对中国的场域运用,如果只分析二者可接洽和可适应的部分便有"欲说其贤只见其贤"之嫌。确实,欲求司法实用主义哲学在中国运行以期实现通

---

① 参见程竹汝.论司法在现代社会治理中的独特地位和作用[J].南京政治学院学报,2013(6):71.

过司法的社会治理，存在一些不得不考虑的障碍、担忧与可能出现的危象。

首先，司法实用主义哲学引入中国司法领域存在较大的主体障碍。面对一个司法理论模型或者即使已被实践证明有一定功效的司法制度，仍会面临学界、政界和司法界的追问，此追问的过程就是一个考验和一定程度上阻碍的过程。相较于学界的理论性追问，司法界的主体障碍可能会成为最大的阻力，其中最为核心的就是法官群体的障碍。这种障碍集中表现在法官本身司法素质的欠缺，以及司法伦理的缺位。虽然我国的司法改革出现了专业化、精英化的倾向和现实成效，而且我国的司法组织结构环境和西方国家也存在较大的差异，很多地方虽没有可比性，但是单单从司法技艺上讲，真正出现像卡多佐、霍姆斯、波斯纳（Richard Allen Posner）等这样高素质的法官确实还需要很长的路要走。另外，在司法职业伦理缺位的过程中，一种单纯行为规则指引下的"非道德化"现象得以发生，这种"非道德化"现象正日益脱离社会大众日常的道德评价和体验，而是逐步演变为一种纯粹的执业规范，用简化的规则服从代替了令人紧张、冲动，甚至愧疚、忏悔的道德的内在自我约束。好人和坏人的界限变得模糊，甚至消失，进而法律职业伦理与个人的日常生活道德观念也就产生了分离，中立的冷漠者可能就此诞生，正义精神从此迷失，律师如此，法官亦是如此。[①] 也正是以上原因，司法实用主义哲学的参鉴有一定的现实基础，却也远远不够，而这也注定了这一过程的渐进性和挑战性。

其次，司法实用主义哲学引入中国司法领域存在较大的内容障碍。关于司法实用主义哲学的理解，中国司法现有的内涵与西方司法实用主义哲学的内涵存在不同侧重。中国的司法实用主义哲学虽有其中国特色，但是从本质上来看是一种"伪司法实用主义哲学"或者"变形的功

---

① 参见李学尧. 非道德性：现代法律职业伦理的困境[J]. 中国法学，2010（1）：31—32. 万毅. 中国司法改革三大悖论之批判[M]//蒋剑鸣等. 转型社会的司法：方法、制度与技术. 北京：中国人民公安大学出版社，2008：61.

利性司法实用主义哲学"。① 如果说卡多佐的司法实用主义哲学是在规范和程序体系内追求纠纷解决的妥当性的话,那么中国的司法实用主义哲学则表现出了另一种实用主义的态势,走向了另一种纠纷解决之路。② 正如刘治斌教授所指出的,中国现在的司法职业者是以一种"结果导向"的思维在处理案件,即先有了结果再去寻找作出此裁判结果的理由和规范依据。③ 虽美其名曰"思维经济原则",但是这种不加控制的"后果主义"实则是带有法治危象的做法。甚至在难办案件中更多地体现为一种"情理性司法",这种"情理型司法"有时已主导和支配"技术型司法"。④ 这都显现出了中国司法实用主义哲学与卡多佐司法实用主义哲学的差异化,如何实现二者的距离缩小以及建构真正特色的、符合司法一般规律的中国司法实用主义哲学是我们面临的艰巨任务。

最后,司法实用主义哲学引入中国司法领域存在较大的理念障碍。司法实用主义哲学本身在某种语境下作为一种司法理念是很值得提倡的,但是其适用领域必定是有限度的。如果把司法实用主义哲学运用到一切的视域和范围之内,那么很可能会对我们赖以建设的法治有所冲击和消解。再者,如果法官任意地将其个人主观价值掺杂到案件当

---

① 关于这一点,西北政法大学刘治斌教授在与笔者的书面讨论中给予了深深的担忧。他提到,中国的司法实用主义哲学更多停留在了"为我所用"和"对我有用"的实用层面,而不是一种基于基本价值而积极寻求解决问题的态度和方法层面的实用主义哲学,所以当前中国司法对社会治理的回应,可能并不是需要引入"司法实用主义哲学",而是纠正与防止"庸俗实用主义"的问题。笔者认为刘治斌教授的担心确实点到了问题的本质,但是却把二者对立起来。其实前者可以对后者进行深化和升华。"以卡多佐司法实用主义哲学为参鉴"就是一条纠正和防止"庸俗实用主义"的理论进路,而且此路径也不满足于此,其不仅可以纠错与预防,还可以解决中国司法面临的重新定位和角色扮演问题,进而逐步实现司法的现代化。

② 参见许可.卡多佐的实用主义司法哲学与审判技艺[C]//陈金钊,谢晖.法律方法(第十卷),济南:山东人民出版社,2010:53—67.

③ 参见刘治斌.案件事实的形成及其法律判断[J].法制与社会发展,2007(2):14—27.刘治斌.法律发现与法律判断——一种法律方法的视角[J].兰州学刊,2003(2):95—96.刘治斌.司法过程中的法律发现及其方法论析[J].法律科学,2006(1):35—43.

④ 参见王国龙.从难办案件透视当下中国司法权的运行逻辑[J].法学,2013(7):83.

中，势必会影响法律的权威与司法的公信力以及民众对法律的信任，所以，司法实用主义哲学作为一种理念虽是必不可少的，但是法官不能在个案当中给予过度的价值判断和偏向。从这个角度来看，司法实用主义哲学除了作为一种潜在的指导思想之外，更有必要建构出实现其制度化、程序化的保障机制，赋予其权威性和强制力，进而在确保其得以实施的同时，又能限制其适用的范围和恣意性。

第四节　司法在中国社会治理中的理想图景

司法不应宿命化地接受法律固有属性或特性附带的缺失与局限，而应以一种开放、主动的姿态利用各种法律方法或者其他一切可以利用的方式来弥补法律现实的尴尬，而这种尴尬的守成取向、刚性因素和控制限度是显而易见的，也是频繁发生的。这时司法的功能不是仅仅停留于直接无情地去揭露实在法的伤疤，而是间接地激活实在法之外的各种资源，将社会福利或者社会利益的目的贯穿其中，并将其具体化以达至公平正义的彼岸。但是，本章强调的是以卡多佐司法实用主义哲学为参鉴，并不是照搬照抄、原封不动。笔者倡议的是，在结合中国司法环境和司法场域的背景下，以一种观察者的心态去分析中国司法和卡多佐所阐释的司法实用主义哲学之勾连。"身在此山，眼在山外"，我们应该在熟悉彼此司法系统的前提下，又不局限于其中一者，以一种参鉴基础上的超越心态来构建中国司法的未来角色与理想图景。

第一，司法回应社会的前提是自身的良性发展，达成内部主体间的高度共识，才能通过司法治理社会，以社会反馈司法，在二者的良性互动中实现正和关系。而要实现如此美好却距离并不很遥远的设想，笔者认为至少有以下三个宏观的维度：（1）延续司法改革的深化展开，为司法实用主义哲学理念现实化提供强大的驱动力与操作基础，再以此为平台展开司法社会治理的作业。（2）处理好司法改革和其他制度的系统性、协调性和有机统一性。单一进路的改革容易导致司法系统和其他密切联系系统的脱离和疏远,更易造成司法难以协同化地长远塑造。(3)既要宏观把握又要微观观照,不仅掌握整体局势又要细致筹划。如果说处理好司法改革的方向是司法改革大局的话,那么推进具体制度的建构和实施则是成败的细节。其中,注入法官判案的动力、预防法官辞职潮的再次出现、实现司法权对行政权的监督与制约、增强和保障法院执行的强制力度、提高法院司法判决的说服力等问题必定是我们亟待解决的现实问题。

第二,构建司法与政治的良性互动机制,将政治诉求纳入司法轨道,通过法治化、司法化的途径完成政治对司法的使命要求。司法体制的特征决定了我国的司法理论与实践必须考虑政治因素和社会因素,不可能独立于政治与社会而达到高度的自治。其实,世界各国的实践也相继表明,司法也不可能完全独立于政治。司法作为国家审判机关,司法权作为中央事权,在很大程度上体现着党和国家的形象,为了保持党和国家形象处于良好的状态,政治权力的行使也必然是要符合司法化、法治化的。反之,司法过程也必定在某个时刻是充满政治使命的。[1] 但是政治使命的承担并不意味着司法是政治的附庸或者单向度的指示,而是双向的互动与制约。一方面,政治权力的行使必须纳入法治化的界限之内,实现依法执政。[2] 否则,司法则可能介入予以调试和修复,也可能设立权力的"禁飞区"和"警戒线",以保障权力的规范行使;另一方面,司法权力的行使也必定将政治使命作为考量因素,对政治的发展做出妥切的理解,甚至在必要时刻必须做出某种"顾全大局"的判断,以确保政治的稳定。

第三,通过司法裁判指引社会公众的法治观念,宣扬时代价值,逐步实现法治精神意蕴的社会化。司法不仅要推动社会的进步与和谐,

---

[1] 20 世纪,司法需要为经济改革保驾护航,需要为市场经济的建立注入推动力;21 世纪,全面推进依法治国的政治抱负更是离不开司法。参见喻中. 论中国最高人民法院实际承担的政治功能——以最高人民法院历年"工作报告"为素材[J]. 清华法学,2010(1):35—54. 刘金国,蒋立山. 中国社会转型与法律治理[M]. 北京:中国法制出版社,2007:18.

[2] 参见 2014 年十八届四中全会通过的《中共中央关于全面推进依法治国若干重大问题的决定》。

而且要指引社会的主流价值观。向社会拓展正义是司法发挥秩序作用的核心机制,司法同公平、公正、人权这些价值存在着"与生俱来"的联系。① 而在司法的王国当中,法官就是"帝王",②是行为的发出者,是决策的作出者。其裁决具有时代与心灵的双重印记,所以司法在社会的发展进程当中起到多大的作用几乎就要看法官在此过程中主观能动性的发挥程度。"法院可以通过判决来确认并将法律内在的价值释放给公众,通过司法过程的公开、快速发达的媒体传播,促进法律价值向公众准确、快速地传递。"③

除此之外,并不是所有的面向法律都会作出规定,那就涉及法官"造法"的问题,法官如何"造法"对于社会中人们的行为也有一个很大的指引作用。所以由此观来,法院的判决已在社会中形成了一股力量,而且这股力量是巨大的,甚至对社会道德标准的变化起到推波助澜的塑造作用,作为风向标性的司法判决必须要注意它的方向性。④

第四,坚持实质正义与形式正义的双重价值追求,同时根据民众法治观念的变迁状况调整二者之间的平衡界点。形式正义相对于实质正义来说是一种成本较低的审判价值追求。如果只是强调形式正义,那么在很大程度上形式正义可能会成为法院规避风险的第一选择;而只注重实质正义就又走上了传统的道德和法律不分的老路,二者皆不可取。只有在追求形式正义的同时,考虑多因素的影响,才能综合平衡法律效果与社会效果的关系。当然,如果能通过法律效果来实现社会效果则是一种最佳的状态。

此外,司法审判中也可参考案件类型化思维。在刑事案件中更倾

---

① 参见程竹汝.论司法在现代社会治理中的独特地位和作用[J].南京政治学院学报,2013 (6):74.

② 参见[美]德沃金.法律帝国[M].李常青,译.北京:中国大百科全书出版社,1996:361— 362.

③ 杨建军.通过司法的社会治理[J].法学论坛,2014(2):20.

④ 类似的案件有很多,比如"泸州二奶遗赠案""大学生赡养老人继承巨额财产案""广州许霆案""梁丽捡金案"等。这些案件都在一定程度上显示出了司法对于社会价值观的塑造和指引作用。

向于注重形式正义,而在民事案件中更注重实质正义。当然,更注重此因素不等于不注重彼因素,二者不是顾此失彼的关系。而且,形式正义和实质正义的平衡界点是处于不断流变的状态。现阶段,司法权威、司法公信力还处于相对不佳的状态,所以,司法在通过审判案件落实国家法秩序的同时,还要塑造自身的良好形象,具有多重使命和任务的担当。在这个过程中,通过公正审判案件的方式来塑造自身公信力与权威性也必定是最主要和最重要的路径。因此,现阶段司法的主要思维方式仍是以实质正义思维为主导,但是这种符合实质正义的裁判结果需要通过法律论证的司法义务来实现。即使是后果主义导向的司法裁判,也需要通过规范论证的约束来加以实现。

第五,构建多层次、多样化的司法特质和司法机制,适应社会日益复杂的纠纷状态和社会市场不同层次的需求。司法更多的是具象化的表达而不是抽象化的呈现,所以其存在必定是与时代相适应的而不是违背时代需求的。中国社会是一个庞大而复杂的系统,呈现出多样化的形态和复杂的需求。在此背景和前提下,司法的建构也必定是多层次、多样化的样态。

司法机制的变通与灵动,其一就体现在地域人才配备的多样化、多层次方面。前文中已揭示了中国的司法改革已经在司法专业化、职业化道路上开始了一段征程,但是"一刀切"的司法人员专业化、精英化的做法是值得商榷和探讨的。一方面,在东部大小城市和西部大城市市场经济繁荣发展的前提下,经济交往日益活跃,社会上出现的纠纷很多属于国际贸易、金融合同、投资理财、知识产权等领域,已不再仅仅局限于离婚、不构成犯罪的人身侵权等领域,而这些领域需要司法工作人员具有专业化的知识去判定,从而作出精确的判断和裁量。所以在此地区大力推进司法的职业化和专业化、精英化是符合时代规律和司法规律的;但是另一方面,东部的基层和西部的小城市、乡村都还处于一种相对单样化、传统化的纠纷状态,需要一批了解本地实情、掌握本土资源、擅长调解的司法工作人员以面对"熟人社会"。如果也在此地区,特别是基层法院及其派出法庭,引进大批的商事、经济法、金融法专业人才，那不仅会造成人才资源的浪费而且本土资源也处于虚置状态，最终很可能造成纠纷的不得而解。甚至有可能会进一步激化和引发更多的纠纷。所以，司法本身的特质与机制不应该是死板和盲目的，而应该具有变通和灵动的一面，以司法自身的变通来回应时代的需求，以一种进取的姿态来解决面临的社会困境。

第五节　本章小结

司法实用主义哲学的司法应用不是摆脱"以事实为根据，以法律为准绳"的审判准则，而是在此基础上展开更加深入的和本质的思考。司法实用主义哲学的司法应用更不是司法权的滥用与误用，恰好是一次对自身进行重新定位与反思的实践，是一种承载更多社会治理功能的形塑和司法资源高效利用的重新安排。这时，司法权力的行使依然应当具有合法性、合理性和正当性，否则司法的本质角色扮演难免会造成品性和行为的双重失范，而这是不可取的，也不是司法实用主义哲学的初衷。当然这也并不意味着司法实用主义哲学的司法应用是权宜之计和个别性的方法。理念是行为的先导，"司法现代化的第一步，是司法观念的现代化。"①司法实用主义哲学是作为一种司法理念、价值追求和司法方法贯穿于整个司法过程当中的。其除了作为一种潜在的指导思想之外，更加有必要通过制度化、程序化的方式或载体得以体现和保障。

同时，必须予以指出的是，本文强调通过司法的社会治理，并不是否定其他权力的社会治理作用与意义，也并不是企图实现司法权对其他权力的绝对分割与替换。而是在以立法为主导的体制以及实现国家治理体系和治理能力现代化的双重背景下，在尊重司法治理体系作为

---

① 曾宪义. 司法公正与司法效率的保障机制研究［C］//曹建明. 公正与效率的法理研究. 北京：人民法院出版社，2002：162.

国家治理体系之有机组成部分的前提下，试图给予司法更佳的角色扮演，通过提升司法治理的战略定位，进而实现司法在国家治理体系中的重新定位以及发挥司法在社会治理中的时代意义。

　　此外，本章试图在卡多佐司法实用主义哲学的参鉴下，构建"通过司法的社会治理"这一理论命题，其只是一种对司法实践中正在努力尝试的表达和一种治理前景的大胆预测，所以属于未竟的理论事业。而且，每一次尝试必定都会产生相应的代价与成本，只是在理性时代的今天，我们所能做的和所要做的就是减少司法改革尝试的成本和代价，提高司法治理社会效果的可预期性和可现实性。而带有理论实验色彩和实践关怀的复合进路也许可以实现这一追求。

第二章

转型时期中国社会的司法回应：原因、机理与控制

我们称之为回应的而不是开放的或适应的，以表明一种负责任的、因而是有区别、有选择的适应的能力。一个回应的机构仍然把握着为其完整性所必不可少的东西，同时它也考虑在其所处环境中各种新的力量。为了做到这一点，它依靠各种方法使完整性和开放性恰恰在发生冲突时相互支撑。它把社会压力理解为认识的来源和自我矫正的机会。

——[美]诺内特、塞尔兹尼克

法官通过法律将公共理性具体化。法官的作用在于测度立法权威所确立的价值和现实生活之间的差距，从而找到弥补两者罅隙的方法。

——[美]欧文·费斯

现实远为复杂。有时候通过正当的司法措施可能弥合法律与生活不断变化的现实差距；在其他的情况下则不可能建成这样的纽带。就此以及其他许多问题而言，人们必须保持现实主义的态度，法官应承担弥合社会与法律之间缝隙的职责，在变革与维持现状的需求之间作出适当的平衡，既要认识到司法机关的力量，也要认识到其局限性。

——[以]阿哈隆·巴拉克

第一节　转型时期中国司法回应社会的原因透视

转型时期,不仅中国社会面临转型,而且中国司法也处在转型的过程当中,亦即中国司法与社会处于"双转型"的状态。转型,其实就是不断现代化的过程,也是不断将当下以及未来欲求建立的理想化秩序逐步通过各种路径加以落实和不断演进、调试的过程。在这样一个过程中,我们必须经验性地审视中国司法的当下与未来,以及中国司法深深嵌入的政法体制与社会结构。

其实,纵览学界的学术作品,作为正在发生的"转型时期",俨然已经成为无数学者分析中国问题的背景依托和思考基点。确实,在这样一个兼具"长时段"特色的"多重转型"时期,中国社会、法律以及司法都同时面临着法治建设的历时性问题共时性解决的难题。而在这样的大难题之下,中国的社会治理又面临着地方性与普适性、个体性与群体性、情理性与法理性、多发性与疑难性以及结构性与非结构性等不同类型化的困境和难题。针对中国社会和司法"双转型"时期的复杂情境,许多中国学者也曾试图,而且也正在努力构建不同的司法理论模型,希冀能够实现二者之间的契合。其中国内法学界典型的命题或者概念有"通过司法的社会治理或者司法治理"①"通过司法的社会控制"②"回应型司法"③"能

---

① 参见杨建军. 通过司法的社会治理[J],法学论坛,2014(2):13—23. HU MING. The Resolution of Social Contradictions and Attainment of Societal Governance through the Justice System at the Present Stage — Using the Analytical Framework of Rational Choice Theory [J]. Social Sciences in China, 2016,37(2):124 - 141. 陈江. 从行政治理到司法治理——中国社会治理模式的新选择[J]. 人民司法,2017(7):7—9. 汪庆华. 通过司法的社会治理:信访终结与寻衅滋事[J]. 浙江社会科学,2018(1):49—56. 王国龙. 基层社会治理中的司法治理[J]. 渭南师范学院学报,2018(7):6—22.

② 参见程竹汝. 社会控制:关于司法与社会最一般关系的理论分析[J]. 文史哲,2003(5):151—157. 汪庆华. 通过司法的社会控制——涉诉信访与行政诉讼[C]//姜明安. 行政法论丛(第13卷),北京:法律出版社,2011:33—71.

③ 参见吴建国. 中国回应型司法的理论逻辑与制度建构[M]. 厦门:厦门大学出版社,2016. 高志刚. 回应型司法制度的现实演进与理性构建——一个实践合理性的分析[J]. （转下页）

动司法"①"司法克制主义与司法能动主义"②"司法能力主义或者司法能力"③等。

如果仔细地对以上理论学说加以研读,就会发现这些研究中有一个共同的主题:司法对社会的回应问题。其本质上是在探讨规则和政策内含的社会价值维度,④同时也在间接地证成"司法应该回应社会"这样一个命题。在下文中,笔者将对这些理论进行穿插式的参鉴与反思,既有参考借鉴之处,也有反思商榷之处。

当然,除却现有理论模型的研讨之外,也不能忘却在中国司法与社会同时但不同步转型的历程当中,司法面临着社会因变迁而不断涌现出的新情势、新气象,而社会对于司法的诉求也日益呈现出多元化的样态。在此语境下,如果司法欲求与社会的融洽就不得不考量自身对于社会的回应能力与回应力度,将自身嵌入社会系统加以审视,接受社会系统的"激扰"⑤。也正是这些新情势、新气象进一步增强了中国司法回应社会的必要性,⑥进而成了提升中国司法回应能力以及高质量发展的基本出发点。⑦ 正如中

(接上页)法律科学,2013(4):31—39. 吴建国,汪进元. 回应型司法的理论逻辑与制度平台[J]. 东疆学刊,2014(1):97—105.

① 参见姚莉,显森. 论能动司法的程序规制[J]. 法商研究,2012(2):45—51. 王国龙. 守法主义与能动司法:基于中国法律方法论研究视野的展开[M]. 北京:法律出版社,2013. 苏力. 关于司法能动与大调解[J]. 中国法学,2010(1):5—16.

② 参见杨建军. 司法能动主义与中国司法发展[M]. 北京:法律出版社,2016. 李辉. 论司法能动主义[M]. 北京:中国法制出版社,2012. 王国龙. 论社会和谐与司法克制主义——以法律解释为视角[J]. 山东社会科学,2007(1):16—19.

③ 参见聂长建,景春兰. 司法能力主义:对司法克制主义和司法能动主义的平衡[J]. 中南大学学报(社会科学版),2012(1):67—74. 孟涛. 改革开放以来法院体制的分权与集权——中国国家司法能力建设的变迁轨迹[J]. 新视野,2010(4):50—52. 郑智航. 国家建构视角下的中国司法——以国家能力为核心[J]. 法律科学,2018(1):28—38.

④ See PHILIPPE NONET, PHILIP SELZNICK. Law and Society in Transition: Toward Responsive Law [M]. New York: Harper and Row, 1978:79.

⑤ 关于"激扰"的详细论述,参见陆宇峰. 社会理论法学:定位、功能与前景[J]. 清华法学,2017(2):93—109.

⑥ 甚至有学者认为现代社会的复杂性直接决定了现代司法的发展样态。参见[美]理查德·波斯纳. 波斯纳法官司法反思录[M]. 苏力,译. 北京:北京大学出版社,2014:5—14,67—119.

⑦ 参见公丕祥. 社会主要矛盾变化:新时代人民司法的高质量发展[J]. 浙江大学学报(人文社会科学版),2019(1):6—19.

国古人"循天道、因民情、随时变"①的智慧总结,司法应该遵循基本的司法规律,立基于人民的多元利益诉求,更应该跟随时代的脉搏和社会变迁的步伐。此总结虽具有时代背景性,但是在当下看来却具有超时空的意义和价值。就司法回应社会的具体原因而言,如下所述:

第一,信息科技以及人工智能的日新月异使得司法面临着司法效率和司法正义供给能力的拷问。随着信息技术的方兴未艾和人工智能的异军突起,社会对司法大数据、云计算、语音识别系统、办案辅助系统等智慧法院建设的呼声也是越来越高。特别是在人工智能进入司法裁判领域以后,其对司法裁判程序的标准化以及对法官自由裁量的理性化都提出了较大的挑战。② 如果司法在巨大的科技洪流中不能适当地回应社会的诉求以及作出适当的调试,以提高司法效率和司法公正的供给能力,那不仅意味着中国司法与社会诉求的严重脱节,而且有可能将进一步强化社会公众对于司法既有的"效率低下""技术落后"等不良印象和消极评价,从而影响司法公信力和司法权威性。

第二,社会公众新型(兴)权利诉求不断涌现并且希冀得到司法的权利确认。随着社会逐步进入多元化以及主体意识的增强,关于"胚胎继承权""同性婚姻合法权""道路通行权""休息权""被遗忘权""基因权""数据权""接吻权""悼念权"等新型(兴)权利的观念与话语也是急剧增长。"新兴权利的产生在根本上乃是因应社会的发展而在法律制度需求上的'自然'反应,而新兴权利与旧有权利之间的冲突和协调不仅始终贯穿于法律权利实践的始终,而且彰显着权利发展的真实样态。"③面对纷繁复杂的新型(兴)权利样态,司法不可能也不应该置之不理,而是应该以一种积极的态度从法律中加以甄别或祛除,从生活中加以推定或反驳,从司法技术上加以确认或转化,从而确认规则甚至输

---

① 《商君书·更法》。
② 参见冯洁. 人工智能对司法裁判理论的挑战:回应及其限度[J]. 华东政法大学学报,2018(2):21—31.
③ 姚建宗. 新兴权利论纲[J]. 法制与社会发展,2010(2):3.

出规则，发挥出司法对社会正义的认同能力以及建构能力。① 其实，司法对于社会公众新型（兴）权利的回应也是在关注社会公众的生存状态和内在需求，通过一个公共性的平台为人民提供表达诉求的渠道，进而也彰显了人民的主体地位和主体性价值。②

第三，"道德/情感仍然是中国社会秩序原理的重要诉求。""社会公平正义的诉求仍然占据突出的位置。"③而"判决是法官对社会价值加以界定的社会过程"④，所以司法对社会的回应在很大程度上就是对社会价值观念的回应。但是，法典（法律）中的"抽象共识"和具体个案的"具象共识"永远存在一定的张力与背反。如何弥合二者之间的紧张关系着实在考验着司法对于个案以及社会的回应能力。这时"一种现实主义精神应当在目前的规则和目前的需要之间带来一种和谐"⑤。这就要求法官在坚持法治理想主义的同时，也要以一种现实主义的眼光来审视这个社会，将逻辑与经验结合，从而达成理想与现实的平衡，促成法律目的实现语境下的"法律生长"。

从传统社会延至当下转型社会，中国民众历来承袭了儒家的实质正义观，虽然肇始于近代的法律移植在一定程度上引入了程序正义的理念和制度，现有的法律制度和司法制度也不同程度地加以接受并且正在实践，彰显了程序正义的独立价值，但是社会公众对于"情理型实质正义"的追求传统并未完全抛弃。从传统社会的"法无外乎人情""出于天性，顺乎人情，则为良判"，到陕甘宁边区的"马锡五审判方式""群众路线"等新传统，再到现代司法的"法律效果和社会效果的相统一"命

---

① 从这个意义上讲，诉讼可以视为一种有计划的、可控制的、累积性的推进社会变迁的方式、工具或策略。参见［美］史蒂文·瓦戈. 法律与社会［M］. 梁坤，邢朝国，译. 北京：中国人民大学出版社，2011：248—257. 申伟. 转型中国司法问题的时间语境［J］. 社会科学论坛，2016（12）：178—188.
② 参见周祖成，祁娜娜. 能动司法：型构"善政"政治图景的司法哲学——从沃尔夫《司法能动主义》的民主与善政谈起［J］. 政法论丛，2013（3）：19—25.
③ 杜宴林. 司法公正与同理心正义［J］. 中国社会科学，2017（6）：105.
④ ［美］欧文·费斯. 如法所能［M］. 师帅，译. 北京：中国政法大学出版社，2008：3.
⑤ ［美］本杰明·卡多佐. 司法过程的性质［M］. 苏力，译. 北京：商务印书馆，2000：99.

题,最新的表达则是"要努力让人民群众在每一个司法案件中都感受到公平正义",虽然只是转换了其表达的方式和条件,但是无一不彰显出社会公众对于实质正义的追求。① 所以,仅仅追求法律效果或者社会效果都是片面的,在法律的框架内谋求社会效果的最大化、法律效果得到社会效果的真正检验和认同才是最优的路径。② 换言之,司法需要通过抽象的规则来回应社会的实质正义之具体诉求,注重司法政策的规范化表达,将形式法治与实质法治相结合,才能提升社会认同基础上的司法权威性和司法公信力。

第四,在社会结构化的过程中,很多诉讼不再是单纯地追求纠纷解决,而是夹杂了制度性变革或者政策性改革的诉求。而这种诉讼背后往往透视出的是社会的结构性问题,其不再局限于纠纷双方的界限内,而是并非可辨识个体集合下的团体,其涉及的利益也往往是与深深地嵌在这个结构中的每个社会个体休戚相关,美国学者欧文·费斯(Owen Fiss)将其称呼为"结构性诉讼(Structural Litigation)"③。司法对于"结构性诉讼"的回应,在一定程度上缓解了背后社会公众的压力,虽相对于立法的回应而言,由于能力所限,其触及的深度与广度远远不及,而且常常只是局限于最高人民法院的回应。但是司法判决的作出具有极高的行动现实性和生活亲近性,其是一种近距离的亲切表达,直接与社会公众的未来行动建立联系以提供行动指引,因为司法判决就是一个个鲜活的社会公众参与的案例样本。

---

① 甚至是西方的法谚"迟来的正义是非正义",到了中国则被本土化为了"正义可能会迟到,但是永远不会缺席"。可见,西方社会的程序正义对于中国社会公众来说还是具有很强的建构性,甚至有些程序正义下的结论与中国惯有的日常道德规范相违背。

② 参见江国华. 审判的社会效果寓于其法律效果之中[J]. 湖南社会科学,2011(4):52—59.

③ 结构性诉讼由欧文·费斯提出,其表达的是,由于社会的结构性问题而提起的诉讼。结构性诉讼的重心不在于传统诉讼中一对一的个人,而在于并非可辨识个体集合的团体,这个团体在完全脱离诉讼的情况下,依然可以在诉讼中通过"代言人"来寻求他们的身份定位,并可能间接地受到侵害。并且,结构性诉讼致力于根除现有的对于宪法价值的威胁,具有较强的公共性。其是在吸收公共理性基础上的面对未来的结构性改革,如果不消解社会结构上的对立就无法彻底解决纠纷。参见[美]欧文·费斯. 如法所能[M]. 师帅,译. 北京:中国政法大学出版社,2008:22—36.

第五,法治是一种通过简约规范应对复杂社会、"以不变应万变"的治理方略,①而司法就是其中主要的应用规则主体之一,在处理纷繁复杂的社会案件时,虽然法律实在论的立场对社会既有秩序进行了某种抽象程度的行为类型化和化约,其是建立在社会关系相对同质化的预设基础之上的,但是其势必会面临着社会现实以及特定文化情境所产生的鲜活的、生动的反思性追问,而其中的答案可能不能够直接从现有的法律体系中找到,需要司法通过自身的智识来回应时代的呼声与诉求。因为作为司法裁判依据的法律本身具有立法不完善、语言模糊、存在漏洞等局限,但是司法又必须遵循"不得拒绝裁判"的基本原则,即使在面临着以上境遇时,司法也必须发挥主观能动性对社会的复杂性、情境性进行回应。"规则不会脱离赋予其含义的社会语境而独立存在。无论它可能是别的什么,法治是一种社会实践。"②所以作为法治之重要组成部分的司法,回应社会的过程也就变成了一个不断根据时下情境弥合法律与社会差距的历程。

第六,司法回应社会的过程也是司法功能得以发挥、释放,弥补法律漏洞、填补法律空白,不断与社会亲近以及实现"自我反思、自我矫正"的过程。司法回应社会的能力在不断回应社会的过程中得以逐步积累,司法也正是在回应的过程中不断地对社会产生一定的适应能力和治理能力。"它(一个回应的机构)把社会压力理解为认识的来源和自我矫正的机会。"③进而实现司法和社会动态意义上的互动平衡。恰如卡多佐所提倡的,司法判决应反映时代影响、社会、商业以及政治当前的状况。④ 司法不可能躲避在一个真空中作出判决,其判决的作出

---

① 参见陈金钊.法律如何调整变化的社会——对"持法达变"思维模式的诠释[J].清华法学,2018(6):79—93.陈金钊.法律如何调整变化的社会——对"以不变应万变"思维模式的诠释[J].扬州大学学报(人文社会科学版),2018(5):23—31.

② [美]络德睦.法律东方主义——中国、美国与现代法[M].北京:中国政法大学出版社,2016:13.

③ [美]P.诺内特,P.塞尔兹尼克.转变中的法律与社会:迈向回应型法[M].张志铭,译.北京:中国政法大学出版社,2004:85.

④ 参见[美]本杰明·卡多佐.法律的成长　法律科学的悖论[M].董炯,彭冰,译.北京:中国法制出版社,2002:66.

与社会当下的情境密切相关，也是司法参与社会治理以及进行社会控制的正当形式。而且，这种通过司法的社会治理或者回应性控制打破了过去政府主导的"压制式"管理和统治，转变为了听取当事人以及控辩两造的说服，在一种"沟通理性"①的司法剧场下作出某种判决。进而在减少社会误解的基础上提升司法的社会认同，毕竟很多情况下确实正如美国法学家德沃金（Ronald M. Dworkin）所言及的那样："任何国家部门都不比法院更为重要，也没有一个国家部门会像法院那样受到公民那么彻底的误解。"②

总之，社会的需要和社会的意见常常是或多或少地走在法律的前面，我们可能非常接近它们之间缺口的结合处，但是永远的趋势是要把这个缺口重新打开，因为法律是稳定的，而我们所谈到的社会是进步的。③ 所以"法律机构应该放弃自治型法通过与外在隔绝而获得的安全性，并成为社会调整和社会变化的更能动的工具。在这种重建过程中，能动主义、开放性和认知能力将作为基本特色而相互结合"④。从而通过司法的社会回应形成司法与社会之间的一种"反思性互动"，通过这种"反思性互动"，反思自身的完整性和开放性以及与社会之间的距离弥补。司法反思自身回应能力和回应力度所存在的机会主义以及特定目的支配下的合理性与公共性；社会反思自身需求的内在正当性和合理性，进而在一定意义上实现对司法回应情形的深刻理解，至少是同情式理解。

除此以外，中国司法回应社会的政法传统以及转型时期的独特政法体制构成了中国司法回应社会的政法体制根源。在理论上，本来政治权力只是通过立法的方式来约束司法。亦即政治意志影响法律，

---

① See HABERMAS. The Theory of Communicative Action (Vol. 1): Reason and The Rationalization of Society[M]. trans. Thomas McCarthy. Boston: Beacon Press, 1984:35－102.

② ［美］德沃金.法律帝国[M].李常青,译.北京:中国大百科全书出版社,1996:10.

③ 参见［英］梅因.古代法[M].沈景一,译.北京:商务印书馆,1959:15.

④ ［美］P.诺内特,P.塞尔兹尼克.转变中的法律与社会:迈向回应型法[M].张志铭,译.北京:中国政法大学出版社,2004:82.

法律制约法官,法官发现法律问题,反过来在既有法律框架内形塑着新的法律或者形成塑造新法律的诉求和建议,然后反馈给立法部门,从而在政治意志的加入下通过修订法律完成一个循环。但是事实上,中国司法一直就有回应社会的传统,不管是韦伯(Max Weber)意义上中国传统社会的"卡迪司法",还是陕甘宁边区司法实践的群众路线,一直到延续至当下的回应话语及其实践,[①]政治权力在现实中除却法律手段外又通过其他各种方式来规训司法,进而推进各种政策的实施。如果对此从制度根源上加以追问的话,这很大可能源于转型时期的政法体制。

　　虽然也有学者对我国的政法体制有所阐释,认为我国逐步形成了"块块"关系上的同级党委领导,"条条"关系上的中央集中统一领导和党内分级归口领导的政法体制,[②]但是这局限于一种静态的归纳。如果用一种动态的视角审视我国的政法体制,正如有学者所言,中国的政法体制正面临着"卡理斯玛型权威"向"法理型权威"的转型,旧有的"卡理斯玛型权威"不断式微而造成传统上要求社会大众无条件"政治服从"的政治组织和意识形态机制条件已不存在,但是"法理型权威"尚未塑造完成,所以又无法通过普遍主义的"服从法律"来赢得社会公众的信任。在此境遇下,随着社会对司法正义欲求的逐步积累,政治官僚体制在"讲政治"与"讲法律"之间的紧张呈现为外在的公共性危机,进而演变为"信访不信法""舆论审判""民粹主义"等诸多棘手社会问题的体制性根源。[③] 甚至,在当下的政法实践中,这种政法体制下的司法与政治、社会的复杂关系演变为公众不断为"权利"而斗争的"隐性意识","既然这个'青天'解决不了问题,就找另一个更大的'青天'。"[④]正是这

---

① 参见郭京霞,赵岩,等.着力回应人民群众对司法新要求新期待[N].人民法院报,2018 - 5 - 24(1).

② 参见侯猛.当代中国政法体制的形成及意义[J].法学研究,2016(6):3—16.

③ 参见陈洪杰.转型社会的司法功能建构——从卡理斯玛权威到法理型权威[J].华东政法大学学报,2017(6):57—71.

④ 殷勤.论法官的公共理性[J].人民司法(应用),2016(22):12.

种"清官文化"①的蔓延,衍生了大量的涉诉信访以及造成了涉诉信访的难以终结、司法判决的既判力尽失。

也正是因为这种转型体制特性的存在,使得中国的司法不得不在承担着"案结"责任的同时,而且要实现"事了"。不仅要扮演"纠纷解决型司法",还要大量出演"政策实施型司法"的角色,亦即中国司法除了使得纠纷在法律意义上解决外,法院还要担负着事实纠纷解决或者对背后社会进行治理的溢出性使命与角色担当,尽管后者多为法院会同党政机关或者其他社会组织、团体的协作式承担。转型时期的中国政法体制由于处于"体制性捆绑"②的状态,所以中国司法往往不是过分强调独自、独立运行,而是嵌入整个政法体制当中进行整体性、协作式的运作。③ 在司法自主性相对不足的环境中,司法与政治往往密切联系,甚至后者决定了前者的广度和深度,从而呈现出一种"政治话语—司法理念—司法行为"三位一体的模式。④ 进而司法回应社会也就成了司法对政治的一种响应方式,其本质上是政治通过"体制性捆绑"中的"司法"这一中介装置对社会加以回应。也正因此,为中国司法回应社会留下了很大的体制空间,使得司法之所以回应社会,在很大程度上,是在完成"司法的政治响应"这一政治任务的基础上所产生的附带效应。同时这种附带效应又可以产生很大的共享红利,所以在转型时期还具有很强的生命力以及制度惯性下的路径依赖。

综上可见,转型时期中国司法回应社会面临着多重合力的助推,宏观上可以总结为四个原因:转型社会的内在需求;法治自身的简约属

---

① 参见徐阳."舆情再审":司法决策的困境与出路[J].中国法学,2012(2):180—191.方乐.司法行为及其选择的文化注释——以转型司法中的中国法官为例[J].法律科学,2007(5):17—31.

② 参见马长山.公共领域的兴起与法治变革[M].北京:人民出版社,2016:342—343.

③ 参见陆永棣.从立案审查到立案登记:法院在社会转型中的司法角色[J].中国法学,2016(2):211—212.

④ 参见刘斌."自治"与"回应":中国法院司法风格调整的评估与反思[C]//贺荣.公正司法与行政法实施问题研究:全国法院第25届学术讨论会获奖论文集(上).北京:人民法院出版社,2014:34—41.

性；司法功能的实现方式；政法传统的路径依赖。由于这些原因的客观促使作用，这些原因也就同时成为了当代中国司法回应社会的实践动力。

第二节　转型时期中国司法回应社会的机理阐释

关注中国司法回应社会必须要厘清两个问题：一是必须要分清司法回应的多重意涵，其不仅包括法院对社会的回应，也蕴含了法官对于社会的回应。因此，司法回应社会囊括了整体法院组织的角色回应和法官个体的角色回应两个维度。但是二者都在不同程度上表达着司法整体的形象，不能将司法对于社会诉求的回应仅仅局限于审判过程和结果当中，也不能将视野仅仅局限于法官个体，同时也要关注法院组织整体的回应努力。二是部分学者在关注中国司法时，大多把目光聚焦在基层、中级或者高级人民法院，而在关注美国的法院时，却把精力集中在联邦最高法院，并且下意识地将二者办理的案件裁判结果或者所发挥的功能进行对比，进而将其作为一种"想象"的他者。殊不知，这已经走入一种"不可同日而语"的参照系错误陷阱，极易造成中国司法"孱弱"、西方司法"强硬"的"田忌赛马式"的错误印象而不自知。因为很显然，不同级别的法院由于人财物等资源配置方面以及政法体制的差异，而导致其在治理能力、治理水平以及回应社会的能力方面存在很大的不平衡性。

在避免了以上这两种容易陷入的误区之后，我们可以根据现有的司法实践以及司法理论，总结出如下中国司法回应社会的基本运作机理：总体而言，司法回应社会一方面体现在司法对社会因变迁、转型而出现的新事物、新技术、新诉求要有所回应；另一方面指向法官对社会公众关于某种确定价值、权利的追求或者不确定价值、权利的议论给予法律确认、案例固化或者作出价值和制度的引领。二者不是单向的供给侧与需求侧的关系，而是互动式的双向考量，司法要考虑回应社会的必要性以及自身回应能力的大小,而社会要衡量司法的回应能力以及自身诉求的合理性与正当性。也正是在这种换位思考的双向互动下,司法与社会的关系更为紧密、更为亲近。本质上,司法对社会进行回应从而实现司法公正以及社会公正的过程仍是法学家富勒(Lon L. Fuller)意义上的法律规则治理下的目的性事业。[①] 具体而言,中国司法回应社会存在以下运作机理:

其一,中国司法在回应社会的过程中,最为根本的也最为基本的方式就是法官通过以"司法裁决"为核心的司法产品的持续供给,实现供给侧与需求侧的动态平衡。因为审判是法院最为核心的任务,[②]所以司法回应社会最为核心的方式就是司法裁判,司法裁决成为司法向社会输出正义的核心载体,亦即"通过审判回应社会""通过司法裁决产品回应社会"。西方有谚语云:"正义如果有声音的话,那么裁判才是正义的声音。"换言之,"法不是通过全部准则来表现,而是通过全部判决来表现的"。[③] 甚至可以说,人们评价一个社会的法治水平或者社会秩序的状况,基本依据不在于该社会冲突发生的激烈程度,而在于诉讼对于此类冲突的排解能力和效果。[④] 而这种能力和效果的呈现又往往以社会公众对于司法裁决的认同程度得以体现,效果越好,认同程度越高。虽然司法如何裁决直接决定了相关利益群体的权益分配,但是这种司法产品的供给是以一种"矫正正义"的方式而不是"分配正义"的方式对社会进行回应。在这种司法产品的不断供给当中,逐步满足社会对于纠纷解决的诉求,通过诉求的满足达到社会管理创新和社会治理的效果。

回应社会的任务本来主要由立法承担,但是作为依据法律进行裁判机构的法院可以作为法律回应社会的延伸机构,通过更加贴近社会大众切身利益并且具有外部性的司法裁判来回应社会,即通过个案正

---

① 参见[美]富勒. 法律的道德性[M]. 郑戈,译. 北京:商务印书馆,2005:124—125.

② 有学者曾鲜明地指出:"法院的主要功能就是处理诉讼,几乎是普遍的观点。"参见[英]罗杰·科特威尔. 法律社会学导论[M]. 潘大松,等,译. 北京:华夏出版社,1989:238.

③ [德]H·科殷. 法哲学[M]. 林荣远,译. 北京:华夏出版社,2002:42.

④ 参见顾培东. 社会冲突与诉讼机制[M]. 北京:法律出版社,2004:18.

义来实现社会正义，而社会正义又孕育在个案正义当中。个案正义虽仅仅局限于回应本案的当事人，但是在个案中达成的司法判决共识具有个案发轫的信号示范效应。① 这种示范作用主要体现在"同案同判"以及对未来行为的"期待可能性"上，②也正是这种个案正义的示范效应将整个社会引向了普遍正义的境地，实现了一般规则与个案情景之间的双向考验以及使得司法回应社会得以平等化地呈现，进而完成了从抽象到具体，再从具体到抽象的考验式升华。也正是司法通过个案司法判决对立法内涵进行不断转换，从而保障了法律紧跟社会变迁的步伐，满足了社会公众对于稳定的规范性预期的诉求。③

其二，中国司法通过新型技术的应用与创新发展以及技术运用基础上的规则治理和制度建构，从而提升司法效率和司法正义供给能力的方式来回应社会。新技术的应用作为一种新时代的工具理性，其在逐步制度化的同时，也推进了司法的信息化、可视化、标准化以及智能化，进而促进审判体系和审判能力的现代化。包括裁判文书网、庭审直播网、查控系统、科技法庭、互联网法院、办案辅助系统等在内的"智慧法院"建设，不仅仅发挥了技术在司法审判和内部管理中的功用，而且在一定程度上因为并非"凡事躬亲"而促进了法官的"解放"。社会多元主体需求信息的及时收集让法院处于更加主动的地位，司法信息的及

① 埃里克·A·波斯纳在《法律与社会规范》中运用法律经济学的分析方法，构建了"信号传递—合作模型"的信号灯理论，认为司法裁判好比对公众释放的一种信号，公众收到此信号后会调整自己的行为以及行为预期。参见埃里克·A·波斯纳.法律与社会规范[M].沈明，译.北京：中国政法大学出版社，2004：译者序1—12.也有学者把这种个案产生的连带效果称呼为"法民关系"的连带性。宏观法治状况与微观司法环境是相互影响的，个案的裁判效果直接影响到对于整个法治建设效果的评价，而整个宏观法治环境的氛围又会影响到微观司法环境的开展。参见凌斌.当代中国法治实践中的"法民关系"[J].中国社会科学，2013(1)：151—166.

② 德国著名法哲学家黑格尔曾论述道："个别事件就其特殊内容来说诚然只涉及当事人的利益，但其普遍内容即其中的法和它的裁判是与一切人有利害关系的。"[德]黑格尔.法哲学原理[M].范扬，张企泰，译.北京：商务印书馆，1961：232.转引自刘练军.司法判决的公共产品属性[C]//吴康宁.金陵法律评论(秋季卷).北京：法律出版社，2012：88.

③ 参见陆宇峰.走向"社会司法化"——一个"自创生"系统论的视角[J].华东政法大学学报，2013(3)：3—13.

时公开拉近了司法与社会公众的距离,科学化管理提升了司法效率与司法正义的供给能力,进而也增强了司法及时回应社会的能力。①

其三,中国司法通过对"习惯权利"以及"新型(兴)权利"的认可或者不予支持的方式来回应社会。司法回应社会的实质体现在它本身所内含的社会问题司法化的过程,亦即通过司法场域对社会问题的反映与集中进行诊断与解决,将社会矛盾或者诉求通过司法程序、司法技术的方式加以化解。而这就涉及法院的受案范围以及对于诉讼请求的甄别。受案范围其实是司法回应社会的一个重要窗口,不能过大,也不能过小。而要保持一定的"适格法则",因为绝大多数纠纷通过社会自身免疫系统来消解,或者通过行政等非诉讼手段得以解决,只有为数不多的案件适合由法院来进行裁量。②

立案登记制度的确立在一定程度上确实降低了司法化的门槛,并且刺激了社会公众的司法需求,但这并非意味着所有的"习惯权利"以及"新型(兴)权利"都能够进入法官的视野,其还是会面临着庭审标准的实质性审查以及以法律规范为核心标准的司法裁量,才能将这种孕育于社会秩序的"习惯权利"和"新型(兴)权利"得以通过司法裁决的方式加以确认或者驳回。在此过程中,法官可能通过法律解释、法律修辞、法律论证等司法技术实现"新型(兴)权利"与原有权利的对接,③也

① 比如,时任最高人民法院院长周强在最高人民法院网络安全与信息化领导小组会议上强调,要坚持以人民为中心的发展思想,加快智慧法院建设,努力满足人民群众多元司法需求。要积极适应社会主要矛盾新变化,通过信息化手段不断提高诉讼服务水平,促进诉讼服务中心转型升级,为人民群众提供线上与线下结合、形式多样、快速便捷的司法服务。要坚持现代科技与司法规律深度融合,构建智慧法院审判运行新模式,把现代科技从强调工具性的浅层运用推向更深层次的规则治理和制度构建,实现诉讼制度体系在信息时代的跨越发展。要充分挖掘利用司法大数据,有效服务司法管理和社会治理。参见周强. 坚持以人民群众需求为导向加快智慧法院建设[EB/OL]. (2018 - 4 - 3)[2019 - 4 - 4]. https://www. chinacourt. org/article/detail/2018/04/id/3256577. shtml.

② 参见江国华. 常识与理性:走向实践主义的司法哲学[M]. 北京:生活·读书·新知三联书店,2017:55—58.

③ 参见中国被遗忘权第一案"任甲玉诉北京百度网讯科技有限公司案"之北京市海淀区人民法院(2015)海民初字第 174117 号民事判决书. 余煜刚. 司法视域下"被遗忘权"的逻辑推演与论证建构——以我国首例"被遗忘权"案的分析为切入点[J]. 北方法学,2018(2):34—44.

可能运用同样的司法技术将其排斥于原有的权利体系之外。但是不管是对"习惯权利"和"新型(兴)权利"的认可还是各种形式下的不予支持,其背后除了法律因素的考量之外,还可能涉及对道德权利、善良风俗、社会秩序等"法律目的性"及"实质正义"因素的权衡,其或是囊括了对法官司法伦理、司法良知的考验。

其四,司法通过执行国家公共政策、制定司法政策及司法解释、提出司法建议等参与社会治理创新的"政策/制度执行"或者"政策/制度制定"的方式来回应社会。① 中国司法镶嵌在中国社会的这片土壤当中,已经成为社会治理的一部分,而这除却通过特定司法裁决把国家公共政策加以内化执行之外,司法本身也在抽象的层面制定出司法政策及司法解释,或者向有关部门提出司法建议。司法的公共政策执行关注的是司法的政治化问题,亦即政治因素嵌入司法决策当中,正如有学者所论述的那样,除非把法院带进来,否则政治的解释将是不完整的。② 司法政策和司法解释可以弥补法律本身的漏洞和法律建构秩序相对于演进秩序的局限性,进一步指导和规范法官的裁判过程;③司法建议可以通过间接的方式促使其他相关部门对当事人结构性诉求下的

---

① 参见孟融.我国法院执行公共政策的机制分析——以法院为"一带一路"建设提供保障的文件为分析对象[J].政治与法律,2017(3):91—103.李大勇.最高法院行政诉讼司法政策之演变[J].国家检察官学院学报,2015(5):89—102.胡岩.司法解释的前生后世[J].政法论坛,2015(3):38—51.郑智航.法院如何参与社会管理创新——以法院司法建议为分析对象[J].法商研究,2017(2):26—37.

② See LEE EPSTEIN, et al. The Role of Constitutional Courts in the Establishment and Maintenance of Democratic Systems of Government [J]. Law and Society Review, 2001, 35(1):117 - 120.

③ 比如,最高人民法院 2017 年发布的《最高人民法院关于适用〈中华人民共和国婚姻法〉若干问题的解释(二)的补充规定》(法释〔2001〕30 号),进一步弥补了婚姻法中的漏洞,合理解决了夫妻债务承担的问题;2018 年发布的《最高人民法院、最高人民检察院关于涉以压缩气体为动力的枪支、气枪铅弹刑事案件定罪量刑问题的批复》,就是对现实司法实践中由于机械理解法律规定和机械适用法律而造成判决结果违背社会公众基本正义直觉的社会效果的调试;最高人民法院 2019 年发布的《关于依法妥善审理高空抛物、坠物案件的意见》(法发〔2019〕25 号),也对百姓生活中日益增多的高空抛物、坠物侵权、犯罪案件的审理提供了指导。

司法产品进行供给。① 由此参与到社会制度的塑造过程当中,间接地对社会公众行动的制度环境以及行为预期进行形塑、引导和制约,进而在一定程度上实现通过司法的社会转型与治理。

其五,中国司法通过司法裁决对社会公众的基本常识、生活情理以及公序良俗等人类社会共同价值的确认、固化和"向善天性"的激励以创造良好"自治、德治、法治"之治理氛围的方式来回应社会。热点案件之所以能吸引不同主体的持续关注,往往是因为这种类型的案件背后透视出了某两种或者几种观念之间的巨大错位以及社会结构性因素而引起的矛盾冲突。司法如果欲求在一个具有结构分化和自主化相对复杂的转型期起到维护社会稳定的作用,就必须要发挥法官的社会"卫士"作用。② 在一个意思自治、行为自由、责任自负的现代社会,司法判决应该导引、弘扬人类的共同价值和良好本性,践行社会基本良善价值守护者的司法伦理责任。"行善避恶是一切人自然地和毫无差错地作为一个不言而喻的原则而共同具有的唯一实际知识,它是人们依靠有关概念来理智地加以认知的。"③司法判决作为法律核心价值的公共传递机制,其一方面是在营造一种"守法者昌"的良好氛围和制度环境;另一方面,司法判决是法官以法律为衡量标准对社会价值加以界定的社会过程,法官通过司法判决持续地确认以及释放法律内含的价值来促进社会共识的不断达成。

其六,中国司法通过司法裁决塑造公众法治观念以明确司法未来指向性以及促进法治文化社会化的引领方式来回应社会。通过司法判决塑造公众法治观念就是从主观影响客观行动的视角来促成社会公众

---

① 比如,重庆市北碚区人民法院在审理社会保障行政确认案件过程中,针对该区人力资源和社会保障局在办理确认工伤案件过程中存在的一些普遍性问题向该局发出司法建议书,建议严格按照《工伤保险条例》来进行工伤认定。该区人力资源和社会保障局在收到司法建议后,按照《工伤保险条例》和《重庆市工伤保险实施办法》的要求制定了《北碚区工伤认定业务流程及标准》。参见郑智航.法院如何参与社会管理创新——以法院司法建议为分析对象[J].法商研究,2017(2):26—37.
② 参见王申.法官的实践理性论[M].北京:中国政法大学出版社,2013:10.
③ [法]马里旦.人和国家[M].沈宗灵,译.北京:中国法制出版社,2011:78.

法治观念、法律行为的变迁。在面临着社会公众传统观念与现代法治观念存在隔阂以及法治观念社会化事业未竟的两大背景下,通过司法裁决塑造公众法治观念不仅可以弥合传统思维与现代法治的鸿沟,同时也可促使社会公众摒弃传统感性思维,[①]树立现代法治观念,从而促进价值的共识和重建。通过司法判决塑造公众法治观念发挥的是司法对社会的引领作用,其不仅是一种法官自主意识的体现,更是一种根据具体情境进行均衡和裁量的空间,"这个法的空间既相对独立于国家和社会,同时又将这两者有机地结合起来……"[②]。当然,其不一定建立在满足社会当下诉求的基础之上,在没有社会公众对案件解决诉求的时刻或者社会公众对司法寄予的厚望无法达成共识时,法官也可以以一种引领制度发展或者导引价值观念的主动意识去裁判案件。

这种司法对社会的引领式回应多体现于现有秩序的空白领域,其可能表现为制度规范领域的空白,也可能呈现为观念秩序的不确定状态。有法院工作人士将其概括为四类案件:因原有规则不合理而带来的不公平需要司法予以弥合——创新思维,摆脱惯性思维;对人们日常交往模式将产生重大影响的典型案例如何处理而需要司法审慎应对——全局考虑,切忌就案判案;新的社会现象带来的社会矛盾需要司法予以回应——开阔眼界,不能简单思维;法理情如何在具体个案中达至最佳平衡点需要司法予以回应——要融情于法,避免机械司法。[③] 因为其在很大程度上涉及司法对规则的创造性适用或者规则的重新理解,所以通过司法判决的引领进而使得新规则得以确立或者新的法治观念得以塑造的过程,也是法律系统本身自我修复、自我生长的过程。正是通过这种积极能动作用的发挥,使得司法在外部职权配置中更加处于融洽或者有利的地位。也恰恰是法官这种引领作用的发

---

① 比如,嫁鸡随鸡、嫁狗随狗的婚姻观;杀人偿命、天经地义的刑罚观;以眼还眼、以牙还牙的惩罚观等。

② [日]谷口安平. 程序的正义与诉讼[M]. 王亚新,刘荣军,译. 北京:中国政法大学出版社,2002:代译序 10.

③ 参见金民珍,徐婷姿. 回应型司法的理论与实践[N]. 人民法院报,2012 - 11 - 21(8).

挥,才使得司法的功能得以在社会公众的关注下进一步地彰显,进而不断塑造着和提升着司法的公信力和权威性。同时,也正是司法判决的这种功能彰显,我们才称司法裁决的"过程性合意"和"结果性宣示"是一种在公共空间里的公共知识行动和法律知识由此转化为生活知识,从而实现司法产品社会化的机制。

第三节　转型时期中国司法回应社会的控制机制

但是,其中可能又存在一个悖论:法院一方面必须遵守不得拒绝裁判的原则,另一方面并非所有的案件都可以达成共识或者具有唯一正确答案。① 所以,法官在面临一个案件,尤其是疑难案件时,究竟如何裁判? 如何发挥自身的判断权? 这时的司法如果有必要滋生一种在法律框架内导引社会公众价值观念的自觉意识,那么界限在哪? 法官是否必须在社会议论达成共识的前提下才能作出判决,而不能在众多的可选项里边根据现有的条件、情势、知识来选择一项可能的裁决结果进

---

① 美国法学家德沃金认为一个法律问题实际上总有一个唯一正确答案,此即著名的"正确答案论题(Right Answer Thesis)",但是这种观点越来越遭到质疑。关于德沃金的观点参见 RONALD DWORKIN. On Gaps in the Law [C]//PAUL AMSELEK, NEIL MACCORMICK. Controversies about Law's Ontology. Edinburgh: Edinburgh University Press, 1991:84.批评观点中最为典型的就是哈贝马斯的观点,其认为,德沃金的建构性诠释中的融贯性概念不能仅仅从语义学的角度来加以理解,而应指向交往结构中论辩过程的一些语用预设。参见 HABERMAS. Between Facts and Norms: Contributions to a Discourse Theory of Law and Democracy [M]. Cambridge: MIT Press, 1996:223 - 237.卢曼也曾从法律系统的偶在性等角度对法律的不确定性进行了论证,参见 NIKLAS LUHMANN. Observations on Modernity [M]. California: Stanford University Press, 1998:45.其他观点参见邱昭继.法律问题有唯一正确答案吗? ——论德沃金的正确答案论题[C]//陈金钊,谢晖.法律方法(第9卷).济南:山东人民出版社,2009:105—122.尹建国.不确定法律概念具体化的模式构建——从"唯一正确答案"标准到"商谈理性"诠释模式[J].法学评论,2010(5):60—69.王天华.行政法上的不确定法律概念[J].中国法学,2016(3):67—87.周赟.于不确定处寻确定:论司法的本质是自由裁断[J].苏州大学学报(法学版),2017(1):44—55.王志勇."司法裁判的客观性"之辨析[J].法制与社会发展,2019(3):106—121.

行判决？如果答案是否定的，也就是说，即使对于此案件的处理通过广泛的议论还没有达成共识，法官也必须通过司法裁判的形式回应当事人，甚至是整个社会公众的焦急等待。法官在共识未达成之前依然可以依靠自身的法律职权作出一个代表性的判决来促成共识的达成，但是这并非意味着这个试图促成共识达成的判决是没有争议的。恰恰从现实的司法实践来看，这种争议常常存在，特别是在法学学术界的批评声中以及败诉一方当事人屡次上访中体现得淋漓尽致。但是争议的存在并不能抹去生效司法判决的效力，恰恰是这种争议使得其他回应案件方式的产生。在这个过程中，法官的主观能动性必定要得到发挥，甚至法官在一定程度上要发现"新法律"以实现法律续造或者"创造性地适用法律"也在所难免。

进而，我们可能想到，在司法回应社会这面理念大旗之下，法官可能会过于滥用自由裁量权而任意地作出判决，法院也可能存在过于能动司法的境况，造成司法权力的泛化。①甚至会利用回应社会的名义而违背法治的底线，以至于造成整个司法系统面临失序的风险。那么"中国司法回应社会"这一理念以及此理念导引下的回应力度是否应该得到控制？如果应该受到控制又该受到什么样的控制？对于第一个问题，基本可以达成共识，那就是需要得到控制，法官/法院的权力或回应力度不可能不受到制度笼子的约束，也不可能是随心所欲地对社会加以回应。从本质上讲，对于中国司法的社会回应力度之控制，其关键在于对法院的权力行使以及法官自由裁量权的运用加以控制，因为司法回应社会的本质就在于司法公权力的运用。至于如何控制以防止出现"回应过度"之困境，在此，笔者提供三个思路以供讨论：一是司法回应社会要得到适当开放司法场域中公共理性的控制；二是司法裁判要受

---

① 有学者指出，司法权力的泛化指向司法权力这种富有特性而为特定主体所专属的权力，在主体范围上的扩展，其既表现为司法权力在不同国家机关之间的泛化，也表现为司法权力朝向社会层面的扩展。而在我国特定法治建设历史和现实环境之下，司法权力泛化的趋势更是明显。参见石茂生.司法权力泛化及其制度校正——以司法权力运行为中心[J].法学,2015(5):21—31.

到回应型判决理由的制约，同时要注重司法裁决的可接受性；三是司法对社会的回应要坚守有限主义原则和复合型司法构造。

（一）通过公共理性的控制

经过司法改革而落地的法官员额制运行以后，我国的司法基本上实现了专业化与职业化，但是这种状态的实现也可能隐藏着一种司法的精英化与大众化分离的风险。在封闭的司法场域中，不管是传统的法律形式主义还是法律现实主义都是从法官"自我化"①的视角定格下进行阐释，将法官视为一个完全独立的行为个体，过分探求了法官追求法律或者其他利益的"自我偏好"，而忽视了开放司法场域中其他行动者或者制度性约束对其司法活动产生的控制力，特别是在疑难、复杂案件当中尤其明显。所以中国司法应该走向一种"超越技艺理性和政治理性的公共理性"。②"只有让私人参与公共领域所控制的正式交往过程中去，批判的公共性才能在一个具有社会学意义的秩序当中，把两个交往领域联系起来。诚然，少数私人是政党或者公共团体的成员。只要这些组织并不仅仅在官僚或者管理者的层面上，而且在所有层面都允许一个内部的公共领域存在，那么私人的政治意见与准公共舆论之间就有可能联系起来。"③

而且，司法权威形成过程的支撑力量也不同程度地体现在司法职业者的责任伦理以及对社会整体对于司法产品欲求的关切当中。换言之，司法权威形成的可能性孕育在封闭司法场域与开放社会场

① 这种"自我化"一元性分析进路暗含的一个前提条件就是：法官是独立的行为主体，不受其他行动者的支配或限制，他或她并没有劝说他人的责任，同样也没有接受他人劝说的义务，而是自由地作出并执行他们眼里的最佳决定。参见[美]弗兰克·克罗斯.美国联邦上诉法院的裁判之道[M].曹斐，译.北京：北京大学出版社，2011：103.徐霄飞.司法治理中的决策模型研究[J].浙江社会科学，2018(1)：19—34.其实，弗兰克·米歇尔曼也批评过德沃金对司法实践的独白式理解，且声称德沃金笔下的赫拉克勒斯是一个孤独者，他的叙述性建构是独白的。See HABERMAS. Between Facts and Norms: Contributions to a Discourse Theory of Law and Democracy [M]. Cambridge: The MIT Press, 1996：224.
② 参见吴英姿.司法的公共理性：超越政治理性与技艺理性[J].中国法学，2013(3)：62—73.
③ [德]哈贝马斯.公共领域的结构转型[M].曹卫东，等，译.上海：学林出版社，1999：294.

域的紧密结合以及良性互动的过程当中，司法场域的塑造不必达到社会根本无法触及的闭合程度。特别是在热点案件当中，封闭司法场域与开放社会场域的重新组合不仅为司法技术或者法律方法证成的社会识别提供了契机，而且为多元主体的扩展参与以及声音表达的规范化提供了具体的案例语境。这时，"单个法官原则上必须把他的建构性诠释看作是一项以公民间公共交往为支撑的共同事业。"①通过引入"公共理性"对中国司法的社会回应力度加以控制，促使司法从封闭的司法场域转变为适度开放的社会场域，这样不仅具有了司法民主等正当性基础，而且也在一定程度上化解或者弥补了二者潜在的背离风险。进而避免出现有学者所讲的："司法对民意表现出'专断'与'被动'两个极端——裁判时无视受害人和民众的意见与感受，闭门造车；当案件成为公共事件后又经不起舆论的拷问，随风而倒。"②

　　司法之社会回应力度的公共理性控制是在一种"司法—社会"协作式的结构框架中得以实现的。司法的公共理性本质上是一种司法与社会相互结合的"各种不同善观念的群体之间的一种重叠共识"③，也是法律的公共理性与社会公共理性的结合。公民个体通过自律、理性的表达参与到公共理性的建构当中，司法权力对于这种公共理性的呈现进行不同程度的法治框架内的评估与参考，进而在参考性、程序性达到某种程度的情况下作出专属性或者民主式的判断，实现道德代码的法律转译。当然，这个过程可能是徘徊、反复的，因为不断有新的理性加入，法官需要在一定时间内持续地通过某种便宜的信息收集装置直接或者间接地对其进行辨析以及实现和法律的对接。

　　对于"公共理性"的理解，虽然从霍布斯（Thomas Hobbes）的"主

---

① HABERMAS. Between Facts and Norms: Contributions to a Discourse Theory of Law and Democracy [M]. Cambridge: The MIT Press, 1996:224.

② 吴英姿. 司法的公共理性：超越政治理性与技艺理性[J]. 中国法学，2013(3):62.

③ 参见[美]约翰·罗尔斯. 公共理性理念新探[C]//谭安奎. 公共理性. 谭安奎，译. 杭州：浙江大学出版社，2011:129.

权者理性"①到罗尔斯(John Bordley Rawls)的"公民理性下达成基本共识的能力",②再到哈贝马斯的"理性的商谈式/交往理性的公共程序运用",③一直在不断地完善并且逐步延伸至包括司法权在内的一切公共权力的运作层面。关涉到中国司法的特殊语境,总体而言,笔者认为这种公共理性的控制不仅仅局限于司法裁判作出的过程当中,而且应该穿插于司法权运作的任何一个可能的阶段,比如,立法提案的提出过程、司法解释的拟制过程、司法裁判的运作过程、司法政策的制定过程、司法与民意的沟通过程等,在这种公共理性的控制之下导向多元社会聚合下的价值共识。这时,法律规范不再是一个统一化的、既定性的、不可解释的"实体之物",而变为了通过商谈程序之后合理性和可接受性理由的来源依据和法律论证的资源。总而言之,不管是司法公信力和司法权威的自然演进还是人为塑造,都不能远离司法的自律、公平与理性而赋予人民外部监督和内在民主参与的权利,并且不断地将其制度化和程序化,将司法过程打造为一个公共理性得以呈现的过程才是最为根本的路径。④

具体到最为核心的司法裁判的过程而言,公共理性的控制可分为判决作出前的控制和判决作出后的控制。判决作出前的控制又可分为通过法律的控制和通过议论的控制。前者主要是指法律作为"公意(General Will)"⑤或者"公共善品(Common Good)"而成为法官裁判的依据,这也已然成为国内三大诉讼法和各大实体法的内在规定,已是不可动摇的根基。法官审判案件必须在法律的框架内发挥主观能动性来解决案件,而不能"跨越法律"成为"无法裁判",因为司法的权威最终来

---

① 参见[美]迈克尔·里奇.霍布斯式的公共理性[C]//谭安奎.公共理性.陈肖生,译.杭州:浙江大学出版社,2011:69.

② 参见[美]约翰·罗尔斯.政治自由主义[M].万俊人,译.南京:译林出版社,2000:225—226.

③ 参见[德]尤尔根·哈贝马斯.通过理性的公共运用所作的调和:评罗尔斯的政治自由主义[C]//谭安奎.公共理性.谭安奎,译.杭州:浙江大学出版社,2011:354—372.

④ 参见胡铭.司法公信力的理性解释与建构[J].中国社会科学,2015(4):85—106.

⑤ 参见[法]卢梭.社会契约论[M].何兆武,译.北京:商务印书馆,2005:44—49.

自宪法法律的赋予。而司法的过程性质就是根据宪法法律这一规范性共识对公共价值、社会价值进行界定的过程。① 这种通过法律的控制使得司法行为的作出必须依据于事前制度性的共识。

通过议论的控制一般表现为从职业角度、学术角度和普通大众视角进行论辩协商而逐步达成共识。但是判决作出前，要想实现三类群体都得以不同程度地参与，有一个前提是，需要案件从封闭的司法场域演变为公开的司法场域或者半公开的司法场域，如果未发生这种演变，那么这种控制很可能不再是真正意义上的公共理性，而变为了法律职业群体狭小范围圈内的理性，这常常表现为受理案件的法院内部专业法官之间（主要是司法系统内部，比如合议庭、主审法官会议、专业法官会议或法官联席会议等）的意见交流（在不加以实质改革的情境下，人民陪审员制度②徒有审判形式而无实质裁判权运行的尴尬局面可能仍会延续），至多升至审判委员会的内部看法交换。

但是，对于这种境遇下法官个体职业的有限理性承受却是我们现有法律制度以及司法体制所能负担的，因为司法场域的演变动力源有很多，其中就涉及案件的复杂、疑难程度，而在疑难、复杂案件中，场域演变的可能性非常大，如果未加演变，很大情况下说明此类案件属于常规案件，法律职业理性与社会大众认知的距离不是太远，前述的小范围专业理性足以应对，无需占用其他公共理性主体的过多关注力，因为这时二者一般是处于一种"默会契合"的状态，所以从此意义上讲，法官个体的职业理性发挥的过程也是职业理性社会化、公共化的过程。而且，这种只聚焦于疑难、复杂案件的关注力恰恰值得提倡，否则很可能因为

① 参见[美]欧文·费斯. 如法所能[M]. 师帅，译. 北京：中国政法大学出版社，2008：3、16.

② 制度的功能预设是一回事，实际的实践运行又是一回事，二者的落差可能很大。正如有学者通过实证调研得出，1998 年以来的人民陪审员制度在多种社会需求合力的作用下得以复苏，其承载了推进司法民主、维护司法公正、强化司法监督、提高司法公信等多种功能期待，但是经验材料显示人民陪审员难以有效地参与审判，出现"极少发言""附和法官""难以参与表决""陪而不审""编外法官""陪审专业户""三陪：陪听、陪坐、陪签"等制度异化现象。参见彭小龙. 人民陪审员制度的复苏与实践：1998—2010[J]. 法学研究，2011（1）：15—32. 虽然 2018 年 4 月 27 日，《中华人民共和国人民陪审员法》由第十三届全国人大常委会第二次会议通过，但是其实施效果还有待进一步观察。

"疑难、复杂案件到处都是,处处需要关注"的错觉使得公众把不平常变为了平常,进而失去了关注的耐心和精力。

正如上文所讲,促使封闭场域演变为开放场域的因素有很多,除了案件本身的性质以外,法官在司法场域演变的过程中也具有一定的主动权,其以"审时度势"的"自由裁量"而影响场域的变化。而且,当事人、律师和媒体的结合也可能起到关键性的作用。如果当事人、律师诉求于媒体,再加以"卡里斯玛式"权威人物的助推,而又结合案件本身的疑难与复杂,甚或是"奇葩"性质,就会迅速地传播,成为一个"公案"①,进而得到社会公众的关注。这时司法场域得以延展的动力主要来源于信息时代案情公布之后社会公众的持续关注,进而发展出一块案件的公共领域,得以在议论下进行对话与合意。

对于判决作出后的控制,大多表现为公众舆论监督的主体参与,发挥司法系统内外之主体间性理念对司法的整合和改造功能。② 因为"公众对司法活动和结果形成的主流看法也具有公共性,其中内含了解决利益冲突的社会共识,从而为法官发现和确立公共理性准备了必要的条件"。③ 由于裁判文书公开平台的建立以及当事人及其律师的维权意识,对于有争议的判决或者当事人极其满意的判决结果,都在一定程度上促使了裁判文书通过媒体进入大众的视野,当然,也不排除法院或者法官自认为对于某个案件的裁判实现了法律效果和社会效果的良好结合,而主动让它进入社会公众的视线内,进而引起不同群体的关注与议论。这种参与主要来自于学术群体的批判和阐释分析或者社会普通大众凭借朴素正义观对案件进行检讨,或者是其他法律职业者的规范性再分析,以表达支持或者某种程度的不赞同。

比如,社会公众对"南京彭宇案"经验常识推理的极度不赞同;对"天津大妈摆摊射击案"违背常情的不理解;对"深圳鹦鹉案"打破常理

---

① 参见孙笑侠. 公案的民意、主题与信息对称[J]. 中国法学,2010(3):136—144.
② 参见李拥军,郑智航. 主体性重建与现代社会纠纷解决方式的转向[J]. 学习与探索,2012(11):37—44.
③ 季晨溦. 民意沟通:公共理性的司法构建基础[J]. 政法论丛,2017(3):25.

的反对以及专家学者、法律职业者对于"郑州电梯劝烟猝死案"判决的法理分析等，都无不表现出了公共理性的参与。在这样三类群体的议论中，在社会上形成一种图依布纳（Gunther Teubner）意义上的"反思合理性"，将一种法的解释、逻辑封闭系统变为一种日常的逻辑和议论系统，①从而逐步找到处理案件的社会基本共识。当然，在面对这种共识时，司法的回应举措是不一致的，回应的速度也是存在差异。②但是其中几乎都涉及了司法与社会公众的互动，法律与社会规范的碰撞，司法正义与社会认知的衡量。

　　其中必须要注意的是，这种司法裁决的公共理性控制最终是通过公共理性支撑下的法律规则之间的竞争性适用而得以呈现的，对于公共理性本身并不一定直接出现在司法裁决当中，恰恰大多数情况下其作为一种衡量因素隐藏在背后，实现司法方法与裁判实质基准的紧密结合。正如有学者所说的那样："民意判决并非如表面上所显示的，是法律同民意的竞争，而实质上是法律规范之间的竞争，民意潜藏于一方之后。"③此时，来自司法系统之外的公众意见在作为证成裁判依据选择正当性的二阶证成过程当中发挥作用，④使公共理性所反映之社会事实转变为制度性事实，从而将法律外的事实转化为法律之内在要求。亦即，这种公共理性与法律规则并非单纯地表现为二元的截然对立，反而是法官在多种可能的法律适用结果之间选择一种更加符合公共理性的裁决结果或者法律规范而作出最终的判决。在这种判决中，公共理性并非法律规则的对立面，而是作为一种社会基本共识的支撑因素起

① 参见季卫东.法治秩序的建构[M].北京：商务印书馆,2015:20—21.
② 比如,在"内蒙古农民王力军收玉米获罪案"中,最高人民法院主动指令内蒙古自治区巴彦淖尔市中级人民法院再审王力军非法经营案；"山东聊城于欢案"二审审判结果将国法、天理、人情相结合,在国法的框架内,不违天理,合乎人情；在"卢荣新无罪释放案"中,云南省高级人民法院坚持无罪推定原则以及以审判为中心的诉讼制度,宣判卢荣新无罪,当庭释放,等.参见内蒙古自治区巴彦淖尔市中级人民法院(2017)内08刑再1号刑事判决书、山东省高级人民法院(2017)鲁刑终151号刑事附带民事判决书、云南省高级人民法院(2016)云刑终262号刑事判决书.
③ 陈杰.基于裁判理由的民意判决的正当性探析[J].河北法学,2018(4):61.
④ 参见陈林林.公众意见在裁判结构中的地位[J].法学研究,2012(1):96—107.

到加码或者说服作用，促使法官心中自由裁量的天平在合法的底座上更加倾向公共理性可欲的一边，从而不致使整个社会的基本价值共识被撕裂。

而且，公共理性并非简单地等同于民粹主义、网络舆论，而是一种经过各种主体民主商谈、论辩达成共识或者"半共识"状态的集体智识与能力。要注意区分公共理性和民粹主义的界限，司法的公共理性不等于司法的民粹主义，但要防止打着司法公共理性的旗号却滑入民粹主义司法的漩涡。司法的公共理性注重的是在规范标准的框架内以尊重多元主体为基础而进行理性商谈后达成共识；而民粹主义拒绝商谈的进行，带着浓郁的群体偏见和愤懑之气，固执地表达自身的不满。① 而且将法律规范的存在抛却一边不予理会，只将自身的利益或者感性的道德否定考虑在内，亦即民粹主义不仅丢弃了法律边界的考量，夹带了太多对于司法的非理性私货，而且拒绝意见形成的交互性。在司法自治性不足、抵御外界干扰能力不足的情况下，很容易走向舆论间接干预司法的危险境地。

（二）通过回应型判决理由的控制

著名的逻辑学家、法哲学家萨伊姆·佩雷尔曼（Chaim Perelman）曾指出：论证的目的就在于能够引起和增强作为普遍听众内心对于说话者所提意见的认同。② 从说者和听者的角度而言，司法判决的说理已经成为司法与社会沟通的一种方式，由于审判是一个"诉讼三角形"的三方格局，所以回应型司法判决理由主要是指法官在判决中说理时，要回应当事人以及控辩双方在各个阶段提出的异议或者主张，不管法官是持一种采纳还是不采纳的态度，都应该在裁判说理中给予回应，而不是简单独白式的说理。回应型说理不是意在强调裁判说理的"多"，

---

① See EDWARD SHILS. The Torment of Secrecy: The Background & Consequences of American Security Policies [M]. Glencoe, IL: The Free Press, 1956:100 - 101.

② 参见谢小瑶，赵冬. 裁判可接受性的"理想"与"现实"——源于听众理论的启示[C]//张仁善. 南京大学法律评论（春季卷）. 北京：法律出版社，2013：171.

而在于说理时要以"听者"和"说者"的姿态，有针对性地和精致性地分析事实和法律，以回应当事人的诉求，避免法官自我封闭下的自说自话。一味追求说理的"多"或者类似于美国联邦最高法院大法官所撰写的洋洋洒洒的判决书，不仅对于"案多人少"的中国法院当下不合时宜，而且容易造成裁判文书的拖沓冗长，使得当事人或者读者失去耐心。严格意义上讲，判决理由的回应必须是有效的，换言之，其不能是故意"文不对题"式地进行回应，而必须是有针对性地进行回应，特别是直接涉及定罪（定性）、量刑（赔偿）等关键问题，法官更应该直接回应、精细回应、准确回应，不能出现笼统性回应、模糊化回应等无效回应。

最高人民法院2018年发布的《关于加强和规范裁判文书释法说理的指导意见》中也提到，裁判文书中对证据的认定，应当结合诉讼各方举证质证以及法庭调查核实证据等情况，……阐明证据采纳和采信的理由。刑事被告人及其辩护人提出排除非法证据申请的，裁判文书应当说明是否对证据收集的合法性进行调查、证据是否排除及其理由。……诉讼各方对案件法律适用存在争议或者法律含义需要阐明的，法官应当逐项回应法律争议焦点并说明理由。[①] 这一系列的表述都是在着重强化司法裁判说理的回应属性。回应型判决理由和独白式判决理由虽然都是在实现司法判决这一司法产品的"可公共化"[②]，但是回应型判决理由是一个"对话与合意"过程的呈现，也是换位思考的一个过程，其具有针对性、互动性和回应性；而独白式判决理由是法官"自我化"的一种彰显，其具有很强的弥散性、单向性和独白性。很显然，前者更加能够说服控辩双方或者当事人，更具有说理意义上的可接受性和认同感。而且，这也是通过司法判决在法官和当事人之间建立一种制约和平衡机制，能够实现事实认定和法律适用的理性公

---

① 参见《关于加强和规范裁判文书释法说理的指导意见》（法发〔2018〕10号）.

② 参见［美］欧诺拉·奥尼尔. 理性的公共运用［C］//谭安奎. 公共理性. 陈肖生，译. 杭州：浙江大学出版社，2011：100—103.

开化。① 另外，回应型判决理由也彰显了一种说服力竞争下的正当性，控辩审三造或者原被告与法官三方之间展开关于裁决结果的相互说服，从而通过论证说理进行竞争，希冀在复数化的规范中寻求正确的答案或者最大公约数下的"重叠共识"。但是由于中国目前裁判说理的自白性和非论证性特征，致使这种论证性对话和说服力竞争并未得到充分的体现。②

而且，请注意这里关注的是判决理由的控制而非判决依据，现在看来，判决理由和判决依据的二分已经成为一种趋势，亦即裁判的依据必须是法律，"法律唯一"是审判的元规则，③而裁判的理由可以综合运用多种资源加以论证，丰富论证的内在构成，进而展示出常理、情理等社会规范和法律规范的合力。这样一来，才能达到有学者所讲的，司法判决正当性的来源不是公民出于惩罚的预测，而是公民真正从内心肯认判决理由及其所表达的正义原则——义务只能出于行动者内在观点的接受。④ 关于判决依据的控制，笔者在公共理性的控制中已有所阐释，这里不再赘述；而关于判决理由这方面的学术成果可谓是汗牛充栋，但是回顾现实司法实践中的应用效果却让人大跌眼镜，热火朝天的司法裁判说理的学术研究与日常现实的司法实践操作之间存在巨大的张力。⑤ 司法中心主义的学术研究范式能否实现和现实司法实践操作的有机衔接，想必这其中肯定也有很多现实因素的制约。比如案多人少，法官精力有限，不可能每个案件都把理由写充分；法官不敢写过多的理

---

① 参见李红海.认真对待事实与将常理引入司法——减少争议判决之司法技术研究[J].法商研究,2018(5):117—127.

② 参见季卫东.中国式法律议论与相互承认的原理[J].法学家,2018(6):1—15.

③ 参见周永坤.民意审判与审判元规则[J].法学,2009(8):3—15.

④ 参见朱振.法律的权威性：基于实践哲学的研究[C]//张仁善.南京大学法律评论（春季卷）.北京：法律出版社,2015:4—7.

⑤ 有学者从整个法律方法论的司法实践运用角度，对法律方法论的沉默提出了自己的忧思。其认为目前的研究并没有通过有效的法律方法论证实现法律的修辞，打通专业性与公共伦理的沟通路径。法律方法论学者选择沉默可能有两种原因：其一，法律方法论只是一种屠龙术；其二，法律方法论学说发展尚不充分，现有理论的发展还处于建构阶段，不具备应用于司法实践的能力。参见陈绍松.司法裁判的评价与认同[J].法学杂志,2018(1):66—76.

由,言多必失,怕出错误承担责任等。① 总之,不管是司法内部严格的类科层制、僵化的判决书样式,还是泛化的司法责任制度都没有为法官运用法律方法论成果以发挥自身创造性和能动性提供良好的制度激励机制和通过司法裁判回应当事人及社会公众的良好氛围。今后对于以上这些司法现实问题的识别、关照与解决依然是非常重要的。

同时,值得再加以强调的是,特别是在涉及情理法相冲突、进行价值取舍的判决当中,类似"山东于欢案""深圳鹦鹉案""大学生掏鸟窝案"等案件,更需要强化回应型判决理由的塑造。法典中的法定犯会由于缺乏民众的合意而出现合法性不足的情况,那么由司法解释细化后的法定犯则会使这种不足的合法性表现得更加突出,②所以法官在此类案件中更应该进行充分的说理论证,充分调动各种资源进行说服,③将学界法律论证学、法律解释学以及法律修辞学的法律方法研究成果加以运用,不仅展示出自身思考的思维过程,而且对社会公众以及控辩双方的意见进行回应,通过将司法技术从封闭的司法场域进入适度开放性的社会场域,可以为权衡法律效果和社会效果的实现而呈现出鲜明的法律方法证成逻辑。

但是,司法裁判的考量因素却远远不能止步于法律方法的运用,而是多元主体、多种技术、多种价值、多种情境掺杂下的动态平衡,进而才能提升司法判决的可接受性和社会的认同感,逐步打破司法判决只有"刻度"没有"温度"的传统死板印象。由此形成尊重个体、克制自我、超越偏见,而且充满同舟共济情怀的法官裁决,④进而"展示了司法的理性

---

① 更多的理由参见王聪.我国司法判决说理修辞风格的塑造及其限度——基于相关裁判文书的经验分析[J].法制与社会发展,2019(3):89—105.

② 参见李拥军.合法律还是合情理:"掏鸟窝案"背后的司法冲突与调和[J].法学,2017(11):39—51.

③ 关于这一观点,通过最高人民法院印发的《关于加强和规范裁判文书释法说理的指导意见》(法发〔2018〕10号)也可以加以印证。其中提到,法官在裁判说理中除了引用司法解释等规范性文件外,还可以引用公理、情理、经验法则、民间规约、法理或者通行学术观点等论据,进而实现了论证资源的多样化。

④ See RICHARD RORTY. Philosophy as Cultural Politics: Philosophical Papers [M]. Cambridge: Cambridge University Press, 2007:42 - 55.

说理对于社会正义的建构能力"①。这样一来,司法公正不仅仅是一种物质利益的分配,也是一种"以移情为认知机制的承认合法型正义"②。

(三) 通过司法有限主义的控制

司法需要回应社会,但是这并非意味着司法对于社会的任何诉求都要回应,因为社会公平正义的整全性实现需要国家和社会的系统性治理,而非司法一家独任,司法只是实现公平正义的一条路径,即便是"最后一道防线"。即使将司法定位为治理者的角色,也应该"力所能及"地承担与其职责相适应的治理责任,而不可承受通过司法无法解决的"不可承受生命之重"。③ 除却司法人、财、物等资源的有限性之外,由于程序的限制,司法也并非受理所有的案件,很多的秩序囊括进各种调解、仲裁、行政复议等非诉讼纠纷解决机制以及保险等市场机制来加以调整与塑造,而不是通过司法过程来进行裁决。尤其是在面临着道德权利的诉求时,"司法无法像道德一样将触角伸向每一个社会角落,"④必须保持适当的司法克制主义,⑤即使司法判决在谋求引领社会风尚的价值弘扬时,也应该在遵守罪刑法定、疑罪从无等法治基本原则的框架内彰显司法权力,否则"道德化的法律要行道德的职能,司法过程便成了宣教活动,法庭则是教化的场所"⑥。进而,可能会走向道德权利的泛法律化,模糊了法律与道德的界限。

这时,司法虽定位于"测度立法权威所确立的价值和现实生活之间

---

① 王旭."回应型司法"更能黏合民心[N].人民日报,2013-9-27(5).

② 参见杜维明,雷洪德,张珉.超越启蒙心态[J].国外社会科学,2001(2):14—21.杜宴林.司法公正与同理心正义[J].中国社会科学,2017(6):102—120.

③ 从此意义上讲,完全的"健讼社会"和极致的"无讼社会"其实都是不可取的,也无法独立解释和处理社会现实问题,其只能是一种学术研究的理想类型或政治理想.参见范愉.诉讼社会与无讼社会的辨析和启示——纠纷解决机制中的国家与社会[J].法学家,2013(1):1—14.

④ 夏锦文,徐英荣.现实与理想的偏差:论司法的限度[J].中外法学,2004(1):36.

⑤ 参见王国龙.论道德权利诉求中的司法克制主义——以浙江温岭"虐童事件"为分析背景[J].西部法学评论,2014(3):10—23.

⑥ 梁治平.寻求自然秩序中的和谐[M].北京:中国政法大学出版社,1997:289.

的差距，从而找到弥补两者罅隙的方法"。① 但是，因为大多数的社会情势已经被法律规则加以制度化，所以司法回应社会的大部分空间已经被制度所预设，其只需要落实国家的法秩序即可，换言之，司法回应社会的小部分空间才是一种必要时刻的"超越法律"②。

其次，由于案件可执行性的限定，很多的纠纷虽然属于法律的调整范围，但是执行起来非常困难或者根本就无法执行，那么司法这时的回应也应该是克制的，特别是在面对社会公众对于司法"社会功能"③的过分欲求以及美国法学家富勒意义上的"多中心任务（Polycentric Tasks）"④时，更应该谨慎地揣摩司法量力而行的范围，在司法所追求的

---

① 参见［美］欧文·费斯. 如法所能［M］. 师帅，译. 北京：中国政法大学出版社，2008：序言 1.

② 这里的超越法律不同于波斯纳所讲的"超越法律"，波斯纳在《超越法律》一书中注重通过隐私权、女权主义以及同性恋等具体的讨论语境，将社会学、修辞学、经济学、文学、历史等知识融入其中，所以其"超越法律"注重的是社会科学知识在法律问题中的应用。而笔者强调的是法官在法治的架构内通过运用各种智识对案件进行裁判，对社会进行回应，从而达到一个比较好的法律效果和社会效果相统一的结果。参见［美］理查德·A·波斯纳. 超越法律［M］. 苏力，译. 北京：北京大学出版社，2001：译者序.

③ 孙笑侠教授将司法的功能分为法理功能和社会功能，其中法理功能主要是指辨别是非、释法补漏、维权护益、控权审视、定罪量刑、定纷止争；社会功能主要是指缓解社会矛盾、促进社会经济、引领社会风气、政治困境的解决、法治秩序的建构等。孙教授主张更应该重视司法的法理功能，而有限度地实现司法的社会功能，通过司法的法理功能实现司法的社会功能是最佳的司法状态，当社会功能的实现影响到法理功能的效果而且二者不能调和时，就应该果断地选择后者。参见孙笑侠. 论司法多元功能的逻辑关系——兼论司法功能有限主义［J］. 清华法学，2016（6）：5—21. 同时，也有学者在司法的调控领域、司法的价值目标选择、司法的"证据中心主义"以及司法人员的非纯粹理性四个维度详细论述了司法的限度。参见夏锦文，徐英荣. 现实与理想的偏差：论司法的限度［J］. 中外法学，2004（1）：33—46. 此外，李拥军教授提到，当下中国的法院既是司法机关又是政法机关，所以其不仅承担审判任务，而且也要肩负维稳、扶贫、普法、支农、救灾、创建文明城市等本不该由其承担的任务，进而呈现出了一种过分"能动司法"的样态，最后造成法院的不堪重负。对于这种司法内部改革与外在制度环境的冲突必须要进行体制性的改革。参见李拥军. 司法改革中的体制性冲突及其解决路径［J］. 法商研究，2017（2）：15—25.

④ 在富勒的理论中，多中心任务的特征包括：第一，问题或任务像一张蜘蛛网一样，具有多个中心；第二，多个中心之间具有相互作用；第三，多中心任务是一个需要各种变量互动、协调的任务，没有任何一个变量是确定的，所有的变量都因价值的选择而受影响。在多中心任务中，包括受影响方、时间的变迁等方面都具有某种"情势流变性"（Fluid State of Affairs）。相互作用的中心越多，就越可能受到情势变更的影响；第四，多中心问题的判断、区分在很大程度上是一个程度问题，关键在于认清何时多中心要素变得如此重要和显明以至于达到了司法的适当限度。其中最为典型的就是"外嫁女"的遗产继承（转下页）

众多价值目标中实现秩序、效率、正义等价值的衡量与取舍。① 否则司法判决结果只可能是一种"象征性承诺",而非"切实利益"。同时,对于前文所提到的欧文·费斯意义上的"结构性诉讼",因为司法所面临的不仅仅是单个纠纷而是结构性改革的诉求,司法在制度性引领方面的能力和制度变迁动力者的角色扮演能力是非常有限的,其只能通过司法建议的方式向有关部门表达自身的建设性意见,但是司法建议本身没有国家强制力的支撑,除此之外更多作为的空间狭小。

如果把"孙志刚案"中民众对收容教养制度的改革诉求,"唐慧案"中民众对劳动教养制度的废除要求,"吴英案"中民众对民间借贷/企业融资制度的变革欲求等,统统都赋予司法来进行有效性地界定或者承担制度的变革诉求,或者司法把以上诉求作为自身的基本任务以试图彰显自身的功能,那么司法只会陷入"回应能力不足"的深渊与超越司法的"体制性想象"之中,最终陷入一种"司法全能主义"的泥淖而无法自拔。②

再次,中国的司法体制、政法体制也不同于英美法系中美国三权分立的宪法体制,在后者的体制中,由于遵循了立法权、司法权、行政权之

(接上页)问题。参见 LON L. FULLER. The Forms and Limits of Adjudication [J]. Harvard Law Review, 1978,92(2):393—401.王藉慧. 论司法的限度[D]. 长春:吉林大学博士学位论文,2018:74—75.

① 有学者将新中国成立以来的司法价值观总结为:"为阶级斗争保驾护航"的政治司法价值观;"为经济建设保驾护航"的经济司法价值观;"为社会稳定排忧解难"的社会司法价值观;多元价值衡平的司法价值观。不管是政治司法价值观、经济司法价值观,还是社会司法价值观都是司法工具主义的产物,以"公正、廉洁、为民"为核心的衡平司法价值观才是在现代法治文明中司法对社会多元价值的一种理性回应。参见江国华. 转型中国的司法价值观[J]. 法学研究,2014(1):56—73.

② 当然,这里暂时不考虑最高人民法院的功能发挥,因为大多数案件还是由基层人民法院和中级人民法院来审理。最高人民法院相比于其他级别的法院,作为最高的审判机关,发挥着较强的政治功能,在政策制定、规则形成、推动制度变迁等方面享有独特的政治优势,可谓引领整个司法系统。参见侯猛. 中国最高人民法院研究——以司法的影响力切入[M]. 北京:法律出版社,2007. 喻中. 论中国最高人民法院实际承担的政治功能——以最高人民法院历年"工作报告"为素材[J]. 清华法学,2006(1):35—54. 郑智航. 调解兴衰与当代中国法院政治功能的变迁——以《最高人民法院工作报告》(1981 年—2010 年)为对象[J]. 法学论坛,2012(4):154—160.

分权制衡的权力结构配置,司法具有更大的独立能力和自主权行使的空间,特别是美国的联邦最高法院,其具有违宪审查的权力。而且,自20世纪50年代以来,美国法院在越来越多的领域发挥着积极的政治作用,①在塑造美国的制度以及确立先例方面具有极大的先天便利。但是我国的司法具有浓厚的大陆法系色彩,司法一直被定位于落实国家法秩序的角色,严格限定在法典或法律的界限内进行裁判,进而使得司法的自主能力以及对政治、经济、文化、社会、生态文明等领域的影响能力受到很大的限制。

可见,同样强调司法对社会的回应,中美两国的司法语境却有所差异,一个是司法权的不断主动扩张,一个是面临法律与社会之间存在巨大张力的"现代型诉讼"下的主(被)动回应。也正是在这样的语境下,"通过司法引领社会制度发展"命题的开展空间变得极为有限,公众参与诉讼的过程一般不大可能变为公共政策制定的过程,更不大可能实现社会的重大制度变革。对于英美法系之司法系统而言,中国的司法更多的不是对于公共政策的创制与塑造,而是对公共政策的执行和完善。甚至,在很多问题上,司法还必须要获得政治力量、行政力量的支持才能得以实现司法权的更佳运行,而这是不得不面对的司法角色的中国现实。②

也正因此,司法必然是有限的。不管是从现有的政法体制、司法现状出发,还是对未来司法的良性发展而言,树立一种"司法有限主义"理

---

① 参见〔美〕劳伦斯·弗里德曼.二十世纪美国法律史〔M〕.周大伟,等,译.北京:北京大学出版社,2016:312—344.其实想想"布朗诉托皮卡教育委员会案"、"《纽约时报》公司诉萨利文案"、"布什诉戈尔案"就可一清二楚了。其中最为经典的就是布什诉戈尔案,联邦最高法院恰当地解决了政治上的危机。See RICHARD A. POSNER. Breaking the Deadlock: the 2000 Election, the Constitution, and the Courts〔M〕. Princeton, NJ: Princeton University Press, 2001. CASS R. SUNSTEIN, RICHARD A. EPSTEIN. The Vote: Bush, Gore, and the Supreme Court〔G〕. Chicago: University of Chicago Press, 2001.

② 欧文·费斯立基于美国的宪法性诉讼和三权分立的政治体制,认为法官可以对威胁宪法价值的病态官僚体制进行识别,并且承担起"重构官僚组织的责任"以及"通过禁令的方式实现社会的结构性改革"。这种设想显然不符合中国的国情。参见〔美〕欧文·费斯.如法所能〔M〕.师帅,译.北京:中国政法大学出版社,2008:序言4—5、93—116.

念是必要的,而且是紧迫的,也是对现实的必要妥协。即司法正义对于社会诉求的回应并非都能一一满足,而是有条件的、选择性的、力所能及的回应。当这种理念传达给公众,民众对司法的过分期待可能会减少,转而呼吁政治体制和司法体制的改革,司法本身也许会获得一种"同情式"的理解。

接下来的问题则是,如果坚持一种司法有限主义的观念,那么有限司法的边界在哪? 对于结构性诉讼,司法只能无动于衷吗? 还是要在司法能力范围内,作出尝试性的努力,试图改变不利的结构?[①] 这时,如果非要给其定位的话,那么我们可以采用区分性的回应策略,分别称呼其为司法的强回应性和司法的弱回应性。在强回应性中,司法要积极地回应社会,即使在司法能力不足的情况下,也要不断地持续提升自身的回应能力;而在弱回应性当中,司法要坚持一种有限主义的原则,坚守自身的边界以及认清自身所嵌入的结构性体制,实现司法回应能力和回应力度的匹配。当然,树立一种司法有限主义的观念并非等同于对社会结构性问题的忽视,法院可以通过司法建议等方式,将其本身的社会建设性思考反馈于相关部门,促成社会结构性问题的解决。同时,我们也意识到回应社会诉求的最佳途径并非止步于司法正义的个案回应,而是突破个案的内在局限,透视出个案所承载的制度诉求,通过立法、司法、执法、守法等多元化的渠道,解决背后隐藏的结构性、制度性问题。

换言之,中国司法必须要将司法有限主义作为基本的原则,打造一种以纠纷解决型司法为主,以政策实施型司法为辅的复合型司法构造,因为司法不可能不带有执行公共政策的职能(不管这种职能以何种面

---

① 富勒和欧文·费斯关于司法的争论焦点也是在此。参见 LON L. FULLER. The Forms and Limits of Adjudication [J]. Harvard Law Review, 1978, 92(2):353 - 409. OWEN M. FISS. The Social and Political Foundation of Adjudication [J]. Law and Human Behavior, 1982, 6(2):121 - 128. OWEN M. FISS. Foreword: The Forms of Justice [J]. Harvard Law Review, 1979, 93(1):1 - 58.

貌得以呈现），但是"太多的政策可能又会毁掉法律"①。当然，复合型司法构造是相对于司法裁决的案件类型以及不同层级的法院功能而言，政策实施型司法主要集中在高级和最高人民法院，其回应社会的力度更大、范围更广，但是往往局限于疑难、复杂或难办的案件，社会关注度比较高的案件以及司法正义和社会认知可能出现错位的案件当中。在此种案件类型中，司法不仅要考量中国传统道德价值观念，在增强司法判决可接受性的同时，适度创造性地适用法律而引领规则发展、构建法治秩序，而且还要处理好司法权与行政权和立法权的界限，促进权力平稳、良好运行，执行国家公共政策，促进社会稳定。但是这种政策实施也要接受法治面向的形塑，不能机械化、片面化地理解和执行公共政策，违背基本的法治框架；而纠纷解决型司法主要集中在基层和中级人民法院，其只是把日常的大部分纠纷通过司法场域进行法律层面的"定分止争"，较少承担贯彻执行国家政策等延伸性政治功能的使命。但是不管是哪种类型的司法构造，司法都是在力所能及的范围内行使法律赋予的裁判权，并且是谨慎的。正所谓，司法有所为，有所不为，"人有所不为也，而后可以有为"②。也正如日本学者田中成明教授所言："审判的正统政策形成功能应当限定在本来的纠纷解决功能在现行司法审判制度框架内得以正确发挥的同时，以附随地、不与之矛盾地促进该功能顺利实现的方式可以发挥或者应当发挥的功能。"③这种复合型司法构造的设计不仅合理发挥了各层级法院的资源优势，而且在一定程度上彰显了司法对于结构性诉讼的解决作出了尝试性的姿态和努力。

总之，即使司法的法理功能和社会功能是二分的，④二者其实也仍

---

① See ROY L. BROOKS. Structures of Judicial Decision Making from Legal Formalism to Critical Theory [M]. Durham, NC: Carolina Academic Press, 2005:4-5.

② 《孟子·离娄下》。

③ [日]田中成明. 现代社会与审判——民事诉讼的地位与作用[M]. 郝振江，译. 北京：北京大学出版社，2016:121.

④ 参见孙笑侠. 论司法多元功能的逻辑关系——兼论司法功能有限主义[J]. 清华法学，2016(6):5—21.

然都具有社会属性。因为不管是维权护益、控权审规还是定罪量刑,都必须放到整个社会的语境当中去界定,彼时的标准未必是当下社会所欲求的,也必须要根据时代的变迁而发生标准的微调,特别是量刑部分,自由裁量的空间浮动更是需要司法场域适度的社会开放而获得认知信息的法外社会资源。换言之,不管是法律的理解、解释还是适用都必须与法律之目的进行结合,而法律的终极目的往往是促进社会之福祉的增加。[①] 可见,司法的社会属性孕育于司法的诞生之中,是与生俱来的一种必然。虽然,司法回应社会之问题不单单是司法本身的问题,其是社会治理、市场规制、权力制约等各个领域的晴雨表和指向标,但是提升司法的社会回应能力或者对司法的社会回应力度加以控制,并且处理好二者之间的关系,却是解决种种问题的突破口。

第四节　本章小结

司法的社会回应力之核心在于确定司法正义输向社会的边界,而这个边界的确定又与司法自身的回应能力以及回应力度的理性判断密切相关。一旦这个边界得以情景化的确定,那么司法回应社会的过程就转变为了司法为社会将来输出司法正义的努力或者正在输出司法正义的行动过程。从回应的视角来看,2014 年以来最新一轮司法改革的核心就在于提升中国司法回应社会的能力和效率。从目前改革现状来看,中国司法对社会不仅具有了现实的回应性,体现出了司法权的社会属性,而且具备了适当的回应力。

但是在当下,不管是新型技术的应用、新型(兴)权利的应对,还是对于司法正义与社会认知出现冲突时的处理,都在一定程度上凸显了社会公众对司法的过多期待与司法自身回应能力不足的矛盾。但是另一方面,司法的社会回应力不可能是无限度的,中国司法需要在法律形

---

① 参见[美]本杰明·卡多佐. 司法过程的性质[M]. 苏力,译. 北京:商务印书馆,2000:39.

式主义与法律现实主义之间锤炼出一种平衡的艺术。所以在此境遇下，中国司法其实面临着社会回应能力不足以及回应社会之力需要得到控制的双重压力。回应能力不足极易造成司法与社会的隔阂，而如果司法事无巨细地回应社会，势必会造成司法权的扩张，纠纷解决与政策实施之间的主次关系完全颠倒，出现一种泛司法政治化的倾向。所以，一方面在现有运作机理的基础上要逐步提升司法的社会回应力，完成对司法公信力以及司法权威的塑造；另一方面又要防止因政治过分参与司法而导致的泛政治化倾向，坚持司法的公共理性与司法场域的适度社会开放、回应型判决理由与判决的可接受性以及司法有限主义与复合型司法构造的控制，才能在司法的自治性和司法的社会回应性、法官的法律思维与政治思维之间取得平衡，发挥好中国司法的社会角色扮演，也才能更好地助推中国社会的转型。

而且，转型时期是一个传统社会、转型社会与现代社会三元成分并存的时期，在这一复杂时期，中国社会的司法回应有太多的问题需要关照和加以研究，本章只是从中国司法回应社会的原因、运作机理以及相应的回应控制机制三个维度加以阐释，除此之外仍有很大的学术空间有待继续挖掘，比如中国司法回应社会的基本方式、可能存在的风险以及如何提高中国司法的社会回应力等问题。

中篇

通过司法的社会治理
之价值追问

—

第三章

传统司法文化与当代法治中国建设的主体性

对于法律来说，一如语言，并无绝然断裂的时刻；如同民族之存在和性格中的其他的一般性取向一般，法律亦同样受制于此运动和发展。此种发展，如同其最为始初的情形，循随同一内在必然性规律。法律随着民族的成长而成长，随着民族的壮大而壮大，最后，随着民族对其民族性(Nationality)的丧失而消亡。

——[德]弗里德里希·卡尔·冯·萨维尼

所谓中国文化传统的创造性转化，是把一些中国文化传统中的符号与价值系统加以改造，使经过创造地转化的符号与价值系统，变成有利于变迁的种子，同时在变迁的过程中，继续保持文化的认同。

——林毓生

一国的法治必须依托于具体的人，而人是生活于具体的历史传统和现实生活结构之中的，因此中国的法治必须要面向中国人的文化传统与具体的生活实践。

——李拥军

"一切真历史都是当代史。"①传统作为一种"集体的记忆"，存留于

---

① [意]贝奈戴托·克罗齐.历史学的理论和实际[M].傅任敢,译.北京:商务印书馆,1982:2.

我们每一个人的血液和基因当中,对现代世界的每一个人产生着潜移默化的影响。司法文化传统是传统法律文化当中非常重要的一个侧面,更是中国传统文化母系统中的一个相对独立的子系统。中国传统司法文化的形成有其特殊的历史语境和时代背景,不同于西方的司法文化。这种传统司法文化的复兴,在塑造一种中国法治话语体系的同时,也深刻地表达了中国的文化自信。其突出表现为一系列的思想观念和价值取向,同时也彰显在具体的纠纷解决、制度建立、法律实施等领域。换言之,其核心在于价值观念,制度则是具体的载体。① 其中,价值观念作为一种高次元传统,其具有一定的普遍性;而制度则可以实现各种方式的换新表达,其具有一定的特殊性。我们需要复兴的是前者,而后者则是我们改造的对象,这是实现传统文化更新换代、创造性转化和创新性发展的基本方式和正确方式。② 而对传统司法文化进行梳理的过程,也就是对传统司法文化进行自觉识别的过程。虽说文化的产生都有其背景和语境,从严格意义上而言,文化也谈不上有优劣之分,但是如果用现在的眼光和标准去审视中国传统司法文化,就会存在可欲与不可欲之异。继承传统司法文化并非意味着全盘肯定,古代具有的制度,对于现代来说,依然需要进行反思性继承,思考其正当性和合理之处。对于可欲的部分,传统司法文化对当下的法治中国建设虽然具有不同程度的借鉴意义,但是,我们依然面临着如何对其进行创造性转化和创新性发展而实现其现代性价值的过程性难题。

基于此,本章试图对中国传统司法文化和现代法治中国建设进行勾连,其或是传统价值观念的传承,或是现代具体制度的建构,希冀在某种程度上实现传统司法文化的现代转化,进而促使当下法治中国建

---

① 按照刘作翔教授的划分,其将法律文化分为表层的法律文化和深层的法律文化。表层的法律文化主要包括法律制度、法律器物等;而深层的法律文化主要囊括法律意识等思想层面。那么,我们依然可以把司法文化类型化分表层的司法文化和深层的司法文化,表层的司法文化主要指向一系列的司法制度,而深层的司法文化则内含了各种关于司法的观念和理念。参见刘作翔. 法律文化理论[M]. 北京:商务印书馆,1999:117—175.

② 参见朱振. 作为方法的传统——以"亲亲相隐"的历史命运为例[J]. 国家检察官学院学报,2018(4):74—90.

设不仅符合我们的文化传统，又能契合现代法治精神，最终达至传统司法文化与当代法治中国建设的实质性对接，以彰显法治中国建设的文化主体性。

第一节　传统司法文化与法治中国建设的主体性文化需求

司法作为法治中的核心之核心，在整个法治中国建设中具有非常重要的地位。如果将当下司法改革和传统司法文化进行勾连，我们至少需要思考以下两个问题：第一，当下司法改革需要什么样的司法文化作为支撑或指引？第二，现代司法文化建设需要如何吸收中国传统司法文化，才能塑造出中国司法的特色以及公信力与权威性？对于这两个问题的回答，张中秋先生给出的答案是从礼法文化到政法文化，实现文化的转型。[①] 换言之，当下的司法改革甚或整个法治中国建设对于传统文化的内在需求则是要求传统的礼法文化转向政法文化。但是新型的政法文化也要实现两者的融合，政法文化应该弱化意识形态和功利性，逐步增加对人性普遍关照的人权内容和基于中国人性情的礼俗内涵，实现两种世界观和价值观的结合。[②] 很明显，此是一条将传统与现代进行结合的道路，也是将优秀礼法文化传统与现代政法重新整合的试探性或尝试性路径。此路径对于塑造中国司法或者中国法治的主体性大有裨益。

司法改革对于主体性文化的需求从功能上而言，可以助益于中国司法实现从"司法的法律东方主义"迈向"东方司法的法律主义"。"法律东方主义"是一种批判理论，它旨在批判和解构西方法治话语自我建

---

① 参见张中秋.传统中国司法文明及其借鉴[J].法制与社会发展，2016(4)：81—89.
② 参见张中秋.从礼法到政法——传统与现代中国法的结构与哲学及改造提升[J].法制与社会发展，2018(4)：155.

构出来的"普世性",还原其地方性和相对性。① 也正如美国学者络德睦(Teemu Ruskola)在《法律东方主义》一书当中一再强调的那样,其要解答的并非"中国有法吗?"抑或"中国法是什么?"。其主要揭示出法律东方主义话语的背后,是西方将原本属于独特价值的法治观(有意或无意地)当成了普世标准,以自我为尺度来衡量、评判并尝试改造包括中国在内的"他者"。在解构了"法律东方主义"以后,络德睦教授最后提到了"东方法律主义"。

何谓"东方法律主义"? 简单地说就是重新建构一种新的理解法律与法治的话语与观念,唤醒东方,使得东方重新获得它的主体性,重新变成一个有法的主体,以此作为克服和超越法律东方主义的一种可能途径。② 具体到司法法治而言,其作为法治建设的一个重要具体领域,亦存在此类问题。中国司法法治由于司法文化传统的原因,必然存在其自主性和中国性,所以中国司法的建设应该迈向具有主体性的法治建设,而不是对西方司法的亦步亦趋,从"司法的法律东方主义"逐步迈向"东方司法的法律主义"。通过从传统司法文化的内在价值中寻找和挖掘出中国司法的主体性,然后以一种主体性的资格与西方司法进行平等的理性商谈,而非划分为不平等的自我与他者。但是,我们必须予以警惕的是,司法的主体性话语又不能过分地与政治进行结合。一旦这种话语与政治过分地结合,可能会造成中国司法法治的主体性,在"过分中国特色"或者"过分中国特殊"中遭遇迷失的困境,以至于到最后可能出现故步自封、自娱自乐的情形。所以,不管是中国司法法治还是整个法治中国建设都应该在努力寻求和塑造其主体性的同时,也应该避免划入脱离世界发展趋势、疏离人类共同之善的孤傲自大之陷阱。

总体而言,当下司法改革甚或整个法治中国建设,既迫切需要从传统司法文化中寻求出能够塑造其主体性的文化涵养,以体现中国当下

---

① 参见郑戈. 法律帝国主义、法律东方主义与中国的法治道路[J]. 交大法学,2017(3):32.
② 参见[美]络德睦. 法律东方主义——中国、美国与现代法[M]. 魏磊杰,译. 北京:中国政法大学出版社,2016:231—234.

法治建设的特色性、自主性和中国性；又需要将中国传统司法文化放到整个人类文明中进行比较和对话，挖掘出其存在的"重叠共识"，分析出其中的差异，对其进行合理的定位。中国法治建设只有跳出二元对立的思维桎梏，将其自身放到传统与现代、中国与世界等多个关系性维度当中加以考量，并且以中国问题作为抓手和推动力，才能真正地彰显出其司法文化需求的主体性。

第二节 传统司法文化对当代法治中国主体性的可能贡献

一、和合司法与现代多元化纠纷解决机制的理性选择

和合司法追求的是社会纠纷的彻底解决，实现案结事了，达至一种人际关系的和谐状态。在传统社会，除却在诉讼外大量运用调处以外，在诉讼内也经常通过调处的方式来息讼。通过司法寻求和谐之路，这背后凸显的则是古人的宇宙秩序观和自然秩序观，①以及二者之间的和谐一致。

虽然在任何社会，诉讼都是不可避免的，但是在纠纷发生时，运用何种态度去对待它则具有较强的本土化色彩。孔子说："听讼，吾犹人也，必也使无讼乎。"②虽然现在我们对此有不同的理解，但是这种"息讼""无讼"的司法文化却一直得到延续和传承。善于宽容的和合司法可谓是中国传统司法文化的精神内核，而其具体表现形式则是"息讼""无讼"文化。这在官方和民间的"息讼"宣教中体现得淋漓尽致。③ 在中国传统司法文化中，诉讼的目的不是彻底界分权利义务，实现其各自

---

① 参见梁治平. 寻求自然秩序中的和谐[M]. 北京：中国政法大学出版社，1997：346—349.
② 《论语·颜回》。
③ 参见张仁善. 传统"息讼"宣教的现代性启迪[J]. 河南财经政法大学学报，2015(5)：16—24.

界限的明确化,而是息讼止争,营造一种互相理解宽恕的氛围。虽然这种止诉的传统在一定程度上抑制了权利意识的增长和自我权利的真正维护,甚至是私法体系的建立。[①] 但是其从侧面也展示出了人与人之间宽容相处的社会关系态度,正是这种司法文化氛围的存在才使得"三尺巷"等故事一度流传开来,成为佳话。

这种"无讼"的诉讼观以追求"中庸和合"为目的,背后除了"中也者,天下之大本也;和也者,天下之达道也"等和谐思想的影响外,其实也有意或无意地受到诉讼成本的影响。

一是熟人社会的关系成本。发起诉讼势必要打破原有的熟人和谐关系状态,使之成为关系破裂的罅隙状态,不利于以后的熟人交往。而具有东方经验式的"调解"等纠纷解决方式,不但可以修补当事人之间的破裂关系,而且互相留有情面,有利于熟人社会以后的复次交往;二是诉讼费用的负担成本。打官司可能要消耗众多的钱财,特别是在一个官僚权力体系可能存在腐败的人治体制之下,如果物质基础不是特别的充足,很可能会造成生活上的拮据和以后的无依无靠。[②] 甚至还有可能出现司法资源被某些人公器私用,司法作为了权钱交易的工具,而这一切就增加了诉讼的不确定风险;第三,人格尊严的损失成本。诉讼的过程也是一个家丑外扬的过程,在中国古代升堂问案中,当地的百姓可能去观摩,从而会把堂审的邻里琐事知道得一清二楚,即使不去观摩,有关诉讼纠纷之信息也会迅速传播,此所谓"好事不出门,坏事传千里",而这在一个熟人社会更是非常"丢人现眼"的事情,有损脸面和人格。

虽然,现在的司法场域从广场化变为了剧场化,[③]以上的成本考量也或多或少地失去了其成为成本的土壤,有的情形我们也不再视之为一种成本。比如,就第三种人格尊严的损失而言,现在打官司反而是一

---

① 参见张中秋. 中西法律文化比较研究[M]. 南京:南京大学出版社,1991:344—345.

② 比如《戒讼录》里就有"赢得猫儿卖了牛"的歌词;山西平遥县衙正门门柱的对联就这样写道:"莫寻仇,莫负气,莫听教唆到此地;费心费力费钱财,就胜人,终累己;要酌理,要揆情,要度时事做这官,不勤不清不慎,易造孽,难欺天。"

③ 参见舒国滢. 从司法的广场化到司法的剧场化——一个符号学的视角[J]. 政法论坛,1999(3):12—18.

种为争取权利而作出的努力,不仅不会丢失面子,反而官司赢了是在赚回面子。① 而且,由于现在司法公开等制度的细密化、常态化和科学化,一些涉及个人隐私的案件根本不会公开,即使公开也会做一些信息上的隐蔽处理,再加上法庭审判剧场化的设置,使得以前的成本根本不再是成本,也就没有了传统社会的那种成本考量。但是,有一种诉讼成本是不变的,那就是时间和金钱的成本权衡。古人关于传统司法文化熏陶下的成本考量,对于当下的司法诉讼来说也是一种警示:诉讼必然有其成本,并非所有的纠纷都适合运用诉讼的方式来解决,如果出现纠纷,可以先选择其他成本相对较低的非诉讼纠纷解决方式来处理。

我们现在虽然不提倡让自身的权利不断地受到克减,而是"为权利而斗争"。在现代法治中国建设下,我们也力图促进法治意识的增长,但是我们也反对滥用权利,反对浪费司法资源,额外增加不必要的诉累。实现正义的成本也需要我们加以考量,如果把一些琐事之争变换成耗费大量人力物力财力的司法拉锯战,那么很可能得不偿失。而这些观念也正是中国传统的以"息讼"为核心表现形式的和合司法文化之精髓和魅力所在。② 所以,在面临纠纷产生时,个体利益和整体利益的衡量,个体利益和其他个体利益的中和变得不仅现实而且紧迫。实质上,"无讼"观念不仅仅透视出中国传统社会人们追求和谐人际关系以及维护家庭、社会关系的稳定,其亦间接地揭示出诉讼的弊端和正义实现的成本。司法只是解决纠纷的一种方式,虽亦是守护正义的一道防线,但是守护正义的防线并非只有一道。在现代法治建设中,我们追求的是多元化的纠纷解决方式,运用多方的力量来化解矛盾,实现诉源治理,而不是集中于法院一家。特别是关于民事的纠纷,更是存在各种解决方式。多元化的纠纷解决方式不仅有利于缓解诉讼爆炸时代法院之"案多人少"的矛盾,而且对于基层社会治理的能力提高和效率提升也具有很大的意义。如果各种纠纷解决方式都纳入法治的轨道加以规范

---

① 关于分析中国人脸面文化与权利意识、法治建设的文章,参见王霞. 自我、脸面与关系:中国人的权利心理图谱[J]. 法制与社会发展,2016(6):148—161.
② 参见胡平仁. 中国传统诉讼艺术[M]. 北京:北京大学出版社,2017:316.

化和制度化,那么更有助于提升基层治理的法治化进程和水平。此外,如果社会公众对此运用"同理心"加以理解,那么司法的终局性也许能得到更好地接受。因为所有的司法程序走完就已经穷尽了司法救济渠道,这时司法必须终结,亦即司法具有终局性。而这也是当事人一开始走进司法场域时必须得接受的最终结果和现代性代价。

二、情理司法与现代司法裁决的合理性和可接受性

如果运用现代法治观念来审视,那么可以看出,中国传统的天理、国法和人情融合了自然法(观念上的法)、实证法(本本上的法)和社会法(社会中的法),因此而言,传统中国民众的法观念是一个综合式的法观念,而他们有关司法的思维逻辑是,天理在前、国法在中、人情在后,最后三位一体,综合在一起。① 宋代的《明公书判清明集》里就记载了众多实现"天理、国法、人情"兼顾的司法案例,有学者对三者的关系给予了定位:天理是国法的形上根据,人情是国法的现实依据,以国法为核心实现天理、国法、人情的结合,争取天道和人道的统一。② 慎道也曾言及:"法,非从天下,非从地出,发于人间,合于人心而已。"③这体现在司法当中就是,司法官在判案时要"准情酌理""情法两尽""非惟法意之所碍,亦于人情为不安",既要依据法律进行判决,同时又要合乎人情的社会诉求。在法意与人情之间寻得平衡,使得情法两允,处于不断调和的状态。而这几乎构成了传统社会司法官在处理案件时的价值观念系统和司法共识。

诚如众多学者所研究的,中国古代司法属于伦理司法、情理司法,④具有鲜明的伦理、情理特征。其提倡的是一种情理法的整体式思维和一

---

① 参见张中秋.传统中国司法文明及其借鉴[J].法制与社会发展,2016(4):87.
② 参见崔永东,等.中国传统司法文化研究[M].北京:人民出版社,2017:194—201.
③《慎子·佚文》。
④ 参见罗昶.伦理司法——中国古代司法的观念与制度[M].北京:法律出版社,2009:25—50.

体化的平衡艺术。① 但是这里的情和理都非私情与私理，而是公共之情和公共之理，换言之，这里的情和理是当时社会所普遍共识的。很多学者对于以往中国传统上的情理司法持有了倾向于批判的态度，比如德国社会学家韦伯所称呼的实质非理性下的"卡迪司法"②，日本法律史学家滋贺秀三的"父母官诉讼"③。虽然"理"与"情"的理解还处于多元化的争议当中，④但是其都没有关照到情与理当中具有相对客观性、确定性和公意性的一面，甚至将中国传统的司法文化与西方的司法文化放置于相互对立的状态当中。"情"不是个体感觉，而是一种源自特定情境、基于自然情感的伦理关系；情理之"理"虽不是普遍、一般的"理性"，但是其是在特定情境、基于自然情感的伦理关系中具体运用的正当性根据。⑤ 因为情理都是以一定的民意为基础，而民意在一定的时间段内是相对稳定的，所以人情具有相对稳定的一面。比如中国古代的"存留养亲""亲亲相隐"等都在很长的时间内得以维持。其既是人情的体现，又是国法必须加以考量的。

　　甚至可以说，国法是人情的规范化表达。当情与理真正处于一致状态时，逻辑上并不存在人情对法理的干扰，甚至不存在法律对人情的强迫，因为法律就是人情的规范化和制度化。⑥ "由于民情、人情具有社会性，是法之所以立的基础，因此脱离民情，法的生命也将终结。从法制发展的历史看，法合人情则兴，法逆人情则竭。情入于法，使法与伦理结合，易于为人所接受；法顺人情，冲淡了法的僵硬与冷酷的外貌，

---

① 参见张本顺."法意、人情，实同一体"：中国古代"情理法"整体性思维与一体化衡平艺术风格、成因及意义[J].甘肃政法学院学报，2018(5):9—30.

② 参见林端.韦伯论中国法律传统：韦伯比较社会学的批判[M].台湾：三民书局，2003:106. MAX WEBER. The Religion of China [M]. Trans. HANS H. GERTH. New York: The Free Press, 1951:102 - 149.

③ 参见[日]滋贺秀三.中国法文化的考察——以诉讼的形态为素材[C]//王亚新，梁治平.明清时期的民事审判与民间契约.王亚新，等，译.北京：法律出版社，1998:13—17.

④ 参见赵晶.中国传统司法文化定性的宋代维度——反思日本的《名公书判清明集》研究[J].学术月刊，2018(9):149—161.

⑤ 参见凌斌.法律与情理：法治进程的情法矛盾与伦理选择[J].中外法学，2012(1):125.

⑥ 参见崔永东，等.中国传统司法文化研究[M].北京：人民出版社，2017:33.

更易于推行。法与情两全,使亲情义务与法律义务统一,是良吏追求的目标。他们宁可舍法取情,以调整法与情的某种冲突,避免以法伤情,从而增强宗法社会成员的亲和力,发挥寓教于刑的法律功能。"①

如果相比较于西方的"自然法思想",那么"天理"与其是功能等值的。在自然法思想中,作为高级法的自然法是实定法的效力依据,如果实定法违背自然法,那么其是无效的,或者是得不到认可的法律,这就是著名的"恶法非法"命题。自然法不仅涉及评判实定法的有效与否,而且可以延伸至司法裁判的结果,如果没有实现预期的实质正义,而且达至一种令人难以忍受的地步,从而可以推定法律是恶法,是无效的,这也就是著名的拉德布鲁赫公式。② 其实,中国的天理与国法的关系与其同构,"上天不可欺"就指出国法不能违背天理,但是对于违背之后的后果表达,在中国古代则有些模糊不清,不像西方自然法思想表达得非常清晰——恶法非法。这样一来,对于后果的判断则自然就交给了司法官,司法官在处理案件时,就不得不对法律的规定进行灵活地处理,从而才能作出符合天理、人情的裁决。按照崔永东先生的理解,司法自然主义是一种将司法与自然紧密联系起来并将自然法作为司法之根据的理论。③ 而这种司法自然主义常常表现为"天道""天理"。依据自然主义司法思想,在古人看来,犯罪不但是对社会秩序的破坏,也是对自然秩序的冒犯。正如《唐律疏议·名例》中所言:"有人获罪于天,不知纪极,潜思释憾,将图不逞,遂起恶心……"通过司法手段打击阻止犯罪,不仅有助于社会的治理和秩序的恢复,而且对于自然秩序(天理)的维护也是大有裨益。④

中国传统社会非常注重情理以及儒家文化在司法裁判中的应用,

---

① 张晋藩. 中国法律的传统与近代转型[M].北京:法律出版社,1997:52—53.
② 即,正义和法的安定性之间的冲突可以这样来解决,实证的、由法令和国家权力保障的法律有优先地位,即使内容上是不正义或者不合目的性的,除非实证法与正义之间的矛盾达到了一个如此令人难以忍受的程度,作为"不正当法"的法律则必须向正义让步。参见[德]拉德布鲁赫. 法哲学[M]. 王朴,译. 北京:法律出版社,2013:258.
③ 参见崔永东. 中国传统司法思想史论[M].北京:人民出版社,2012:174.
④ 参见崔永东. 中国传统司法思想史论[M].北京:人民出版社,2012:142.

确实,这种注重情理,甚至是情法不分的司法裁决提升了司法判决的可接受性,关照了百姓基本的情感诉求和直觉正义,同时引领了社会的道德风尚。在现代司法中,注重司法裁决的合法性和合理性的兼顾,不仅有利于司法裁决的可接受性和正当性,而且能够实现个案正义,取得良好的社会效果,增强社会公众对于司法的信任和认同。中国当下也出现了很多司法正义和社会认知相冲突的案件,比如"天津大妈摆摊射击案""山东辱母案"等,这都警示法官要在日常的司法裁判中学会运用法律方法对法律进行解释,同时吸收社会正义的诉求,在不破坏实定法秩序的前提下,在法治的框架内,提升司法判决的可接受性。

但是,这依然不等于可以把中国古代的"春秋决狱""原心定罪"等关乎道德的一套判案技术和标准直接挪用,陷入矫枉过正的陷阱,而是注重二者的中和以及现代司法方法的运用,最终达至规范正义和个案正义的平衡。就司法实践而言,法官的审判逻辑顺位不是情、理、法,而是法、理、情,所以这就给司法提出了更高的要求。司法审判并非单纯机械地依据法律进行审判,而是受到理和情的约束,换言之,法官审判案件并不只是发现法律后简单地进行涵摄适用即可,而是对其社会效果也必须要有一定的考量,如果司法裁决过分地脱离理和情支撑下的社会正义,那么此司法裁判就存在巨大的社会缺陷。

就目前的司法实务和学术研究而言,情理或者道德因素进入司法裁决的方式主要有两种:一是通过论证理由的方式进入司法裁决。在此我们可以将司法裁决中的论证划分为裁决依据和裁决理由,裁决依据只能是法律,但是裁决理由则可以是包括情理因素在内的各种正当资源。通过这种情理资源的论证来充实司法裁决的正当性;二是考量后果导向的判决结果与情理是否相悖,如此判决是否会出现严重的个案不正义。如果答案是肯定的,那么需要法官通过司法方法,特别是法律解释学对法律进行解释或者创造性适用,实现裁决结果的合情理性,达至个案正义。正如日本学者佐立治人所言及的:中国古代审判官或者从各种各样的解释中,选择一个被认为可行的、妥当的解释,或者否定当事人的解释而由自己作出解释。为使审判官自身的解释获得正当化地位,就需要一个判断解释的基准,这个基准正是"人情"。① 在这两种情理因素进入司法裁决的方式中,一种是顺推法,另一种是逆推法;一种是显性的,另一种是隐性的;一种是可视的,另一种是不可视的。在现实的司法实践中,这两种方式都存在,第一种多存在于"判决不准离婚"或者"判决履行赡养义务"的家事判决当中,而第二种多存在于一些涉及陌生社会中人与人关系相处的案件当中,比如"电梯劝烟猝死案""西安闻天公司与李琛茹确认合同无效纠纷案"等。

对于第一种方式,可以继续借鉴中国古代的情理说理方式;对于第二种方式,如果对传统上中国人的情理观念继续加以理解,那么就会更好地理解中国人的情理观和意义观,也继而通过间接经验的方式弥补现在年轻法官的经验不足,也就可能不会再出现与社会公众认知严重冲突的判决。同时,这种情理的存在也在一定程度上起到了类似于英美法系之衡平法和大陆法系之法律原则的作用,弥补了法律的漏洞,实现了个案正义,避免了纯粹法律形式主义所产生的哈贝马斯意义上的"生活世界的殖民化"②。

三、仁道司法与现代刑罚人道主义

在西周时期,"明德慎罚"的慎刑思想就开始兴起。《尚书》曾记载:"汝陈时臬事罚。蔽殷彝,用其义刑义杀,勿庸以次汝封。"③"爻辞言:大人服花彩之衣,如虎之斑纹,威猛残暴,动辄用刑,故人筮遇此爻,在未占之时,大人已有罚加于其身矣。"④慎刑的思想表现在司法实践中

---

① 参见[日]佐立治人.《清明集》的"法意"与"人情":由诉讼当事人进行法律解释的痕迹[C]//杨一凡,[日]寺田浩明.日本学者中国法制史论著选(宋辽金元卷).北京:中华书局,2016:353—385.

② See HABERMAS. The Theory of Communicative Action(Vol. 2):Lifeworld and System:A Critique of Functionalist Reason[M]. Boston:Beacon Press, 1987:325.

③《尚书·康诰》.

④ 高亨.周易大传今注[M].济南:齐鲁书社,2009:361.

则是司法官对于疑狱当核验于众人,不可轻易裁断。① 正如《尚书》中所提:"简孚有众,惟貌有稽。无简不听,具严天威。"②此外,其还表现在三宥之法和三赦之法的出现,虽然其首先是立法领域的表现,但是在司法的适用中,其也成了一种指导司法断案的文化理念。三宥是指:"壹宥曰不识,再宥曰过失,三宥曰遗忘。"③三赦是指:"壹赦曰幼弱,再赦曰老旄,三赦曰蠢愚。"④换言之,对于过失犯罪、认知上存在缺陷的犯罪、记忆错乱而导致的犯罪,以及对于幼儿、老人、精神有问题等犯罪之人给予宽宥和赦免,彰显慎罚理念。此外,由孔子"仁爱思想"所衍生的宽刑慎杀,孟子"仁政思想"和"性善思想"产生的道德教化手段以及董仲舒"德教是治理之本、刑狱是治理之末的思想"所造就的"德主刑辅"之司法理念等,都在一定程度上体现出了刑罚人道主义的传统仁道司法理念和文化。

同时,在司法程序上,自唐代开始就有了死刑复核制度,唐太宗也曾提言:"人命至重,一死不可复生。"⑤不仅审判死刑案件的官员必须达到一定的级别,⑥此外,三复奏、五复奏、秋冬行刑、录囚制度等已成为当时哀矜折狱、体恤幼弱孤寡等慎罚司法文化的程序性载体。⑦ 即使是古代一直提倡的刑讯逼供技术,随着社会的发展,也受到了诸多的

---

① 参见崔永东,等. 中国传统司法文化研究[M].北京:人民出版社,2017:135.

② 《尚书·吕刑》.

③ 《周礼·秋官·司寇》.

④ 《周礼·秋官·司寇》.

⑤ 参见张培田,等. 中国传统司法文化现代化研究[M].北京:中国政法大学出版社,2015:19.

⑥ 比如在唐朝,审理死刑案件必须由中书门下四品以上会同尚书九卿合议。参见张培田,等. 中国传统司法文化现代化研究[M].北京:中国政法大学出版社,2015:19.

⑦ 中国古代社会较有特色的是审判监督制度。隋唐以后,形成刑部、大理寺、御史台(都察院)之间的分工、监督制度。唐代是大理寺审案,刑部复核。明清时,刑部、都察院审讯的案件要经大理寺复核。大理寺确认是错案的驳回,并追究原审官员的司法责任。地方的案件要经御史或按察司的复核。御史巡察地方时,重要的任务之一就是审核案件、纠正错案,追究司法官员的司法责任。地方重大案件如死刑案件,在经御史复核之后仍要上报刑部复审,再经大理寺复核。参见罗昶. 伦理司法:中国古代司法的观念与制度[M].北京:法律出版社,2009:导言19.

限制。唐律中明确规定:"诸年七十以上、十五以下及废疾,犯流罪以下,收赎。"律疏解释说:"若老小、笃疾,律许哀矜,杂犯死刑,并不科罪;伤人及盗,俱入赎刑。"①死刑监候制度、存留养亲制度、疑狱奏谳制度等,也都在一定程度上呈现出了一种"仁道司法"或者"仁者司法""宽厚司法",这背后体现出的都是儒家"明刑弼教""仁道"精神之下的"明刑""恤刑""慎刑"等理念。② 其实,儒家关注的性善、道义、仁政等元素足以说明,其重视的是人的内在精神向度和日常社会生活中的人伦秩序。③

作为兴起于文艺复兴时期,渐次变为普遍共识的人道主义,与中国传统的仁道思想和司法文化如出一辙,都体现出了人的中心地位和对人的关怀与尊重。而这与我们当下法治国家建设的司法人道主义也是一脉相承的,其亦是人权的一种具体形式和表现,并非西方的专利。这种刑罚仁道的文化传统对于当下反对酷刑、刑讯逼供,提倡刑罚宽缓化具有重大意义。也因此,有国外学者就得出如下的结论:"与西方法律相比,中华帝国的法律在某些方面更加人道,更加合理。"④这也从正面肯定了中国传统司法文化的人道主义性质。

在此基础上,我国发展出了适合中国特色的人道司法观,实现了"综治—维稳"下的"宽严相济"的刑事处罚政策,不再一味强调压制下的"严打",注重通过维权实现维稳。⑤ 2012 年刑事诉讼法进行修改时,也加入了"尊重和保障人权"条款,并且在非法证据排除、保护犯罪嫌疑人等方面做出了进一步的完善;2017 年时任中央政法委书记的孟建柱同志提出了"谦抑审慎善意"的理念,⑥更是在继承了中国传统司法文化之"慎罚"等思想的基础上,又结合了刑事司法的"谦抑"基本原则,而且加入了"善治"的理念,实现了传承基础上的创新;2018 年刑事诉讼法修改后规定的"认罪认罚从宽制度"以及 2019 年监察新体制下宽严

① 钱大群.唐律疏义新注[M].南京:南京师范大学出版社,2007:85.
② 参见崔永东.中国传统司法思想史论[M].北京:人民出版社,2012:1—10.
③ 参见胡水君.法律的政治分析[M].北京:中国社会科学出版社,2015:181.
④ [美]D.布迪,C.莫里斯.中华帝国的法律[M].朱勇,译.南京:江苏人民出版社,2003:24.
⑤ 参见陈洪杰.运动式治理中的法院功能嬗变(下)[J].交大法学,2015(1):102—117.
⑥ 参见王春."谦抑审慎善意"理念成为行动指南[N].法制日报,2017-7-26(1).

相济刑事政策的妥当适用等,①都是刑罚人道化的表征之一。这种"宽严相济"的刑事政策和刑事制度不仅契合了中国传统上"明德慎罚"的仁道思想,而且也符合了保护人权的司法趋势。在刑罚人道主义作为国际公认的发展方向和趋势的前提下,现代法治中国的刑罚司法文化建设必将要在古代之"慎刑恤罚""明德慎罚"等传统司法文化中吸取营养,并且将其作为重要的司法文化内容加以重点研究。

四、宣教司法与通过司法判决的公众法治观念塑造

中国古代的判词具有较强的道德宣教功能。依胡平仁先生根据《尚书》记载的考察,②早在上古时期,司法的宣教功能就得到了重视。后来随着儒家"德主刑辅"③理念的确认,这种道德教化、劝说的司法实践越来越浓,判词也是不计其数。比如"德教者,人君之常任也,而刑罚为之佐助焉"。④ "大凡乡曲邻里,务要和睦。才自和睦,则有无可以相通,缓急可以相助,疾病可以相扶持,彼此皆受其利。"⑤"余今戮一不孝以教民孝,不亦可乎?"⑥等。这种宣教工作的实质就是将当时主流(官方)的价值释放给民众,从而指导民众的行为,可谓是一种"寓德教于决讼"的方式。⑦ 其试图通过多样化的形式对当事人之行为进行劝诫、教

---

① 参见林维.监察新体制下宽严相济刑事政策的妥当适用[N].人民法院报,2019-4-19(3).
② 《尚书·大禹谟》记载,舜帝曾经这样夸赞皋陶:"汝作士,明于五刑,以弼五教,期于予治。刑期于无刑,民协于中,时乃功,懋哉!"
③ 集中表现就是:"道之以政,齐之以刑,民免而无耻;道之以德,齐之以礼,有耻且格。"参见十三经注疏·论语注疏[G].北京:北京大学出版社,1999:15.
④ [汉]仲长统.昌言[G]//魏征.群书治要(第九册)(卷四十五).北京:商务印书馆,1936:789.
⑤ [明]张四维.明公书判清明集(卷十)[G].北京:中华书局,1987:393.
⑥ 孔子家语[G].王国轩,王秀梅,译注.北京:中华书局,2012:14.
⑦ 参见范忠信,郑定,詹学农.情理法与中国人——中国传统法律文化探微[M].北京:中国人民大学出版社,1992:185.如果是调解的话,这种教化的色彩更加明显,日本法律史学家滋贺秀三将其称呼为"教谕式调解"。参见[日]滋贺秀三.清代诉讼制度之民事法源的概括性考察——情、理、法[C]//王亚新,梁治平.明清时期的民事审判与民间契约.王亚新,等,译.北京:法律出版社,1998:21.

育和感化，以促成精神上的启迪，最终达成放弃某种价值观念、生活状态而树立新的价值观念或者生活方式的目的。

如果将目光放到现在的司法裁决，虽然不能像过去那样过多地进行道德宣教，①而丢失法律的论证。但是我们可以借鉴中国古代司法判词那种观念的塑造功能，来发挥出司法裁决的法治观念塑造功能。让社会公众在司法裁决中理解具体、生动的法律，近距离地接触、感受法律。这个过程不仅是一个普法的过程，同时也是弥合法律精英与社会大众意识疏离的一种努力。通过司法判决塑造公众法治观念，发挥了司法判决之勾连立法和社会公众的桥梁作用，由此，法律不再是陌生的、只可远观的，而是熟悉的、具有可接近性的。这些优势和特性在日常民众对于个案的关注热度中就可见一斑。通过司法判决塑造公众法治观念注重了司法对于社会价值的引领和塑造作用的角色扮演，这种法治观念的塑造往往体现为给社会公众提供未来行为的规范性预期。以往模糊的行为得以法律定性，以往遗漏的惩罚后果得以补缺，以往不存在的观念得以生发，以往含糊其词、泛泛而谈的法律规定得以明确表达。这一切都是司法裁决可以发挥的信号示范效应，②通过司法裁决的作出向世人展示出未来交往的一种确定性，进而促使社会公众未来生活安排的稳定性。③

第三节　传统司法文化在法治中国建设中的未来指向

第一，传统司法文化的未来研究一方面要抓住识别和转化两个重要方向，另一方面要打破各种现实障碍。基于此，关于传统司法文化未

---

① 其实，在一些家事审判当中依然可以适当地运用道德、情理资源进行说理，现实的司法实践也是如此进行的，比如司法判决对《孝经》里经典语句的引用、中国古代诗词的引用等。参见李拥军.“孝”的法治难题及其理论破解[J].学习与探索，2013(10)：66—74.

② 参见埃里克·A·波斯纳.法律与社会规范[M].沈明，译.北京：中国政法大学出版社，2004；译者序 1—12.

③ 关于司法判决的这一作用，笔者将在第七章和第八章详细进行论述。

来的研究,至少应该集中于以下两个领域:司法文化价值的重新认识和可欲性识别,以及对其进行创造性转化、创新性发展。同时,我们面临两个非常严峻的阻碍:一是外来法律文化的冲击与传统司法文化的流失;二是学术研究的文化识别与转化的路径障碍。自清末以来,由于变法修律、新文化运动、法律移植等行动、运动的开展,以及特殊时期的文化摧残,使得中国传统的司法文化不断流失,甚至传统文化一度出现了中断的危机。再加上中国法治的外发型属性,大量的外来法律文化在各种有利条件下,特别是政策支持的环境下,时时刻刻都在竞争性地挤占传统法律文化的生存空间,进而使得本已流失严重的传统法律文化更是雪上加霜。纵观学界,对于传统司法文化的价值定位与识别总体上还只是处于一种标签式的说明状态,换言之,在现代法治价值和传统司法文化之间的桥梁还没有完全架构起来。这种转化不仅需要新型制度的呈现,而且需要理念的传承和转换,其可以是多种理念的不同权重结合,亦可以是单种理念的弱化或者强化而适应现代社会的内在需求,还可能是某种带有复合色彩理念的纯化,使其相对单一化。但是以上种种形式的呈现很大程度上依赖于我们如何去理解法律文化传统,尤其是司法文化传统。

在法治现代化的浪潮中,"西化"的飓风势力一直不减,一味否定传统文化的声音也未曾断绝,甚至很多学者提出全盘西化的倡议。这对文化传统的复兴,特别是法律文化的传承和借鉴也造成了很大的阻力。即使党中央在多个重要文件当中强调要弘扬优秀传统文化,甚至将其上升到国家战略的层面。比如,在党的十九大报告中,就体现在对"弘扬中华传统文化"和"推进全面依法治国"的强调上。报告中 5 次使用"中华优秀传统文化"的概念,6 次使用"中华文化"的概念,79 次使用"文化"的概念。① 报告指出:"中国共产党从成立之日起,既是中国先进文化的积极引领者和践行者,又是中华优秀传统文化的忠实传承者和弘扬者";"推动中华优秀传统文化创造性转化、创新性发展……不忘

① 参见李拥军. 中国法治主体性的文化向度[J]. 中国法学,2018(5):21—22.

本来、吸收外来、面向未来，更好构筑中国精神、中国价值、中国力量，为人民提供精神指引"；"深入挖掘中华优秀传统文化蕴含的思想观念、人文精神、道德规范，结合时代要求继承创新，让中华文化展现出永久魅力和时代风采"。①

但是，学术界对于中国文化传统的价值仍存在较多争论。即使从整体上肯定了法律文化传统的价值，但是对于具体哪些有价值、哪些没有价值的识别工作以及如何实现传统法律文化的创造性转化和创新性发展也是莫衷一是，难以达成共识。而且就目前的成果来看，大多数的研究在处理这些问题时也是比较粗糙和模糊的。② 尽管部分学者强调了传统法律文化（包括司法文化）的价值，但是对于下一步如何与现代法治结合与勾连，如何在现代法治建设当中发挥传统司法文化的价值则是不清晰的，含糊其词的。③ 这不仅表明了学界对于传统法律文化下一步的开展规划是不明朗的，其实，这也暴露出了传统司法文化向现代法治文化转化的路径障碍。

第二，警惕中国传统司法文化中的泛道德主义话语。中国传统司法文化中道德主义话语的加入，在一定程度上起到了如下的作用：（1）解决裁判合法性与合理性相脱离的危机，回应社会公众对于实质正义的诉求，促成裁决结果的可接受性。（2）强化、巩固法律的合道德性基础，弥补韦伯意义上的"纯粹理性的铁笼"④，实现了形式法治和实质法治的结合。（3）情理进入司法裁判的路径主要是通过辅助说理、修辞表达以及后果导向的方式而实现的。其中辅助说理是把情理当作一种裁

---

① 习近平.决胜全面建成小康社会 夺取新时代中国特色社会主义伟大胜利——在中国共产党第十九次全国代表大会上的报告[M].北京：人民出版社，2017：23、42、44.
② 即使是专门以此为主题的论著《中国传统的创造性转化》，也只是为传统文化的转化提供了一种大方向的指引，至于细微之处如何操作，也没有提出很好的工程方案。参见林毓生.中国传统的创造性转化[M].北京：生活·读书·新知三联书店，2011.
③ 比如，有学者只是表达出"经过现代法治的价值洗礼、规则过滤与程序导引，其不少因素完全可以被现代诉讼吸收、融会"的概括性表述。
④ 参见[德]马克斯·韦伯.新教伦理与资本主义精神[M].康乐，简惠美，译.桂林：广西师范大学出版社，2007：187. [德]马克斯·韦伯.法律社会学[M].康乐，简惠美，译.桂林：广西师范大学出版社，2005：324.

判理由论证的资源进行运用；修辞表达则是作为裁判文书写作的一种说服的叙述风格而呈现的；后果导向则是指向情理通过影响裁决结果所依据的法律选择和适用而发挥作用。情理并非直接适用于裁断案件，而是就案件事实在律典中发现的条文适用于案件之情势进行评价和衡量，以达到情理所指向的妥当性标准。当既有的律例都无法达至情理所指向的妥当性标准时，司法官就可能会基于情理为新规范的创设、适用进行论辩，最终通过裁决结果的方式来宣示情理所欲求的妥当性。① (4)实现法与情组合下的综合式正义观。《名公书判清明集》中提及："法意、人情，实同一体。徇人情而违法意，不可也；守法意而拂人情，亦不可也。权衡于二者之间，使上不违于法意，下不拂于人情，则通行而无弊矣。"②中国古代判案讲求在法与情之间取得平衡，不能一味偏见于一方，而是实现一种不同权重组合下的综合式正义。当然，这种综合在现在看来，需要法律方法的技巧在其中起到巨大的弥合作用，一方面实现实质正义和社会正义，另一方面又不能减损法之形式价值。

　　基于此，一方面我们要看到道德话语进入司法裁决的优势，但是，我们也要看到其潜在异化的可能。今后要防止两种错误倾向：其一，司法的泛道德化。中国传统司法文化具有伦理色彩与法律色彩之双重面向，我们不能用道德代替法律，也不能用道德否定法律。人情带有很强的伦理性和主观性，"以情断罪"也只能从裁判说理的视角加以理解，而不能成为裁判的依据。从这一点上而言，"法律的儒家化"等命题就凸显了法律逻辑推理的缺位。再者，泛道德化容易导致道德性的社会结构，而在道德性的社会结构中，人们醉心于寻找一个道德楷模，将正义的实现寄托于"青天大人"，而非制度化和规范化的路径。③ 其二，情理论证的非理性化。即使情理、道德等内容作为辅助的说理论证资源，但

①　参见杜军强. 法律原则、修辞论证与情理——对清代司法判决中"情理"的一种解释[J]. 华东政法大学学报，2014(6):136.

②　中国社会科学院历史研究所宋辽金元史研究室. 名公书判清明集(上)[G]. 北京:中华书局，1987:311.

③　参见於兴中. 法治东西[M]. 北京:法律出版社，2015:98.

是其也必须以一种理性化的方式加以论证,避免以一种激愤的情绪化叙述方式进行表达,实现情理、道德进入司法判决的良性修辞化。在避免以上两种泛道德话语错误倾向的基础上,我们才能充分发挥道德、情理的正向功能。

第四节　本章小结

总体而言,中国传统司法文化因受到儒家文化的熏陶,而带有鲜明的儒家伦理色彩和道德关怀倾向,道德话语充斥其间,这既是传统司法文化的可挖掘之处,又是其存在劣势的地方。这也恰恰说明了传统司法文化本身不等同于主体性,需要对此加以识别、转化和发展。其中情理则是传统司法文化的基础,虽然随着社会的变迁,情理的内容在不断地发生变化,但是天理、国法、人情之“三位一体”构造并未发生改变,这种“三位一体”的构造有助于“善治”的产生和发展。中国传统社会讲求的是天理、国法、人情的整体正义观,充分实现三者之间的逻辑自洽。天理和人情对于国法也具有功能上的补充或者是法源上的备用。正如有学者所得出的结论:“若论对传统中国诉讼文化影响之直接与明晰,当首推儒家道德观。”①而儒家道德观最为核心的则是儒家伦理准则,尤其以“仁”和“礼”为重要内容。“仁”就是仁者爱人,“礼”就是克己复礼。这些儒家道德观不仅通过日常的官方或者民间自发的教化而深入到社会民众的内心,②而且儒士为官也为儒家道德观的司法适用提供了良好的契机,使得法律儒家化或者儒家思想法律化,也进而促使儒家道德观深入影响了中国传统诉讼文化或司法文化。

对传统司法文化与当代法治中国建设进行对接的本质就在于挖掘传统司法文化背后的超时空价值,实现传统司法文化的创造性转化和

---

① 尤陈俊.儒家道德观对传统中国诉讼文化的影响[J].法学,2018(3):135.

② 比如,家法族规、圣谕宣讲、民间俗语与谚语的传播等产生的影响。参见尤陈俊.儒家道德观对传统中国诉讼文化的影响[J].法学,2018(3):137—141.

创新性发展。其中,最为关键的就是在对传统司法文化进行识别的基础上开辟出创造性转化和创新性发展的路径。但是这种对于传统的继承是一种高次元价值观念的继承,是一种司法文化中法理的继承,而不是传统上具体的条文、制度的直接延续。① 和合司法与现代多元化纠纷解决机制的理性选择、情理司法与现代司法裁决的合理性和可接受性、仁道司法与现代刑罚人道主义以及宣教司法与通过司法判决的公众法治观念塑造都有着密切的价值关联。而且,在分析中国传统文化时,虽然西方的理论可以作为宏观的分析架构,但是思维方式必须还是中国式的。这种中国式的思维方式不仅仅在于中西文明对比中的主体性意识,也在于对自身文化传统自主分析与重构基础上的理解和继承。在避免错误倾向以及打破各种现实障碍的基础上,中国今后或许可能采用一种正在演进的东方法律主义的形式重塑中国的法治,如果法律可以重新定义中国,那么我们也必须准备接受中国也可以将法律中国化。②

---

① 参见朱振. 作为方法的法律传统——以"亲亲相隐"的历史命运为例[J]. 国家检察官学院学报,2018(4):90.

② 参见[美]络德睦. 法律东方主义——中国、美国与现代法[M]. 北京:中国政法大学出版社,2016:232.

第四章

法治梯度系统下司法判决正当性的来源

法律结构随着社会复杂性的进化而变迁。

——[德]尼古拉斯·卢曼

历史上曾经出现的统治形式都是这些纯粹形式的不同结合、混合、改制或修改。

——[德]马克斯·韦伯

法庭对每个案例的判决,都必须保持整个法律秩序的融贯性。

——[德]尤尔根·哈贝马斯

也许由于思维经济原则或者缺乏对日常现实的深刻观察,造成学界纯粹逻辑式思维分析问题的思路盛行。这种纯粹逻辑式思维试图把复杂的问题给予简单式、碎片化的分割,在线性思维的导引下单向度的分析问题,而忽略了日常现实的复杂情景与场域。虽然这种单纯逻辑式思维在很大程度上把问题简化了,分析问题更加方便和充满效率,但是也正是因此,很可能会致使问题只是停留在了单一进路的逻辑层面,而没有反映出此问题在日常现实中的全貌,进而导致学界产生了一种盲目的知识乐观,甚至存有一种"发现真理"之上的肤浅式欣喜。

同时,考虑到学界谈及司法判决正当性来源时,也只是单一进路或面向的考虑问题,仅仅将其中一个来源作为切入点,而很少进行综合式的考量和分析。再者，即使有综合式的思维，也存在没有处理好两者或多者关系的缺陷。所以，笔者在本章试图以法治梯度系统下司法判决的正当性来源作为阐释内容以及剖析样本，进而揭示出学界这种单纯逻辑式思维的不健全性以及表面性。欲求认识日常复杂的司法现实，只是单纯逻辑式思维分析是远远不够的，必须要考虑到司法日常的复杂性和各种元素的共存，以及各个元素之间的融洽关系与内在张力。

而且，必须予以指出的是，本章以法治梯度系统作为"左方"，以司法判决的正当性来源作为"右方"，建立了单纯逻辑式思维惯有的双方关系，继而实现对于这种单纯逻辑式思维继承基础上的批判，以达至超越单纯逻辑式思维进路的目的。此外，本章也试图让读者认清二者之间的差异以及觉察出只是单纯逻辑式思维分析问题以获取知识结论的可能薄弱之处。但是，本章的重心不在于探讨法治梯度系统下各个子系统的临界点，而是在模拟纯粹逻辑式思维的切割式思考，并且以司法的日常现实作为对比，反思这种学术研究进路的可能风险所在，从而提倡一种基于"司法日常现实与逻辑思维简化"的合作式思考路径，以规避纯粹逻辑式思考的肤浅性、单一性和单纯观照司法日常复杂样态上的无力感。细化而言，这一章的具体结构如下：第一节到第四节是基于单纯逻辑式思维的线性展开，对司法的日常现实不予考虑，模拟了学界单纯逻辑式思维的思考过程，对于法治梯度系统与司法判决正当性的来源进行了单向度的、线性的对应，而且沉浸在这种单纯逻辑式思维之中予以推演。第五节可谓是一个转折点，对单纯逻辑式思维的思考过程给予反思和进行一定程度上的推翻，重点凸显模拟的过程缺乏对司法日常现实的关怀，致使法治梯度系统下司法判决正当性的来源存在线性、简单化的缺陷。在第六节，笔者在对单纯逻辑式思维给予反思以及对司法的日常现实加以关照和深刻考察的基础上，提出了法治梯度系统下"三位一体"的司法判决正当性来源建构。

第一节 法治梯度系统①与司法判决的正当性来源

　　法治的建设和发展是一个渐进和逐步的过程,因此这一过程也必定是长期的与艰辛的,理性的与经验的,不是一日之功,也非一蹴而就。所以,在逐步显现出法治表征的法治国家建设的历时过程中,自然会呈现出不同的法治表征,而不同的法治表征组合在一起,加以整合,就会形成相应的法治梯度系统,(如图4-1所示)即法治初阶、法治中阶和法治高阶三种不同法治境遇中的不同法治生态。② 法治梯度系统是一个复杂的系统,由众多的子系统组成,涉及立法、司法、执法、法治观念等方方面面。③ 法治梯度系统的形成与社会形态的互动密不可分,而且这种互动是可持续的。社会样态以何种面貌得以呈现,法治梯度系统的内部结构和形态也必定会在其影响的基础上得以展开。在一个市场经济高度成熟、社会文明程度和社会公众素质普遍处于高水平的社会,法治梯度系统中的子系统也在很大程度上是处于法治高阶的状态;

---

① 也有学者提出了"法治演进模式"这一概念,其虽表达出了法治的动态演进属性,但是却缺失了对法治的立体生态描述。只是动态的表达不足以说明法治的全貌与全态,只有通过立体性的系统展示,才能得以呈现出法治的横向与纵向、静态与动态、立体与平面的全局之景。而且系统科学通过经验论证和逻辑论证确立了一个基本的信念:通过各个元素的有机组合从而实现系统的资源整合功能。法治梯度系统亦是如此,通过法治梯度系统中的各个元素的交互、融通而实现法治的整合功能。

② 其实,法治不仅缘其阶段不同而形成法治梯度系统,而且不同的法治阶位也有其不同的评估指标与评价体系。法治作为一项相似性的系统工程,本身便内含了其发展建设的水平阶位和对客观而量化的分析评价标准的内在需求。参见钱弘道,戈含锋,王朝霞,刘大伟. 法治评估及其中国应用[J]. 中国社会科学,2012(4):142.

③ 系统论作为一种自然科学的研究方法引入社会科学的领域当中,其对于中国的法治系统工程建设可谓是功不可没。而且自引入法治领域当中已不是陌生的面孔,当中最新的法治实践动力系统是由龚廷泰教授提出,其具体分析了中国特色社会主义法治理论发展的法治动力问题。而笔者对于法治梯度系统的提出,是为了更好地表达法治发展的不同阶段和不同层次,在不同的子系统下对应不同的法治表征和特色。所以,也必定要在具体法治的框架下,具体分析其司法裁判的正当性来源问题。参见龚廷泰. 论中国特色社会主义法治理论发展的法治实践动力系统[J]. 法制与社会发展,2015(5):5—16.

反之,社会处于相对无序、社会管理和运作能力不足以及经济实体的经营自主权得不到尊重和保障的状态下,法治梯度系统也必定只是处于初级法治阶段。而中阶法治则是处于两者之间的过渡状态。当然,初阶法治、中阶法治和高阶法治本身都是动态的过程,其本身内含了法治本身的发展和社会互动状态下的发展。二者的发展都是一个逐渐从局部到全局、从不完善到逐步完善、从不合理性到渐次理性的追求过程,而这一过程发展的合规律性也是必定的趋势。

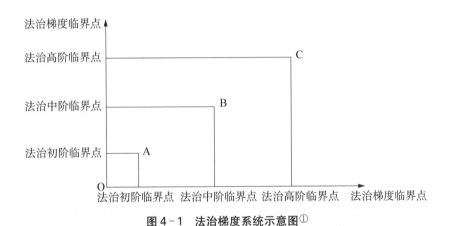

图 4-1　法治梯度系统示意图[①]

　　而作为一个元素,身处其中的司法判决,必然相应地会产生镶嵌式的内涵与特色以适应整个系统的运作。具体到法治梯度系统当中,司法判决毫无疑问是这个系统的"输出"产品,而这个"输出"产品的正当性却面临着社会大众、法律职业共同体以及当事人的考验和质疑。如果一旦获得成功的标签,那么这个产品的正当性很容易获得证成。反之,则社会负面信息的"输入",必定会对法治梯度系统造成一定程度的

---

① 如法治梯度系统示意图所示,整个系统分为 ABC 三个区域,AB 区域是由横轴和纵轴形成的封闭区域,而 C 区域是由横轴和纵轴形成的开放区域。其中 A 区域为法治初阶系统,B 区域为法治中阶系统,C 区域为法治高阶系统。O 区域由于处于法治初阶临界点的左边,即属于非法治的人治区域。同时,必须予以指出的是,虽然图中标出了法治不同阶位的临界点,但是在现实世界中真正地找出具体的时间和空间则需要做进一步的探讨和研究,甚至很难找出精确的节点。

功能性损坏。而且,人文社会的"近朱者赤,近墨者黑"之规律自然也会发生于其中。一方面,司法判决的正当性如何本身是法治梯度系统的产物。如果法治梯度系统"朱",那么在很大程度上司法判决的正当性也是"赤"的,反之,亦会受到很大的影响;另一方面,司法判决也是司法主观能动性的一种发挥,其是被慢慢塑造和雕琢的,而这一过程也很有可能是一个逐步与现有法治环境主动相适应的人为发挥。进而在此基础上,其也很可能是不同法治梯度系统下对应属性与影响的另一种表达形式。虽然评估法治发展的指数有所不同,不仅有综合性和全局性的定性评估与评价,而且也有客观精确的定量分析,甚或通过各个向度组成了指标群和指标体系,①但是有其基本的共识性基础。

而且,具体到司法领域,也必定有其特殊的语境。如果以法官自主能力、法官裁判能力、案件执行能力、司法公信力、司法理念五要素作为法治梯度系统内的评估指标,那么法治初阶、法治中阶以及法治高阶都将呈现出不同的法治景象和局面。融贯性是德沃金法律哲学的核心范式,②而涉及法治梯度系统的内部系统——法治初阶、法治中阶、法治高阶——也必定要实现其内部的融贯性。具体而言,则是不同法治梯度系统下法律理念、司法理念与司法实践的相契合。如此一来,在法治梯度系统下,就塑造出了司法裁判生成系统。进而,不同的法治阶段就很可能会产生不同的司法判决,不同的司法判决就会有不同的正当性来源,即在法治初阶、法治中阶和法治高阶都会有不同的司法判决正当性的来

---

① 比如,世界正义工程法治指数非常详尽地确定了 16 个一级指标、68 个二级指标,构建了有效的法治评估框架;浙江余杭在借鉴香港法治指标的基础上,提出了法治建设的 9 个目标——党委依法执政、政府依法行政、司法公平正义、权利依法保障、市场规范有序、监督体系健全、民主政治完善、全民素质提升、社会平安和谐。参见钱弘道,戈含锋,王朝霞,刘大伟. 法治评估及其中国应用[J],中国社会科学,2012(4):144. 余杭法治评估体系课题组. 法治量化评估的创新实践——余杭法治报告[R]//李林. 中国法治发展报告 No. 6 (2008). 北京:社会科学文献出版社,2008:370—372. 屈茂辉,匡凯. 社会指标运动中法治评价的演进[J],环球法律评论,2013(3):30—43. 朱景文. 论法治评估的类型化[J]. 中国社会科学,2015(7):108—124.

② See RONALD DWORKIN. Law's Empire [M]. Cambridge, Mass. : Belknap Press, 1986: 176、218.

源。笔者经过长时间的观察和思考,推理出在法治梯度系统下司法判决正当性的来源分别为:合法性、可接受性和权威性,①如图 4-2 所示。

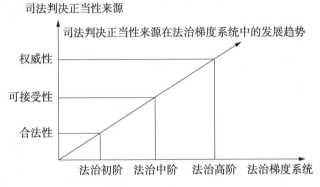

图 4-2　法治梯度系统下司法判决正当性来源示意图

而且,具体到法治梯度系统下的不同子系统,其司法判决的正当性来源有一定的分离和特定归属。不同的归属情景下,其背后所支撑的理论模型也是因地制宜的。每一个法治阶段的到来并且逐渐成熟运作都离不开法学理论的追问、反思甚或批判。因此,很可能在法治初阶席卷全场的法学理论模型却在法治中阶和法治高阶处于法治话语的边缘地带,这也就致使了理论模型的范式处于不断被拷问甚或反复的流变过程当中。笔者从规范性应然的角度出发,将不同法治阶段下的支撑理论模型得以类型化,作出如下表格 4-3:

---

① 美国学者劳伦斯·鲍姆(Lawrence Baum)教授曾经分析过司法行为的模型,将其划分为法律型、态度型和策略型。其中法律型即以法律上的是非曲直为基础(以法律为准绳)进行裁判;态度型即根据当时的政策上的优劣为基础来作出裁判;策略型即以总体结果来考虑裁判的效果。其中法律型司法行为即把合法性作为首要标准,这时司法判决正当性的来源即合法性;态度型司法行为以政治组织的意志落实和可接受性作为裁判的依据和标准,但是忽略了当事人和法律职业共同体的可接受性,这时司法判决正当性的来源只是政治组织的可接受性;策略型司法行为从司法实用主义出发,统筹全局,兼顾全方位的效果。这时司法判决正当性的来源是司法权威状态下的统筹兼顾以及对各种行为的最大程度宽容。由此可见,鲍姆教授提到的三种理论模型与笔者提到的三种司法判决正当性的来源虽有细微差异之处,但是也颇有相似之处。参见[美]劳伦斯·鲍姆.法官的裁判之道——以社会心理学视角探析[M].李国庆,译.北京:北京大学出版社,2004:6—7.

表4-3　法治梯度系统下司法判决的不同属性与特征

法治梯度系统之子系统名称	司法判决的正当性来源	正当性来源的判断标准	正当性来源判断标准的主客观性	背后支撑的理论模型	注重的效果
法治初阶	合法性	法律	客观标准	形式法治	法律效果
法治中阶	可接受性	法律、法律职业共同体可接受性、社会大众以及当事人可接受性	客观标准、兼顾主观标准	形式法治、部分实质法治	法律效果、兼顾社会效果
法治高阶	权威性	法律权威、司法权威、司法公信力、司法专业化水平、公众法治观念	主客观标准相统一	形式法治与实质法治的统一	法律效果和社会效果的统一

第二节　初阶法治下司法判决的正当性来源：合法性

　　法治初阶是人治到法治过渡成功后的第一站,虽属性为法治,但是由于路径依赖等诸多因素的影响,人治的劣根色彩依然浓厚。恰当的表述应是人治到法治转型不彻底的遗祸仍然存在,个人魅力型统治和传统型统治①仍在局部的时空逗留。甚至在传统权威式微抑或衰落的背景下,众多的失范行为频次发生。在此时,法律的至上权威却仍然没有塑造健全,只是通过道德、宗教、习俗的缺口悄无声息地慢慢树立,不断地满足社会对法律的市场需求。为了加速这一过程,嵌套在法治梯度系统中的司法裁判生成系统担当了塑造公众法治观念、树立法律权

---

① 这里的个人魅力型统治和传统型统治是马克斯·韦伯意义上的统治类型。参见[德]马克斯·韦伯.经济与社会(上)[M].林荣远,译.北京:商务印书馆,1998:238—250.

威的使命。因此,司法判决必须以法律作为根本的依据,落实国家法秩序。此时,司法判决正当性的来源即是合法性(Legality)。

这里的合法性本质上就是一种严格遵循程序和形式标准的法律思维,实体法律通过外化表现的程序得以呈现。"当法律是由按照明确规则通过负责任的决定而产生,并因此而受到尊重时,社会的法律就被实在化了",而"法律的实在化意味着,任何既定的内容都可以获得正当的法律效力"①。合法化至少内含了以下三个维度:第一,裁判主体行为的合法性,即法官依法裁判,没有徇私枉法等腐败现象出现;第二,法律本身的合法性,即法律的立、改、废、释、纂都要符合法定程序和法治基本原则。按照法学家凯尔森(Hans Kelsen)的规范等级秩序观点,低阶法必须要符合高阶法,下位法必须要符合上位法。虽然备案审查机制的主体主要是权力机关,但是法官在裁判过程中也必须寻找、搜索出案件涵盖的所有法律规范,按照相应的法律适用规则加以适用;第三,司法判决本身的合法性,即司法判决的作出要符合法律所规定的程序正义要求,必须通过正当法律程序来外化法律效果。

第三节　中阶法治下司法判决的正当性来源:可接受性

随着法治初阶的跨越和法治中阶的到来,合法性标准虽已成为司法裁判的首要标准,但是合法性所要求的法律体系下逻辑推理的封闭性,严重堵塞了日常生活中情理、常理等因素进入司法场域的可能性,甚或形成了对实践理性的一种简单排斥。合法性与合理性之间已存在一定的裂痕或者鸿沟。如果此时,合理性再不纳入司法的视野,二者之间的裂痕或者鸿沟很难弥补或跨越。司法判决的正当性单纯只是来源于形式合法已不能满足社会公众的诉求,因为在形式合法性本位观念的导引下,个案正义的实现也渐渐引起社会大众和法律职业共同体的

① 〔德〕哈贝马斯.合法化危机[M].刘北成,曹卫东,译.上海:上海人民出版社,2000:128—129.

怀疑与反思。在此司法境遇下,司法机关以及司法者应该具有某种程度的制度调适能力和解释能力,注重提高司法判决的可接受性,以适应社会发展变化和大众对于实质正义的供给欲求。

虽然形式合理性本位的合法性思维保守地完成了法律和政治上的任务与要求,保证了司法制度运作的完整性和续接性,但是其对于具有解决纠纷诉求的主体双方或者多方而言,有一种人为的忽略和缺失,抹掉了法律的温度、温情以及价值追求,致使法律陷入了一种纯粹理性的牢笼之中,①甚至造成自然科学方法与思维在法学领域特别是司法裁判领域的滥用。对于科学方法和思维的万能信念致使了人类对于理性的盲目自信和过度崇拜。这种思维不恰当地运用于司法裁判等人文社会领域,进而导致了对法律真实的误解。② 而且这种泛科学的思维方式和方法还可能不断地给社会科学的工作带来局部的混乱。③ 其过度注重了法律适用的理性面向,而欠缺了法律适用中的人文关怀与照顾,以及纯粹形式合法性的裁判安排极易造成司法判决的可接受性空间被

① 例如,上海闵行区法院在 2015 年 7 月 29 日关于"非法代孕监护权纠纷案"一审做出了简单"合法性"的判决,机械地适用法条作出处理,只是考虑到了法律规定的局部因素,而没有全局性地衡量"孩子的最大利益"。同时,也没有完全考虑到作为事实"母亲"的四年养育之情以及两个孩子依赖母亲之基本人性。笔者认为此判决是法官在遵循形式合法之基本原则的基础上作出的比较保守的判决。没有考虑到社会大众和当事人双方的可接受性,虽然案子判决了,但是依然没有解决问题,凸显了简单合法性的判决结果之缺陷,同时此判决显然缺乏了对人性的基本观照和关怀。与此形成鲜明对比的则是二审判决,法官明确指出"本案审理的并非代孕协议纠纷,而是代孕所生子女的监护权纠纷。所以,应当将焦点优先放在如何保护未成年子女的合法权益,而非仅着眼于对代孕行为的合法与否进行司法裁判。法律可以对违法行为本身进行制裁,但因此出生的孩子并不经由制裁而消失,无论代孕这一社会现象合法与否,都必然涉及因代孕而出生之子女的法律地位认定,而对其法律地位作出认定,进而解决代孕子女的监护、抚养、财产继承等问题,是保护代孕所生子女合法权益之必须。"最终法官判定这位事实"母亲"具有孩子的监护权。如此判决则具有很强的可接受性。笔者在此不对法官所适用的具体法律作出评价,而只是从司法判决的合法性和可接受性视角给予阐释。具体案情参见 CCTV 今日说法. 私人定制龙凤胎[EB/OL]. (2015 - 10 - 23)[2016 - 5 - 23]. http://tv. cntv. cn/video/C10328/5d6a65479e804c4fac7a7cbb73b7d430? from=timeline&isappinstalled=1. 上海市第一中级人民法院(2015)沪一中少民终字第 56 号民事判决书.

② 参见杨建军. 法律事实的解释[M]. 济南:山东人民出版社,2007:58.

③ 参见[英]哈耶克. 科学的反革命——理性滥用之研究[M]. 冯克利,译. 南京:译林出版社,2003:4.

排挤到无容身之地的尴尬局面。司法判决只有被社会大众、当事人以及法律职业共同体接受之后,才会真正地产生实效。[①]

而可接受性是将法律效果和社会效果完美结合的产物,实现了规范与事实的勾连。其至少包含以下两个维度:

第一,法律职业共同体的可接受性。法律职业共同体对于司法判决的接受是司法判决具有正当性的底线来源,司法判决不能抵触法律职业共同体的一般性意见。[②] 由于法律职业共同体的专业知识群体属性优势,其对于司法判决的接受间接表明了此判决的合法性已经由法律知识给予了肯定和认可,但是只有形式正义的存在已不能回应时代下民众对于实质正义的诉求。虽然司法追求的社会效果有时可以通过法律效果来实现,但是,司法原情的因素往往被忽略,没有实现个案裁判中"准情酌理"的实质正义标准的理想状态,[③]从而丢失了司法实践的人文关怀与温情。

第二,社会大众的可接受性。正是因为在法治初阶过分注重合法性的追求而忽视了人性的基本诉求与渴望,司法目光只是聚焦到了形式正义,而遗忘了实质正义的光芒,司法原情因素才在法治中阶被加以强调。司法判决在裁判的过程中要达至"情法两尽"的目标和理想,"无论是'情'还是'理',都不是一种个体性因素,而是一种具有普遍意义的合理性。只不过,这种普遍意义的合理性因素,在具体的案件中,相对于一般规则而言,它通常是一种需要予以特殊考量的情形。因此,对于因利益纠纷而引起的诉讼而言,无论'情'或是'理',都蕴含着一种利益主张的合理性条件"。[④] 法官需要在依靠法律论证的基础上,加入情理以及社会大众诉求的考量来不断强化司法判决的正当性,切记不可陷入法律与道德截然分立的二元思维困境当中不可自拔。在个别情况

---

① 参见张斌峰,陈绍松.试论司法判决的合理可接受性——以修辞学为视角[J].齐鲁学刊,2014(1):86.

② See Owen M. Fiss. Objectivity and Interpretation [J]. Stanford Law Review, 1982, 34(4):744.

③ 参见王国龙.司法原情:传统及当代价值[J].政法论丛,2015(1):29.

④ 汪雄涛.明清诉讼中的情理调处与利益平衡[J].政法论坛,2010(3):52.

下,尤其是在法律与情理明显冲突的情境下,更需要经过充分的法律论证以及其他资源的充分说理,才可能实现绝对排斥情理考量的可能适用空间。

司法不仅是威严的,也必是温情的,而温情依赖于法官的真诚和哀矜之心。这要求法官不仅具备专业法律知识素养,也要具备真诚、同情与恻隐之心。① 同时,司法判决如果得到社会大众的接受,那么司法判决作为案例文化的一种载体,其承载着特定的文化性格特征和价值观倾向,进而可以通过司法判决导引社会公众法治观念,宣扬时代价值,逐步实现法治精神意蕴的社会化。而且,如果司法在回应社会的公共道德和核心价值观方面是懒惰的,甚或是无为的,那么很可能会导致法律与道德的对立甚至是冲突,最终失去其自身判决的正当性。②

除此之外,司法判决的可接受性还涉及案件中当事人对于司法判决的可接受性。虽然当事人对于司法判决的可接受性在一定程度上也彰显了司法的人性关怀与法律理念、法治精神,但是,毕竟当事人中的一方或者多方与另一方有着"诉讼利益"的竞争关系,司法裁判的过程和结果在一方看来也许是恰当的,而在另一方眼中很可能是不适当的,甚或是无效的,进而很容易卷入"诉讼利益"驱使下的非理性的道德诉求当中。在此情况下,当事人对于司法判决的可接受性之参考意义是极其有限的,尤其是败诉一方。评估对象的极其有限性以及利益关系的存在,使得法律效果和社会效果的评估有效性大大降低。职是之故,笔者没有将当事人对于司法判决的可接受性纳入第三维度当中,只是将其作为辅助性的参考因素。

至此,司法判决可接受性的两个维度内含了法律职业共同体的认同与社会大众的价值肯定。进而不仅具有了现代法治语境中合法性的基本共识,同时又具有了社会大众情理上的认可,将形式因素之外的实质因素给予适当而且恰当的考量。此时,司法判决的可接受性问题,在

---

① 参见江必新. 法官良知的价值、内涵及其养成[J]. 法学研究,2012(6):43.
② 参见王国龙. 司法原情:传统及当代价值[J]. 政法论丛,2015(1):34.

法治国语境中,既是一项联接既存法律体系和个案结论的技术性作业,也是一个寻求共识的多元价值整合过程。[①] 亦即,司法判决的可接受性是由合法性和合理性两者所予以支撑的,失去其中一者,司法判决的可接受性将会受到质疑和挑战。如下图4-4所示,在具体个案当中,J不仅穿梭于N、F之间,而且目光游离于N、I、S与F之间。作为司法产品的司法判决也必定是在彰显N之基本要求和I、S精神内核的基础上,才可能真正获得其正当性。

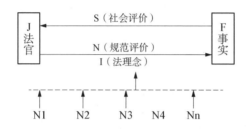

图4-4　法官裁判的合理性标准及其过程示意图[②]

第四节　高阶法治下司法判决的正当性来源:权威性

从初阶法治到高阶法治,其场域发生了层次性的两重提升,法治的生态和裁判的生态必定也随之发生变化。高阶法治是一个现代理性逐渐完成的阶段。理性对话式的理论在这样一个理性的时代或法治社会才真正能发挥其意义与功用。同时,在努力实现国家治理体系和治理能力现代化、法治化的宏大背景下,司法治理体系作为国家治理体系之一环,也必定要相应地实现其现代化和法治化。而司法权威不仅是不可或缺的展示品和价值目标之一,而且其形成过程或已然状态也是共

[①] 参见陈林林. 法治语境中的判决正当性分析[J]. 国家检察官学院学报,2015(1):23.
[②] 本图由陈林林教授所构想,笔者予以引用。参见陈林林. 法治语境中的判决正当性分析[J]. 国家检察官学院学报,2015(1):27.

存于现代化和法治化的进程当中。此时,随着公民对司法权力产生足够的信任与认可,司法权威不断得到树立,逐渐演化为一种"整合集体的既定模型与层次的制度化"①,在这种模式和制度下,权利的实现得到了司法权力的促进与保障,权利维护在很大程度上成为了司法权力的可能力争目标和期望。而这种权威就是马克斯·韦伯意义上的法理型司法权威。② 在这种法理型司法权威系统当中,公众对司法判决的服从或者其所认可的正当性,不是基于法官个人的魅力型原因,也不是缘于法院传统的司法权延续,而是基于法治身份的一种理性服从和尊重。即使当事人行使申诉、上诉等权利,也是建立在尊重司法判决的基础之上,而不是一味在自我头脑观念中做出否定的判断。

权威是权力和威信的统一体。③ 权力是司法机关的独立裁判权,而威信是由司法职业化与专业化、法官职业操守以及正当法律程序所带来的未来必然结果。亦即,权威是外在强制力和内在可信因素共同作用的结果。也就是说,司法权威并不是由单一的个体组成,其是由多重、多种元素构成的有机组合体。在这个有机组合体的影响下,社会大众产生了一种自愿的司法服从与信任,即使这种服从与信任有时可能会给自身带来某些程度的不利后果。但是,在此司法权威秩序下,这种可能的实质意义上的不利后果是社会大众可以承受和容忍的。而且,这种秩序是一种互动的场域,服从者一方面对司法进行了确信与认同;另一方面,司法的某些内在机理又保障了这种司法认同下的行为预期与安排,二者相互印证,形成了一种"确信—保障—确信"的循环模式,而这种模式的本质就是社会公众与司法达成的一种对现有秩序和未来秩序的价值共识。进而,凸显权威性的本质就是一种理性共识,而且这种共识在高阶法治的背景下是不断扩大的,因为法治场域的范围在不断扩大,以至于其影响力穿透到生活的各个角落,法治的精神意蕴得以

---

① [美]T·帕森斯.现代社会的结构和过程[M].梁向阳,译.北京:光明日报出版社,1988:152.
② 参见季金华.司法权威论[M].济南:山东人民出版社,2004:34.
③ 参见季金华.司法权威论[M].济南:山东人民出版社,2004:序言 4.

彰显。

　　具体而言,司法权威之基本内涵至少包括以下七个维度:第一,合法司法权力的强制性以及建立在已有法律基础之上的司法权力与其他权力之间的融洽关系。第二,公众权利对司法权力保持尊重和敬畏,对司法权力持有很大程度的信任和认可,并且能够服从司法的判决,理性地处分自身的权利。第三,司法对社会资源的整合能力和效率大大提升,并且有了充分的人力、物力和财力的支持与保障。第四,在法治话语大背景下,公众的理性能力大大提升,不仅对法律产生了敬畏,更有一种甚或信仰式的精神依赖。第五,司法程序具有终局性权威。终局性权威有一个基本的假定,即只要司法程序是公正的,那么结果通常也被看做是公正的。一旦将纠纷投入司法场域当中,公众必然要坦然接受其程序的终局性约束。第六,判决的既判力成为了维护司法权威和实现司法资源合理配置不可或缺的因素。① 第七,裁判结果的执行能力和效率随着司法治理能力的提升和治理体系的完善而相应提高。在此境遇中,司法可谓是一种新的治理方式,即"通过司法的社会治理"。这时,法治所呈现出来的复杂性和多样性要求司法承载更多的社会责任和使命,不仅倡导主流价值观,解决矛盾与纠纷,而且更多的是通过司法基本功能的发挥参与到社会的治理当中。可谓司法已经进入到了社会的方方面面,各类冲突通过诉讼过程转化为技术性的问题进行处理,不仅使得社会冲突得以化解,而且保障了权利在法治话语中的伸张,从而维护了权利与权力之间的平衡与稳定。②

　　更进一步讲,司法权威的能量必定最终以司法判决的正当性得以呈现,司法权威最终体现在和蕴含在判决的正当性之中。司法判决作出本身就是一个理性化的过程,其是在用一种最为理性的方式展示和促成法律所具备的符号效力,③最终达到将法律原则权威和规则权威

---

① 参见孙万胜.司法制度的理性之径[M].北京:人民法院出版社,2004:351.

② 参见季金华.司法权威论[M].济南:山东人民出版社,2004:38.

③ 参见[法]布迪厄.法律的力量——迈向司法场域的社会学[C]//《北大法律评论》编委会.北大法律评论(第2卷第2辑).北京:法律出版社,2000:514.

得以延伸和实现的效果。在此过程中,法律权威、司法权威、司法判决权威以及司法判决的正当性具有了内在的统一性和融贯性,环环相扣,层层嵌套,形成了一个强有力的整合系统。

第五节 司法的日常现实与纯粹逻辑思维的差异: 共存与线性

仅仅从逻辑角度来讲,再复杂的法治梯度系统以及其对应下的司法判决正当性来源都可以一一拆分,做一个单向度的线性分析。而如果加以对现实的观照,从司法日常的实际出发,就会发现,其实事物的进展往往是齐头并进的共存状态,其是错综复杂的。纯粹逻辑式、分割式的分析很可能偏离了司法现实的客观描述,使分析研究坠入一种逻辑与现实疏离甚或偏离的陷阱。只有建立在司法现实基础上而且符合逻辑的分析才是更实用和更可靠的。前文对于司法判决正当性三种来源的类型化处理只是一种纯粹逻辑上的简化与思维经济原则的驱使使然,而在现实的司法裁判中,很可能这三种正当性来源是混杂而共存的,只不过在整体法治梯度系统的阶段局面下,其三者所占的比重不同而已,如图 4-5、4-6 所示。

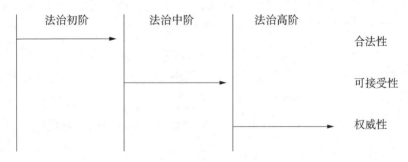

图 4-5 司法判决正当性来源在法治梯度系统中的线性发展示意图

由图可知,把法治梯度系统之子系统与合法性、可接受性以及权威

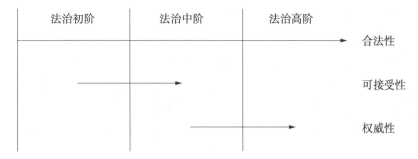

图4-6　司法判决正当性来源在法治梯度系统中的共存发展示意图

性做一个简单的类型化对应显然是没有把司法裁判生成系统与法治系统的关系处理到位,二者并不是简化的一一对应关系,而是一个共生、共存的复杂系统。很大程度上,司法判决的正当性来源之可接受性并不是在进入法治中阶的那一刻才生发的,也许在法治初阶就已然存在;同时,司法判决的正当性来源之权威性也很可能在法治中阶就已经生根发芽。不仅合法性、可接受性以及权威性不能简单直接地单一归属到法治梯度系统内部之各个子系统,而且其本身的生成与发展也是错综复杂的。"历史上曾经出现的统治形式都是这些纯粹形式的不同结合、混合、改制或修改。"①所以,没有纯粹的合法性来源,也没有纯粹的可接受性和权威性来源,而是相互间的重叠和复杂共存。这样一来,我们前文对于法治梯度系统与司法判决的正当性来源之合法性、可接受性以及权威性的纯粹逻辑式划分与一一对应而进行的分析显然是有一定缺陷的,也是脱离司法的日常现实的。如果一味追求单一化的来源很可能会陷入"偏至思维"②,而丢失了对司法判决正当性来源的多元化反思。

　　但是在纯粹逻辑与司法日常现实疏离的阐释当中,我们依然可以

---

① [德]马克斯·韦伯.论经济与社会中的法律[M].张乃根,译.北京:中国大百科全书出版社,1998:337.

② "偏至思维"是一种极端化的思维,其强烈追求渠道以及进路的单一化,只顾及一种可能性,而对其他方法或者路径则不屑一顾。参见王宝林.论西方政治合法性理论的困境、解决方案及启示[J].理论月刊,2011(4):165.

挖掘出其背后的隐含价值,其分析架构给予的启示意义仍然存在。一方面,正是因为法治梯度系统与司法判决正当性来源的复杂日常现实关系,才使得我们的司法改革以及司法制度建设不应是单向度、单因素的构建,而是需要进行多因素以及综合性、全局性的考量和权衡。具体来讲,对于转型中的中国而言,虽然目前的处境是法治初阶,但是在此系统中司法判决的正当性来源却是多样化的,所以提高司法判决正当性的路径亦是多渠道的。单样化的渠道和路径选择很可能会缺失了对另外进路的观照,进而很可能致使司法判决的正当性来源不够充实与丰满。另一方面,对于合法性、可接受性以及权威性的精细分析与阐释并不是在做无用功,相反,其不仅仅是一种理论上的熟悉和确认的过程,也是在对实践给予观照基础上的抽象探讨。即使单向、线性的探讨存在分割式的、碎片化的缺陷,但是其内容上的参考价值以及进路上的多重叠路径所带来的反思意义重大。

第六节　司法日常现实中的正当性来源: "三位一体"构建

中国正经历着一场全面而深刻的社会转型,即从血缘基础转向地缘基础、差序格局转向团体格局、内部规则转向外部规则、熟人信任转向陌生人信任。最终从礼俗社会转向法理型社会。同时,随着法治理论的研究和法治道路的建设,法治话语会日益占据主导地位,也逐步彰显着其他治国理论的不合时宜。中国的法治发展道路经历了从是否选择法治道路、法治的内涵是什么到怎么走法治之路,再到法治道路走得如何。实现了从法治内涵的探讨以及法治道路的方向争辩到法治实践效果的评估,可谓是逐步升级,环环相扣。但是中国的法治仍然是法治初阶,即目前中国的法治系统仍然是处于法治梯度系统的最底端。

虽然我国仍处于法治初阶,但是嵌套在其中的司法裁判生成系统中的司法判决正当性来源却是多样化的。而且,单一化的来源有其薄弱的缺陷，甚至不足以支撑现实社会对于司法判决正当性的市场需求。只要其一的简单思维是不可取的，这种单一的线性思维在面临中国现实司法实践的拷问时，时常会陷入"失语""失效"的尴尬。这种巨大的张力恰恰说明应该从权重分配的视角或者组合存在的视野下分析司法判决的正当性来源。所以，有必要建立多元的"三位一体"的司法判决正当性来源：以合法性为基本架构和底线；以可接受性为高层价值追求；以权威性为司法建设目标。同时，按照"三位一体"的要求，必须谨慎地处理好合法性、可接受性与权威性三者之间的关系，在"三位一体"的司法判决正当性来源中实现不同来源的张力消解、融合与平衡，实现"三位一体"的相互配合和照应，避免单一化来源的力量薄弱缺陷，进而达至有机整体的状态。

当然，这个过程必定也是非常精细化的，合法性与可接受性之间、合法性与权威性之间、可接受性与权威性之间的关系如何处理，仍需要很多的细节关注，这必然要镶嵌于法治中国建设的具体实践当中来进行分析。相较于宏观抽象的一般意义上的分析，具体问题具体分析，也许更有力度。个案的展开就是其中的一条路径，这会在本书接下来的论述中有所涉及。

第五章

司法正义与社会正义的错位：类型、成因与启示

影响性刑事案件中，如果案件本身没有折射出更为严重的社会问题，民众对刑事司法的进程及处理结果的意见表达也不会特别强烈。

————徐光华

法官通过掌握一定的裁判技巧，遵循一定的司法方法论原则，可以在社会道德需求与依法裁判的职责之间获得一种平衡，使道德追求与法治精神得以相互兼容，由此产生的判决能够在社会道德共同体与法律共同体之中同时得到检验和接纳。

————秦策、夏锦文

司法治理既需要通过司法公正来积累社会的普遍性公正，也需要通过裁量公正来有效回应社会对实质性公正的普遍诉求。

————王国龙

司法供给与司法需求一直作为一对矛盾存在于司法领域当中，司法在个案当中会产出怎样的司法正义产品也一直是公众目光聚焦之地。在普通个案中，司法供给的司法正义与社会需求的社会正义基本上是处于契合的状态，既能彰显既有法律之规定，又能实现个案之正义；但是在热点疑难案件当中，几乎每年都有被民意围攻和施压改判的情形，我们好似从未走出过同构于"秋菊困惑"的迷雾，进而出现了司法

正义与社会正义二者之间的供需错位。① 司法正义与社会正义的错位或者脱节现象彻底打破了二者之间的平衡关系，已经将二者置于了一种冲突、不契合的境遇。虽然目光对此领域的聚焦（即暂时不考虑二者契合的局面）在一定程度上有放大此问题的嫌疑，但是也正是因为目光的聚焦而使得此问题得以凸显，从微观的视角更加精细化地加以考察。

即使我们不得不承认，热点疑难案例在所有案例中只占很小的比重，但是司空见惯的东西往往引不起公众的关注，只有那些具有可争议性以及疑难的案件才会进入公共视野。由于这种争议的可持续性，再加以一案未平一案又起的缘故，给予了社会公众一种热点疑难案件接连不断发生的"错觉"与印象，而司法判决又不断在民意的影响下发生改判的事实，继而对司法的公信力形成了连环式的冲击，而这股力量不可小觑。再者，热点疑难案件比重虽小，但其背后所映射出来的问题未必是小问题，相反，恰恰其可能指出了社会所存在的体制性、结构性问题，因为热点个案不仅囊括了法律问题、逻辑推理问题，还内含了道德、伦理、文化等各个维度的内容。在热点案件中，原本利益诉求高度分散化的公众形成了一致性、压迫性的民意。② 所以，有必要通过热点案件的错位类型分析，挖掘出其背后隐藏的问题根源。继而以一种正本清源的姿态或者实事求是的态度去迎接这些挑战，而不是处于一种无意识或者有意识的无所作为，哪怕最后结果是一种有意识的无能为力。

个案的司法，往往隐含着某种象征性的社会效应。③ 通过具体个案来透视当下社会结构性矛盾，促成社会治理，推进法治发展，已成为学术界和实务界研究的一种时尚，其既有解剖麻雀式的"个案法理学"，也有大数据样本下的"群案法理学"，前者可称为微观视角，后者可呼为

---

① 如果我们把目光聚焦于"山东聊城于欢案""天津大妈摆摊射击案""内蒙古农民王力军收玉米获罪案""广州许霆案""深圳售卖鹦鹉判刑案""邓玉娇案""挖蕙兰判刑案"等社会广泛关注的影响性诉讼案件，则会轻易地发现，公众对于这些司法判决颇有微词，尤其是一审司法判决一开始并未得到社会公众的认同。

② 参见冯辉.公共治理中的民粹倾向及其法治出路——以 PX 项目争议为样本[J].法学家，2015（2）：105.

③ 参见孙笑侠.司法的特性[M].北京：法律出版社，2016：174.

宏观视角,二者都有其优势和可取之处。但是,笔者在本章运用的是中观的视角,以主要问题为导向,以热点案例为例证,[①]在问题意识的引领下,从众多的热点案例中搜寻出与本主题有关的案例,继而以其集中反映的问题为线索,贯穿其中,分析阐释。具体到本章的选题而言,笔者以"司法正义与社会正义的错位"为问题导向,重点讨论的并非是以往学者讨论的——民意对司法产生的众多影响,而是将笔墨着重放在对"司法正义与社会正义错位"这一现象或命题进行反思上,然后以与此问题有关的热点案例为例证,试图寻求出二者错位背后的逻辑理路和社会根源,再进而从经验观察的基础上,尝试性地进行一些抽象化的理论总结,希冀对日后的司法裁判有所裨益,最终对社会的治理以及法律实务界的司法裁判提供可选择性的参考。

具体而言,本章主要集中在以下四个部分进行讨论:第一,在中国社会转型期,司法正义与社会正义之间的错位是正常现象还是法治危象;第二,司法正义和社会正义的错位有哪些类型化存在,影响二者错位的因素都有哪些;第三,如果二者之间的错位是一种正常现象,但其本身又存在一定的弊端,我们在今后的法治建设当中又该如何将其纳入,克服其消极的一面,进而推动司法正义与社会正义的良性互动。

第一节　司法正义与社会正义的错位:正常现象抑或法治危象?

如果要进一步精细化分析,必须要界定好基本的、重要的概念。何为司法正义?司法正义是指已进入到司法视野下的正义,而且这里的

---

① 既然以热点案例作为例证,必然会涉及热点案例的选取,许多案件(比如拆迁案件)虽进入到了公众的视野,甚至引发了激烈的讨论与反响,但是因其或者与司法无关(即非司法正义),或者没有出现司法正义与社会正义的错位而没有进入本章的讨论范围。选取案件的关键性因素有三个:一是案件是否是热点案件,引起广泛社会关注;二是案件中是否出现了司法正义与社会正义的错位;三是案件是否具有不同时间节点的代表性,选取的热点案件尽量具有能够被探寻出其背后的制度性和一般性意义的特点。

司法正义是指狭义的正义，即案件已进入法院，并且已经作出一审判决，至于其是否正在进行二审、是否正在进行再审以及是否通过众多方式之一已经结案则在所不问，因为只要法院作出了一审判决，那么我们思考司法正义与社会正义之关系就有了可以比照的样本。在这个意义上讲，司法正义很大程度上是通过一审的司法判决作为载体而得以表达的。当然，也有可能通过其他程序的裁判文书得以表达，但是就现实司法实践来看，最为核心的就是一审裁判。

何为社会正义？本章所讲社会正义是社会公众专门针对司法判决作出的一种主观表达，区别于非司法领域涉及的正义评价。[①] 但是又不得不承认的是，很多针对司法判决作出的主观评价往往具有现实社会的众多结构性因素支撑，在这个意义上讲，司法领域的社会正义与非司法领域的社会正义具有模糊的界限，但是这种社会正义的表达必须依托于具体的司法案件得以呈现，这点是毋庸置疑的，也是区分彼此最为明晰的界限。公众对司法判决进行评价时，最直观的表现就是公众判意，而社会正义是公众判意背后的支撑力量，所以司法正义和社会正义的错位也可以称为司法正义与公众判意的错位。[②] 社会正义因"社会"一词的丰富内涵而带有了某种社会变迁条件下的正义印记，其往往是以道德、情理、常理、生活经验等因素作为决策的依凭，日本学者滋贺秀三称其为"常识性的正义衡平感觉"，这种感觉虽不具有实定性，但是却起到潜移默化地引导作用。[③]

但是，社会正义不能简单地等同于网络舆情，其根植于一个民族的精神生活和风俗习惯，并且与一个社会的主流道德观念、是非观念、基

①　比如单纯对乙肝患者、女性、某地域人士在就业上的歧视，其就不属于本章所讲的社会正义。

②　其实学界对此称呼不同，有的学者将其称为司法供给与司法需求的矛盾、司法判决与社会认知的冲突或者司法判决与公众判意的矛盾等，但是这些语词都未凸显司法判决背后的司法正义和隐藏的社会正义，其只是从表面上表达了二者之间的矛盾，未从深层根源上挖掘出背后两种正义观的冲突。司法正义观与社会正义观才是司法判决、社会认知的背后根源，故笔者本章标题用的是司法正义和社会正义的错位。

③　参见[日]滋贺秀三. 中国法文化的考察——以诉讼的形态为素材[C]//王亚新，梁治平. 明清时期的民事审判与民间契约. 王亚新，等，译. 北京：法律出版社，1998：13.

本常识、传统情理等内容相契合,属于一个社会主体的共享经验。但是其也有直觉性的一面,尤其注重个案中的某些细节,比如,涉案主体身份(富二代、官二代、村霸)、作案手段(辱母杀人)等。目光仍不能跳出"有得必有失"的围城,因为这些细节性的东西往往在很多情况下使得公众忽略了其他要素,或者在一定程度上降低了对其余要素存在的内在评价。① 社会正义区别于个别意见的显著特点就在于其是一种社会性的主张,并且这种主张蕴含了普遍化的正当性诉求。当然,这种普遍化的正当性诉求存在识别问题,公众意见进入法官视野的前提性条件就是公众意见成为一种社会性的主张,即公众对这种主张具有一致性或大体一致性的认同。"简单地认为大众的就是世俗的、功利的肯定是过于偏颇的。"②事实上,社会正义比这要复杂和丰富,比如,社会正义的新型表达带有"脱域"③的色彩,其突破了时空的限制,可以在虚拟世界中肆意地集聚与表达。

从抽象意义上讲,社会正义先于司法正义而存在,其根植于道德直觉、文化传统、风俗习惯以及民族精神当中,社会正义通过具体司法个案才能加以具体化、情境化,所以从此语境上讲,司法正义又先于具体化的社会正义而存在。社会正义更加注重实质正义和结果正义,容易忽视程序正义,甚至对于二者冲突的地方不能给予理解。而司法正义在现代司法职业化、专业化的改革大潮中,越来越偏向于形式正义或者程序正义。(如表5-1所示)进而,社会正义与司法正义的错位主要表现在以下两个维度:第一,司法技术的正确性遭到质疑。这种技术可能表现在庭审程序的控制、事实的认定、法律的适用,也可能表现在定罪量刑的浮动空间等领域;第二,司法判决结果与公众的基本正义感知相冲突。这种冲突可能表现在法律与道德层面,也可能表现在法律与情理、常理等层面。

---

① 比如在"药家鑫案"伊始,当网上出现"官二代""富二代"等虚假信息时,社会公众的阶层怨恨愤然而起,呼吁死刑的声音也是穿云裂石,但是其忽略了药家鑫的"大学生""独生子"身份以及其父母最后的争求谅解、积极赔偿等细节。

② 孙笑侠. 司法的特性[M]. 北京:法律出版社,2016:258.

③ 参见王启梁. 网络时代的民意与法律应有之品性[J]. 法商研究,2009(4):9.

表 5-1　社会正义与司法正义对比表

正义类型	正义标准	正义主体	正义生成	正义属性	正义追求
司法正义	法律	法院、合议庭、审委会、法官	一审判决之后	理性色彩浓厚	形式正义、兼顾实质正义
社会正义	道德、习俗、习惯、传统、常理、常情	社会公众	司法判决作出之后	理性与非理性交织	实质正义

　　有点悲情的是，武侠小说中刀光剑影式的对峙、冲突在司法审判的剧场当中亦清晰可见，但经常出现并非一定是正常现象，亦可能是法治危象。那么，司法正义与社会正义之错位到底是一种正常现象还是一种法治危象？笔者认为是一种正常现象。之所以说司法正义与社会正义之间的错位是一种正常现象，主要基于以下两点考虑：

　　第一，二者之间的错位是建构法治秩序中很自然会出现的事件。在我们国家进行大规模法律移植之前，司法正义与社会正义基本保持了一种契合状态。在中国古代也几乎没有出现二者之间的错位，只有到了中国近代以来，特别是改革开放大规模制定法律以来，二者之间的错位现象开始凸显。在传统社会，韦伯（Max Weber）意义上的"卡迪司法"盛行，传统中国的司法虽带有强烈的东方经验主义色彩，而且在司法的能动方面也稍显过度，但是传统司法场域中的法官（父母官）与普通民众分享着共同的道德观念以及儒家的伦理道德话语体系，法官通过具体司法实践成为了儒家伦理的实践者和行动者，在践行、修复以及塑造传统儒家伦理的同时，回应和满足了普通民众的道德情感需求，从而使得传统司法在社会大众的心理上得到认同；[①]在陕甘宁边区司法实践中，"马锡五审判方式"盛行，"田间地头""群众路线""人民调解"等现象不断地得以呈现，纠纷也往往在吸取民众的情理、常理及意见基础之上得以衡平性的解决，进而具有很强的可接受性、地方性和人民性，

① 参见张恩典. 当代转型社会的司法公信力重建——以布迪厄"场域"理论为视角[J]. 河南财经政法大学学报，2016(6)：5.

司法正义与社会正义呈现出了一种融洽的局面；①而自改革开放以来，我们的法律制度建设快速地融入现代化的进程当中，大规模移植国外法律，而传统的观念却仍带有很大的演进惯性，进而出现了制度和观念的隔阂、移植正义与本土正义的不符、法律文化内部的结构冲突②以及演进理性和建构理性之间的冲突。

第二，司法政策中追求的"法律效果与社会效果的相统一"命题不仅是一个理想化的命题，也并非一个绝对化的命题。因为从应然上追求相统一，但未必在实然上能够做到尽然。我们一直在法治话语中强调二者相契合的境遇，却可能有意或者无意忽视了二者相冲突的时刻，而且后者之情形还经常充斥在当下的司法实践之中。

以上两点原因长期存在及其延续性特征，也就导致了司法正义与社会正义之间的错位也将存在很长时间。

其实，中国法治建设的进程就是法国学者布迪厄（Pierre Bourdieu）意义上的理性化的进程不断接近理想状态的过程，③在这个过程的开端，也即法治建设的初级阶段，司法正义与社会正义出现错位或脱节亦属于一种正常现象，二者因错位或脱节而造成的社会误解与司法抱怨亦在可接受范围之内，而这也恰恰说明了追求现代法治的过程并非是一路高歌，充满欢声笑语，其势必存在相应的代价作为成本。当司法正义不能满足社会正义的需求时，社会正义与司法正义二者就已经在错位的路上渐行渐远，久而久之，社会正义也许就会转而寻求其他权力（比如上访）来实现其诉求，而不再指望司法正义。二者的错位，造成了一种社会正义背后之诉求非司法化解决的尴尬状态，而且使得社会正义欲求实现的方式处于了不确定性的猜测之中，其可能是极端化的生命牺牲，亦可能是"拉横幅、大吵大闹"，也可能是法治化的欲求启动二审

---

① 参见侯欣一. 从司法为民到大众司法：陕甘宁边区大众化司法制度研究（1937—1949）［M］. 北京：生活·读书·新知三联书店，2020：249—257.

② 参见刘作翔. 法律文化理论［M］. 北京：商务印书馆，1999：210 以下.

③ 参见［法］布迪厄. 法律的力量——迈向司法场域的社会学［C］//《北大法律评论》编委会. 北大法律评论（第2卷第2辑）. 北京：法律出版社，2000：500—501.

或者再审程序,但是这种方向处于一种不可控的状态。

接下来,问题就是,如果二者的错位或脱节是一种正常现象,那么这些有损生命、自由、秩序的个体代价是我们可以承受的吗?以个体代价的牺牲激发整个社会甚或国家的法治化进程是否是正当的?而且,如果这些问题都一一解决,再接下来的难题就是,这些代价的付出是否是可以避免的?如果并非可以避免,那么我们又该如何将这种代价的牺牲减到最低?这些问题都需要我们先对司法正义和社会正义错位的类型及其背后的原因做一个梳理。

第二节 司法正义与社会正义错位的类型化存在

根据不同的标准可以将司法正义与社会正义之间的错位划分为不同的类型,虽然有些类型之间彼此是交叉关系,但是各自的侧重点却是不同的。下面分述之:

一、根据案件性质不同而作出的划分

根据案件的不同性质,可以划分为民商事案件错位、刑事案件错位、行政案件错位。[①] 其中刑事案件错位居多,其又可细化为罪与非罪的错位、此罪与彼罪的错位、量刑畸轻与量刑畸重的错位三种类型。[②] 从司法实践来看,大多数的司法正义与社会正义错位的案件也集中于刑事案件,那么为何大多数的案件集中于刑事领域?笔者认为至少有以下三个方面的原因:

[①] 比如,"南京彭宇案"所形成的错位就是民商事案件错位;"广州许霆案"所形成的错位就是刑事案件错位;重大环境污染和重大环保引进项目案件纠纷而引起的行政诉讼则涉及行政案件的错位。

[②] 比如,"内蒙古农民王力军收玉米获罪案"中的争议焦点就是罪与非罪;"胡斌杭州飙车案"中,关于胡斌到底是构成交通肇事罪还是以危险方法危害公共安全罪则成为当时社会公众的争议焦点;"山东聊城于欢案"中聚焦点之一就是量刑轻重的问题。

　　第一，不同性质案件的处理方式直接决定了不同案件的严肃性和利害相关性。民商事案件多数只是涉及赔偿的问题，很多案件也是以自愿调解作为结案方式；行政案件虽关涉到冲突点较高的官民关系的处理，但从司法实践来看，很多也是最终以私下调解或撤诉来结案。即使在作出判决的行政诉讼案件中，除却"拘留"涉及人身自由以外，其他也都不如刑事案件的人身自由限制，甚至生命的剥夺严重。刑事案件惩罚的严重性直接决定了社会公众的关注度以及自身利益代入感的强烈程度。

　　第二，在社会转型期，很多案件的民事性质和刑事性质处于了一种模糊的状态，这种模糊性增强了社会公众话语的可加入性和可讨论性，进而提高了案件本身的关注度。一旦法院作出的司法判决与公众话语不在一个领域，那么就极易出现司法正义与社会正义的错位。①

　　第三，检察院和法院在诉讼权力架构中的力量关系失衡起到了推波助澜的作用。在宪法的定位中，检察院是国家的法律监督机关，法院是审判机关，二者是中国国家机关的"两院"，分别行使检察权和审判权，理论上是分工合作关系，但是检察院还具有法律监督机关的地位，专门监督法院的运行，在职权和人员尚未发生转隶之前，握有处理渎职侵权、贪污贿赂案件的"尚方宝剑"，所以在日常的司法实践当中，检察院是以一种非常强势的姿态出现在审判当中，法院"反而成了刑事诉讼权力架构中的'弱势群体'"②。检察院提起公诉的定罪、量刑往往要求法院必须给予重视，甚或还存在一种潜在的权力反抗风险，再加以中国司法当前行政色彩浓厚，检察院对量刑畸轻畸重正义观的浅薄化理解，以及被害人家属可能上访的压力，最终造成法院往往考量诸方的要求，很多案件的判决成为一种"妥协性的判决"或者"留有余地的裁判"③，无罪假定变为了疑罪从轻，量刑也是一重再重，一旦判决公布，就引起

---

① 典型的案件就是"广州许霆案"，一开始很多学者以及社会公众认为许霆只是属于不当得利，但也有很多学者认为就是盗窃，这就在案件定性上产生了很大的分歧。此案最终的盗窃金融机构罪判决与"梁丽捡金案"的无罪判决形成了鲜明的对比。

② 李拥军．"亲亲相隐"与"大义灭亲"的博弈：亲属豁免权的中国面相［J］．中国法学，2014（6）：98．

③ 参见陈瑞华．法律人的思维方式［M］．北京：法律出版社，2011：69．

了社会公众的热烈讨论，甚或反对。①

二、根据法官内在评价不同而作出的划分

根据法官在作出判决时是否意识到其判决可能会引起巨大的社会反响，或者法官是否明显意识到其作出的裁判可能存在简单的形式主义问题，可以将其分为明知故判型的错位和无意判决型的错位。前者是法官在审判案件时，特别是面对一些难办案件或者复杂案件，法官明知道此类案件背后涉及的因素众多，却不愿意考量背后的具体情境或者刻意回避将来可能成为错案的风险，因此简单地、机械地适用法律。虽然这种形式化的法律适用表面上看来没有什么错误，但细细加以揣摩，则会发现其判决违背了常情、常理，往往得不到社会公众的司法认同，陷入一种教条化的司法克制主义陷阱，表征出了一种"消极审判"的姿态。一旦社会正义的声音出现，这类法官常常会以一种保守、防御的姿态去应对，常用的策略往往是死死抓住"法律形式主义"的说辞，有时也可能积极地寻求制度化的缝隙将案件推给其他个体法官或者法院整体。由此可见，正是因为法官选择的这种随意倾向，才导致了司法正义与社会正义的错位在一定程度上具有了偶然性，也许换个法官就不会如此裁判，只是在这个节点上，此个体法官作出了如此裁判而已。从目前整个司法所处的生态来看，这种偶然性占据的空间还难以衡量，但是很多的个案往往就是从法官的个人行为慢慢转变成为公共事件。②

后者与前者正好相反，其是一种"无意识"下的判决，虽然法官在裁判的过程中发挥了自身的主观能动性，但是其并未意识到此判决会在

---

① 疑罪从轻容易导致冤假错案，比如"内蒙古农民王力军收玉米获罪案"；关于量刑畸重的例子，比如"天价过路费案"一审判决无期徒刑，"广州许霆案"一审判决无期徒刑，"天津大妈摆摊射击案"一审判决三年六个月等。

② 在2009年的"天价过路费案"中，一审法官机械地适用法律，将逃费金额算成是368万，而盈利只有20多万，严重违背了常识、常理。因逃高速费而被判处无期徒刑也是绝无仅有，巨大的反差引起了社会公众的高度关注，个案逐步演化成公共事件。

将来的某个时刻得到社会的广泛关注,也并未付诸一种全方位周全的考虑。由于社会正义形成冲击力具有后发属性,法官个体在判案时根本没有料想到未来一段时间社会的反映状况,也未想象到公众意见的巨大反弹。[①] 如果法官意识到其裁判思考的整个过程处于一种简单化的状态,他可能会自动矫正这种未复杂化思考的方式,甚或制度化地寻求法律专业人士和非法律专业人士的协助,进而作出一个能够得到法律界和社会界都相对认可的司法判决。

可见,明知故判型错位是法官规避审判风险的一种策略性选择,但是这种策略性选择缺乏了应有的担当和责任,一旦这种策略性、逃避式的思考得以内部化,其对整个司法的塑造和建构都将是非常危险的;无意判决型错位或是由于社会经验、审判经验的缺乏,或是因为法官自身的知识性缺陷而造成的,这种无意的状态在公众社会正义的呼声下会很快觉醒,法官也会以一种积极主动的姿态去再次思考此判决的正当性,必要时刻,改判的概率很大。在这种情况下,当事人通过程序获得救济的可能空间也是非常大的。

三、根据引发错位的因素不同而作出的划分

引起司法正义和社会正义错位的因素有很多,其中最为根本的就是社会的结构性问题,其次是法官与社会公众思维方式的冲突,法律与道德、情理、常理的冲突,传统文明与现代法治文明的冲突,因此可以将其分为结构性错位类型、冲突性错位类型以及综合性错位类型[②]。

其一,结构性错位类型。司法正义和社会正义错位的背后往往隐

---

① 典型的案件就是"南京彭宇案"一审判决,法官以经验法则作为推理的依据,但是此经验法则只是此法官个体的经验法则,具有强烈的个体色彩,并不是社会公众认同的经验。

② 综合性错位类型是指兼具结构性错位类型和冲突性错位类型之特征的类型,典型的案例是"天津大妈摆摊射击案",表面上看是法律与常情、常理的冲突,实质上反映的却是立法体制以及执法体制的问题。下文笔者把结构性错位类型以及冲突性错位类型介绍后不再对综合性错位类型加以单独阐释。

含着一定的社会结构根源。①"影响性刑事案件中,如果案件本身没有折射出更为严重的社会问题,民众对刑事司法的进程及处理结果的意见表达也不会特别强烈。"②正是因为社会结构性问题的存在而使得现在的很多案件,社会公众已经从单一维权发展到对立法的合理性提出质疑,要求对立法或者司法解释的合法性、合理性进行审查,甚至是对法律制度提出了变革的诉求。③ 美国学者欧文·费斯(Owen Fiss)将其称为"结构性诉讼"(Structural Litigation),结构性诉讼的重心不在于传统诉讼中的一对一的个人,而在于并非可辨识个体集合的团体,这个团体在完全脱离诉讼的情况下,依然可以在诉讼中通过"代言人"来寻求他们的身份定位,并可能受到权益的隐性侵害。而且,"结构性诉讼"致力于根除现有的对于宪法价值的威胁,具有较强的公共性,其要求的是面向未来的结构性改革。④ 因此,如果把纠纷的解决看成是多个主体在司法场域中的关系对比,那么在"结构性诉讼"当中,"不在场"的关系往往超越"在场"的关系丛,因为此类案件背后涉及一系列的隐性人员或者机构,"不在场"的关系通过"在场"关系得以表达,其可动员的社会资源要更加丰富。

虽然这种法律制度化的改革或者社会结构性问题的解决诉求仍是以维权或者是免于处罚作为动力,但也正是因为这股动力的存在,与其说个案把推动法律制度的变革或者社会治理方式的完善作为目标,不

---

① 比如,"刘涌案"反映的是公众与黑社会组织之间的群体对立;农民工因讨薪而伤人杀人的一系列案件背后反映的则是农民工底层的生存样态以及农民工与发包方、包工头的非和谐关系;"吴英案"反映的则是民营企业融资难的问题。

② 徐光华.个案类型特征视阈下的刑事司法与民意——以 2005 年至 2014 年 130 个影响性刑事案件为研究范本[J].法律科学,2015(5):36.

③ 比如,在"天津大妈摆摊射击案"中,社会公众对 2008 年公安部发布的《公安机关涉案枪支弹药性能鉴定工作规定》的合理性提出了质疑;"深圳售卖鹦鹉判刑案"中,社会公众以及代理律师徐昕对最高人民法院的司法解释《关于审理破坏野生动物资源刑事案件具体应用法律若干问题的解释》的合法性提出了疑问。前者可参见杨建军.法律的系统性危机与司法难题的化解——从赵春华案谈起[J].东方法学,2017(3):94—100.后者可参见徐昕."卖 2 只鹦鹉获刑 5 年"的无罪辩护思路[EB/OL].(2017-5-6)[2017-6-30].http://www.sohu.com/a/138758771_164794.

④ 参见[美]欧文·费斯.如法所能[M].师帅,译.北京:中国政法大学出版社,2008:22—36.

如说在个案中因为权益的维护动力触动了法律制度变革或者完善社会治理方式的启动装置。换言之,正因为个案中夹杂着案中人或者案外人、机构的相关利益,其才会动员一切个人资源或者社会力量去取得诉讼的胜利,进而弥补自身损失或者获得人身自由以正其身。不管是促进法律制度的良性发展还是助推社会治理方式的善性治理,其虽是个案的附带性产品,也并非一开始的结果预期,但是这些附带性的产品因令世人惊讶而获得了标志性的赞誉。① 而这种标志性赞誉也往往意味着相关社会结构性问题得到某种程度的解决。

其二,冲突性错位类型。冲突性错位主要是指各种因素存在冲突而导致社会正义与司法正义的错位,根据这些具体因素的不同又可细化为思考标准冲突型、法律与道德(情理、常理)冲突型、官(权贵)民冲突型、传统与现代冲突型四种类型。

1. 思考标准冲突型。思考标准冲突型是指社会公众思考的复杂因素与法官思考的单一因素下的双重标准之间的冲突。首先,司法正义与社会正义错位的背后蕴含的是司法知识与社会知识的脱节,中国在由礼俗社会向法理型社会的转型以及法治中国快速、高效的建设下,司法知识与社会知识之间的关系由传统社会"礼法合一"模式的亲密无间,走向"礼法分离"模式下的渐行渐远。这种知识的脱节继而引发了法官思维方式、思考标准的变化。法官主要以法律作为单一因素考量而形成司法正义,其面临着社会大众主要以道德、风俗习惯、情理、常识等多因素下的社会正义的冲击,进而致使社会正义以一种多面孔的样态应对司法正义的单一面孔,难免会出现不匹配、供求关系不契合的境遇。

其次,法治是一种以法律简约应对社会复杂的艺术。法治的这种

---

① 比如,在"孙志刚案"的推动下,国务院废止了《城市流浪乞讨人员收容遣送办法》,重新制定了《城市生活无着的流浪乞讨人员救助管理办法》,因此"孙志刚案"也被打上了推动违宪审查的标志性赞誉;在一系列夫妻债务共同承担的案件中,很多的当事人无故背负巨额债务,广受诟病。最高人民法院鉴于此,在 2017 年 2 月 28 日发布了《最高人民法院关于适用〈中华人民共和国婚姻法〉若干问题的解释(二)的补充规定》,进一步解决了夫妻债务的承担问题,也被打上了促进裁判标准统一化的标志性赞誉。

简约极大地提高了治理的可操作性和纯粹性，但是其在应对复杂的时候，却亦会面对复杂对简约的追问与反思。这种简约往往忽视所应对的复杂情境因素，在一定程度上用逻辑的世界代替了鲜活、生动的现实世界。

再次，司法正义代表的是一种职业化的思维，而社会正义是一种典型的实质思维。职业化思维形成的是形式法治思维，偏重于根据法律的思考，着重于形式理性和程序正义；而后者倾向于依据情理等世俗因素的思考，目光聚焦于实质正义。如果这两种思维处于一种单一的状态，或者处于比重失调的状态，则会出现孙笑侠教授所描述的"规则与事实的不对称"①现象，这种不对称导致了规则至上主义与结果导向主义，其分别代表了目前司法审判领域共存的两种风格。虽然事实证明，这种纯粹单一式的审判风格依然存在，但是大多数法官还是遵从法条主义的引导从事审判实践。有时又会面临着如下情境：合理性与正当性领域里的形式正义与实质正义存在的二元结构性矛盾，迫使法官在司法过程与裁判结果之间进行艰难地权衡与徘徊，却难以两全其美。② 甚至有学者得出了稍微夸张一点的结论，但是也指明了这个道理：在有些案件中，无论法官怎样裁判，都不会取得最好的法律效果与社会效果。③

2. 法律与道德（情理、常理）冲突型。法律与道德（情理、常理）之间的冲突可以用合法不合理或者合理不合法来予以表达，同时，造成二者之间冲突的原因也是多样化的。第一，立法不科学引发的法律本身的系统性缺陷。在立法阶段，很多的社会公众诉求并未进入立法者的视野，或者立法者已经注意到，但是由于立法资源的有限性或者其他条件的限制，未得到正式制度的支持与承认。因此，这就为司法落实国家的法秩序埋下了危险的种子，立法的问题延续到了司法领域，使得各种

---

① 参见孙笑侠. 基于规则与事实的司法哲学范畴[J]. 中国社会科学，2016(7)：126.

② 参见方乐. 转型中国司法知识的理论与诠释[M]. 北京：人民出版社，2013：331.

③ 参见王启梁. 法律世界观紊乱时代的司法、民意和政治——以李昌奎案为中心[J]. 法学家，2012(3)：10.

矛盾凸显于司法,实则是立法不科学。"从立法科学走向司法公正""从立法中心主义走向司法中心主义"的命题是否成立? 良法善治之良法前提是否已经形成? 其实,社会主义法律体系已经形成并非代表着法律体系的全部科学化,乐观地转向司法中心主义也只能部分地解决立法不科学的问题。

第二,司法职业化、专业化改革带来了法官对社会生活以及普通大众的高冷与疏离,现代司法职业化、专业化改革使得法官更加注重以技术理性为基础的裁判方法运用,进而追求的是程序正义优先的正义,而不是实质正义优先的正义。[①] 再加以司法责任风险的成本考量,法官往往在形式正义与实质正义出现冲突时,以保守的面孔呈现出形式正义的司法判决产品,而忽视了社会大众的真正诉求,缺乏了对诉讼中当事人的伦理关怀以及对经验理性的关切。这样一来,法官只是在自身责任承担与利益获得的衡量中注入太多的精力,而忘却甚或摒弃了司法判决的可接受性,从而加剧了"法官—公众""法律世界—生活世界"之间的隔阂与对立。

第三,由于法学教育的知识分流弊端导致法官司法知识结构中法律知识与非法律知识比重严重失调,[②]法律知识几乎占据主导地位,而常识、常理、情理、生活经验等社会综合知识匮乏,进而容易引发法律与道德的结构性对峙。[③] 司法知识结构的严重不合理决定了法官思考的法律标准是封闭型决策模式,这种路径依赖下的思考方式虽具有专业

[①] 正如有学者所提到的:"某些时候,毫不奇怪的,法律人当然就会与社会民众在一些基本判断上产生根本的分歧;这并不在于社会大众的无知——社会大众并不一定比法官缺乏智慧或智识,只是二者看问题的视角和出发点不同了。当然,这也并不是法律人的主观臆断、恣意司法,倒恰恰是职业所需,专业所迫。"参见方乐.法官判决的知识基础[J].法律科学,2009(1):12.

[②] 请注意,笔者在此不是否定整个法学教育,而是强调在现代社会分工日益精细化的背景下,法学教育所教授的知识也越来越专业化和职业化,有一种脱离日常生活知识和社会经验的倾向。比如,我们的法学教育都在精研法律条文,却忽视了事实的认定知识,因为提供给学生的案例中的事实都是既定的,而不是学生自己根据现有的证据推理出来的。而事实的认定知识却往往又与日常生活经验、常识、情理息息相关,从而导致法科学生毕业之后,走上工作岗位,条文如数家珍,但是在认定事实的时候却显得捉襟见肘。

[③] 参见方乐.转型中国司法知识的理论与诠释[M].北京:人民出版社,2013:242.

性、思考范围的单一性、纯粹性以及价值无涉等属性,在现代金融、知识产权等案件中审判优势明显,但是在一些与生活经验、常识、情理、风俗习惯相关的案件中,法官的此知识结构并非具有科学性与可适性,并且脱离了社会公众的日常生活知识,往往是法律知识弱化甚或排挤了非法律知识的空间,从而不自觉地生成一些忽视本土资源、反常识的荒唐、荒谬,甚或违背司法良知的判决。①

3. 官(权贵)民冲突型。② 这种冲突体现出了当下中国社会存在的权贵阶层与普通大众之间以及由于贫富分化而引起的"富二代"与普通大众之间的矛盾。这种冲突凸显了社会正义直觉性的一面,在这种境遇下,"舆论特别关注当事人具体的身份,对当事人的性别、阶层、亲属以及社会关系网络等个人信息抱有强烈的探寻欲望,并对事件的发生总是倾向于从身份信息上去寻找答案,并对任何司法判决都赋予身份解释的意义"。③ 这种倾向其实从实质上讲,还是社会结构性的问题,官民之间存在矛盾往往是由于官员并未实现自身的服务宗旨,民众对于政府的期待并未达到其最初的要求;各个阶层之间的关系恶化是由收入差距的拉大、贫富分化的愈益严重造成的。要想解决二者之间的冲突,必须要考量到其背后的社会根源。

4. 传统与现代冲突型。④ 传统与现代的冲突主要是指传统礼俗文

---

① 想想"天津大妈摆摊射击案"一审判决、"山东聊城于欢案"一审判决、"广州许霆案"一审判决、"天价过路费案"一审判决就一清二楚。参见刘艳红. 司法无良知"抑或"刑法无底线"？——以"摆摊打气球案"入刑为视角的分析[J]. 东南大学学报(哲学社会科学版),2017(1)：75—84.

② 典型的案件有"我爸是李刚案""邓玉娇案""温州官员开房记录曝光自杀案",以及一系列的"宝马车交通肇事案"。

③ 周安平. 涉诉舆论的面相与本相：十大经典案例分析[J]. 中国法学,2013(1)：162.

④ 其中最为典型的就是"内蒙古农民王力军收玉米获罪案",它表现的是现代法治商业文明与传统农业文明之间的冲突,具体案情参见内蒙古"玉米案"：长达十余年的"农民无证收粮算违法"成为历史[EB/OL]. (2017-2-17)[2017-6-27]. http://news.xinhuanet.com/legal/2017-02/17/c_1120486221.htm. 除此之外,典型的案例是"杨风申老人(非遗传承人)自制烟花获刑案",它表现的是现代法治秩序与传统民俗习惯的冲突,具体参见79岁非遗传承人制古火烟花获刑4年半——焦急等待二审[N]. 浔阳晚报,2017-6-30(A15).

明与现代法治文明之间的冲突，①也可以称其为现代制度和传统观念之间的隔阂。中国正从一个礼俗社会转向韦伯(Max Weber)意义上的法理型社会，但是在这个过程中，一边是延续传统的法律意识，一边是法律移植而来的新法律制度，法律建构理性和法律意识的演进理性进而很自然地就出现了冲突。特别是在基层社会治理及乡土司法中，我们在面临"费孝通难题"②的同时，由于二者之间存在冲突，我们还遭遇着历时性问题共时性解决的难题，即我们不仅要突破二者之间冲突、错位的困境，还要预防、消解法律建构理性未来面临之可能风险。

第三节　司法正义与社会正义错位的成因

系列个案作为一个触点，透视出了司法正义与社会正义的错位。通过系列个案我们得以对其加以具体化地审视，使得二者之间的错位生动地得以呈现，并且能够对影响二者之间关系的因素加以逐一探讨。除却在第二节中提到的社会结构性根源、法院与检察院现实诉讼力量关系的失衡、法官的策略性选择、思考标准的二元化、法学教育的缺陷、职业化改革的弊端、法律本身的系统性缺陷等因素外，③还有以下原因造成了司法正义和社会正义的错位。

其一，公众对司法存有过多期待与司法自身回应能力不足的矛盾。

---

① 张恒山教授为了更好地理解中国正在发生的变化，引入了一个新的概念——文明转型，其认为现代社会就是处在一个农耕文明向工商文明的文明转型期。参见张恒山. 论文明转型期——文明与文明类型[J]. 人民论坛，2010(32)：19—21.

② 侯猛教授从法人类学的角度将费孝通先生所讲的转型难题归纳为"费孝通难题"，即在礼俗社会到法理型社会的转型过程中，以权利为基础的法治秩序对以伦理为基础的礼治秩序产生了冲击，以至于破坏了礼治秩序，但是法治秩序的好处还未彰显，破坏礼治秩序的弊病却已显现。参见费孝通. 乡土中国　生育制度[M]. 北京：北京大学出版社，1998：58. 侯猛. 权利观念的中国化——从民族国家选择到社区伦理挑战[J]. 法律科学，2011(5)：3.

③ 其实，笔者在第二节基于类型化思考的便利，对其背后的原因进行了部分分析，在第三节，笔者在第二节原因分析的基础上又给予了进一步的延伸阐释。但是第二节中，最重要的还是对于司法正义与社会正义之错位类型的归纳总结。

这个矛盾又可以称为司法供给有限主义与司法需求无限主义之间的矛盾，法律效果与社会效果之间的矛盾，纠纷解决与案结事了之间的矛盾。一方面，由于具有大陆法系属性以及政法化的司法体制，使得中国司法难以全面性地承受社会正义的诉求，司法供给的司法判决产品也难以完全达至社会正义的高标准要求。因为社会正义不仅具有民众朴素正义观得到司法正义印证的维权诉求，而且随着社会的变迁与转型，社会正义越来越多地承载了制度变革的诉求，①诉求指向由一般维权转向了制度改革。并且，这一诉求的多重叠加使得原本能力有限的司法正义更是"雪上加霜"，从而进一步拉大了司法正义与社会正义之间的距离。另一方面，"但是时过境迁，不仅纠纷与裁判所在的整个社会结构与文化—情境都发生了巨大的变化；而且无论是法官所拥有的制度空间和社会资源，还是司法知识及其形态，在当下中国的司法里这些条件都已不再存在"。② 而"以往将法律问题转换为道德问题的外部语境与内在机制在今天、在某种程度上也是受到了阻滞"。③ 在这种双重原因的冲击之下，司法在面对社会正义的诉求时明显有点"心有余而力不足"。④

其二，媒体对于案件裁剪下一定程度事实的重构逻辑扩大了司法正义与社会正义之间的"二歧鸿沟"。媒体的裁剪化报道和失真式叙述以加入主观判断的方式将案件中的当事人塑造成某种形象，比如"广州许霆案"中的"官商"与"平民"，"邓玉娇案"中的"酷吏"与"烈女"，"药家鑫案"中的"官二代"与"村妇"，"山东聊城于欢案"中的"黄世仁"与"杨

---

① 比如，"孙志刚案"中民众对收容教养制度的评价；"唐慧案"中民众对劳动教养制度的批判；"吴英案"中民众对民间借贷制度的反思；"天津大妈摆摊射击案"中民众对枪支认定制度合理性的追问等。
② 方乐.转型中国司法知识的理论与诠释[M].北京：人民出版社，2013：316.
③ 方乐.转型中国司法知识的理论与诠释[M].北京：人民出版社，2013：317.
④ 有学者提到，引起司法供给与司法需求二者之间矛盾的重要原因是司法领域的资源或者利益分配不均衡，其中又可分为当事人和法院或法官之间的不均衡以及法院内部分配的不均衡。参见方乐.司法供给侧改革与需求侧管理——从司法的供需结构切入[J].法制与社会发展，2017(5)：40—52.

白劳",①都相对生动地、具体地对涉案人员的形象给予了定格,甚至上升为某种"符号化"的阶层归属,但是这种定格裹挟了某种偏见,在偏见的指引以及传统文化记忆的推动下,形成一股民愤、民怨之气,进而容易引发一种非理性的、非规范的诉求表达,体现出了社会正义直觉性的一面和非理性的表征。② 除此之外,由于媒体的助推,往往把个别案件引入公众视野而转变为公共事件,而且,某些关键性人物通过媒体把信息曝光,进而使得民众盲目信从。这些关键性人物可能是案件的当事人,也可能是知晓案情的案外人,更可能是社会公知或者意见领袖,正是因为他们身份的特殊性(比如某些著名公共知识分子),才使得民众对他们免去了身份识别的程序,直接以高额度的信用姿态去分享此类个体或者群体通过媒体释放的信息,而这类信息在媒体传播的过程中一旦失真,民众极易处于事实不清、是非不分、善恶不明的状态。

其三,公众法律理性和道义理性交替使用下的双重逻辑应对策略。关于民众对司法裁判的评价方式,有很多学者将民众的思考方式叫作非理性的思考,但是这种叫法是不全面的,因为很多的民众思考恰恰是非常理性的。比如,在"广州许霆案"中,民众就会想到,如果自己哪一天面临了相仿的场景,而又禁不住诱惑,也做了如此这般的举动,那如果法院判无期徒刑就太严重了。"个人是自身利益最好的法官,因此也是自身利益的最好代言人。"③中国的民众时而愤慨至极,时而悲悯之心泛滥,乍一看,觉得这种现象是非理性之表征,但是仔细揣摩,即可发现,不管是对"李昌奎案"适用死刑的高呼,还是对"山东聊城于欢案"防卫杀人的同情,都表现出了公众基本的常识运用和正义的感知能力。如此看来,民众在这些案件中不但不是非理性的思考,反而是精打细算

---

① 参见马长山. 公共领域的兴起与法治变革[M]. 北京:人民出版社,2016:133—154.
② 有学者将传媒与司法的偏差概括为"创意词汇胜于法言法语""视听冲击胜于说理明辩""知识先占胜于法律灌输""形象塑造胜于规则论证""情感宣泄大于理性分析""叙述策略胜于理性诉求"六个层面。参见栗峥. 传媒与司法的偏差——以 2009 十大影响性诉讼案例为例[J]. 政法论坛,2010(5):107—109.
③ [美]欧文·费斯. 如法所能[M]. 师帅,译. 北京:中国政法大学出版社,2008:22.

式的考量。公众在面对公开的司法判决时,会以一种"理性人"的立场进行身份代入,①将自身角色化,假设其本人遭遇如此情境时,该如何行动。一旦假设情境下的选择与案件中的当事人选择一致,那么极易失去客观的坚定立场,转而寻求能够支撑此选择的各种话语资源,甚至积极开拓此类群体范围以达到抱团取暖、产生轰动效应的结果,进而发出本群体的声音,以便汇集成"民意"。在此过程中,这类群体的资源选择往往是有倾向性的,利其本身则选之,反之则置之不理。公众无限制地用道德标准判定后果,却选择性地寻求法律依据。并没有一以贯之地采用一种逻辑,而是哪种对自己有利就采用哪种逻辑,但是法官审判案件只会采用一种逻辑——法律理性。所以,可以将当事人或者社会公众的这种双重逻辑应对策略称为混合型评价,既囊括了规范性的评价,也掺杂了非规范性的评价,也正是这种进路的复合性使得案件本身得以进一步发酵,公众话语得以嵌入。

其四,舆论下的民意幻象。司法正义与社会正义的错位有时是以一种真实的面貌得以呈现,而有时则是以一种假象或者幻象而呈现。这种假象源于我们对社会正义的幻想,错把少数人的网络舆论当成了民意,当成了可普遍化的、充满正当性的社会正义。特别是在互联网信息时代,"网络民意并不一定就是真实的民意,传媒本身也可以塑造民意"。② 在人人都可以成为大喇叭的格局之下,低成本的案件可接近性以及负责任的低概率化,导致身份的识别以及群体的多数或者少数极其难以确定,而且还存在为少数人操纵的嫌疑,这些因素的存在其实在很大程度上增加了我们识别社会正义之基本诉求的成本。正如有学者所论述的:"个案所展示的图景形象能够激发他们的想象和幻觉,他们把个案中展示出来的图景作为思维的材料依据。"③"当为数足够多的

① 这种代入感往往是由于两种因素引发的:一是因身份地位相似而引起的感同身受下的惺惺相惜;二是价值观共鸣下的主动簇拥。而这种代入感又会引申出更多的同情、理解与宽容,进而呼吁轻缓判决,或者引发恐惧、憎恨与愤懑,呼吁严惩重判。
② 陈柏峰.法治热点案件讨论中的传媒角色——以"药家鑫案"为例[J].法商研究,2011(4):58.
③ 孙笑侠.司法的特性[M].北京:法律出版社,2016:181.

人都吵闹着要求保护他们的既有地位的时候,它便会被视作是一个'社会问题',但是值得我们注意的是,它之所以变成了一个严重的社会问题,主要是因为这种要求在'社会正义'的幌子下能够激起公众的同情。"①

第四节　司法正义与社会正义错位的启示

司法正义与社会正义作为两种共存的正义类型,二者之间的错位或者脱节在属于一种正常现象的前提下,通过透视二者错位的类型化存在与影响二者错位生成的多元因素,以及背后可能存在的风险,我们可以得出如下启示:

第一,如果"弥合法律与社会的差距是法官的核心任务"②,且法官具有所在职位的主体性,那么我们又遇到了一个前提性的问题:法官在任何案件中都有必要去弥合二者之间的错位吗?以色列学者巴拉克这样阐释道:"这是否意味着只要存在这种差距法官就应当弥合之?如果是这样,我就会支持运用绝对的司法能动主义以实现这一职责。但是我并不认为是这样的。我支持渐进的法律变革……我讨论了通过稳定性实现变革的需要;我强调了根据制度的一般框架、规范一致性、有机体的生长、自然发展、连续性与一致性进行变革的重要性。我注意到,当法官弥合法律与不断变化的社会现实的差距时,他必须考虑制度的约束,包括改革的偶发性、他可能获得的不完全的信息以及缺乏足够的法律工具……这些因素得出的结论是:法官通过部分能动、部分克制可以最好地弥合法律与社会的差距。完全的能动主义或完全的克制不仅不可能,也是不可取的"。③ 由此可见,在弥合的问题上,巴拉克持有两

---

① ［英］哈耶克.法律、立法与自由(第二、三卷)［M］.邓正来,译.北京:中国大百科全书出版社,2000:163.

② ［以］巴拉克.民主国家的法官［M］.毕洪海,译.北京:法律出版社,2011:253.

③ ［以］巴拉克.民主国家的法官［M］.毕洪海,译.北京:法律出版社,2011:253、254.

种立场:一是并非所有的社会问题或罅隙都需要得到司法的回应以及弥合,只能适用于部分情形;二是持有一种折中的立场,这种立场既非一味提倡司法能动主义,也非法条主义者一贯坚持的司法克制主义,而是部分司法能动、部分司法克制混杂起来的"复合型司法立场"。这种立场并非适用于司法的任何场域,而是适用于预设司法正义与社会正义可能错位的案件当中。

　　对于前一种立场,特别是结构性错位类型尤其适用。在结构性诉讼中,法官必须要关注广泛的社会现实条件,以及民众诉求背后的制度化改革,而不是仅仅局限于孤立的个体行为过错,特别是要意识到"判决是对社会价值加以界定的社会过程",司法裁判是赋予公共价值确定的意义承担。[①] 但是,中国司法又面临一个新的困境:司法的孱弱造成其推进制度化改革时的苍白无力。中国的基层、中级甚或高级人民法院在面临"通过司法引领社会制度发展"命题时是捉襟见肘的,不可承受之重已经满足不了"结构性诉讼"中的结构性改革诉求。所以,不管是从现有的司法体制、司法现实出发,还是从未来司法的良性发展而言,树立一种"司法有限主义"理念是必要的,而且是紧迫的,也是对现实的必要妥协。即司法正义对于社会正义的回应并非都能一一满足,而是有条件地、选择性地、力所能及地回应。[②] 当这种理念传达给社会公众,民众对司法的过分期待可能会减少,转而呼吁政治体制和司法体制的改革,司法本身也许会获得一种"同情式"的理解。当然,树立一种

① 参见[美]欧文·费斯.如法所能[M].师帅,译.北京:中国政法大学出版社,2008:3.

② 正如孙笑侠教授所讲,司法功能的实现首先是法理功能,其次才是社会功能,通过法理功能实现社会功能是最佳模式,但是司法的法理功能未必能实现社会功能,守住司法的法理功能底线,而不能强求社会功能,此可谓司法有限主义。再者,请读者注意,笔者虽然承认了欧文·费斯教授主张的结构性诉讼和结构性改革诉求,但是并不认同欧文·费斯教授主张的"通过法官来承担起重构官僚组织的责任"以及"通过禁令的方式来实现社会的结构性改革",因为这种思考是以美国的宪法性诉讼和三权分立的政治体制作为基点,并不符合中国的国情,但是欧文·费斯教授提出的结构性诉讼模型和结构性改革诉求仍对分析中国的热点案例具有较大的借鉴意义。参见孙笑侠.论司法多元功能的逻辑关系——兼论司法功能有限主义[J].清华法学,2016(6):5—21.[美]欧文·费斯.如法所能[M].师帅,译.北京:中国政法大学出版社,2008:序言.

司法有限主义的观念并非等同于对社会结构性问题的忽视,法院可以通过司法建议的方式,将其本身的社会建设性思考反馈于相关部门,促成社会结构性问题的解决。① 同时,我们也意识到回应社会正义的最佳途径并非止步于司法正义的个案回应,而是突破个案的内在局限,透视出个案所承载的制度诉求,通过立法、司法、执法等多元化的渠道,解决背后隐藏的结构性、制度化问题。

对于后一种立场,难题则是如何实现这种特定场域下的"复合型司法立场"。笔者认为总体思路是:走向兼容模式,打造司法判决的复合化生产。在热点案件当中,我们需要解决道德、情理、常理等因素加入司法判决的考量范围之内,而又不面临合法性的质疑困境。道德如何进入司法判决,涉及道德进入司法判决的具体形态以及方式。为此,我们应该走向一种"法律—道德"的兼容模式,从技术和伦理的双重维度促成司法正义和社会正义的契合。② 这种兼容模式对法官内含了两个基本叠加义务:

1. 适度的而非绝对的司法义务。适度的司法义务区别于绝对的司法义务,并非无条件依法裁判,而是在既有法律为某个案件的裁判无法提供指引或者与道德标准发生冲突时,法官在此时有义务在一定程度上发展、补充既有法律,以弥合冲突,既要考虑个案之正义,又要不能随意地偏离法律。③

2. 适度司法义务观基础上的论证义务。依据现有审判规则,道德虽然不能直接作为判决的决定性依据,但是道德可以成为支撑法律的可论证资源,因此,法官在遵守适度司法义务观的基础上,要在判决理由部分完成道德的论证义务,即司法裁判虽根据法律作出,但是其要得到道德话语的支持,至少是理解,从而增强司法裁判的可接受性。司法裁判实质上是对各种法内因素与法外因素给予平衡的艺术,法内因素

---

① 关于司法建议的实证考察可参见郑智航. 司法建议制度设计的认识偏差及校正——以法院参与社会管理创新为背景[J]. 法学,2015(2):63—75.
② 参见贺小荣. 司法判决与社会认同[J]. 法制资讯,2008(4):52.
③ 参见孙海波. 司法义务理论之构造[J]. 清华法学,2017(3):171.

需要在道德、情理、常理等法外因素中获得可接受性基础上的正当性；而法外因素又必须在法内因素中找到其规则、原则的支撑，获得具有合法性基础上的正当性。单纯的法律规则虽然可以独立作为判案的依据，但是其只有在法律论证的过程中纳入道德、情理、常理等资源，才会使得判决结论更具有说服力；而单一的道德、情理、常理等法外因素虽不可作为判案的决定性因素，但是其可以作为一种辅助性的论证资源，证成法律的合理性以及司法判决的可接受性，通过司法判决论证资源的多样性与丰富性，①提升司法判决的说服力，消解公众对于案件的前见印象，以及说服公众放弃业已形成的"内心判决"，转而认同司法正义下的司法判决。可见，纯粹的法律实证主义与纯粹的"道德司法"或者"无法司法"都是不可取的，所以，"法官通过掌握一定的裁判技巧，遵循一定的司法方法论原则，可以在社会道德需求与依法裁判的职责之间获得一种平衡，使道德追求与法治精神得以相互兼容，由此产生的判决能够在社会道德共同体与法律共同体之中同时得到检验和接纳"。②

　　第二，"虽然在实践中司法机构更倾向于把'司法为民'理解为在司法过程中实施一些便民、利民措施，但这一理念的核心仍然在于强调司法与人民群众总体利益及公众主导性社会愿望的契合。"③在中国，公众判意常常和政治正确联系在一起，公众的意见常常隐性代表着政治上的正确，而司法又必须讲求政治效果下的政治正确，所以在中国的司法运行中，司法判决最终都会或明或暗地接近公众判意或者社会正义，特别是在热点案件或者影响性诉讼当中，各种力量的博弈结果最终以法律技术的外包装得以呈现，即使这个过程充满各种法律方法以及法

---

① 比如，美国批判主义法学的代表人物昂格尔(Roberto Mangabeira Unger)提出从形式主义(Formalism)转向目的论法律推理(Purposive Legal Reasoning)，即在司法裁判的过程中除了单一法律标准之外，还要考虑政策、社会效果、伦理道德等因素，以增强判决的可接受性。参见[美]昂格尔. 现代社会中的法律[M]. 吴玉章，周汉华，译. 南京：译林出版社，2001：188—189. 孙笑侠，熊静波. 判决与民意——兼比较考察中美法官如何对待民意[J]. 政法论坛，2005(5)：53—54.

② 秦策，夏锦文. 司法的道德性与法律方法[J]. 法学研究，2011(4)：42.

③ 顾培东. 公众判意的法理解析——对许霆案的延伸思考[J]. 中国法学，2008(4)：170.

律策略的运用。但是，我们必须予以明晰的是，公众判意本身不会直接对司法产生太大的影响，对司法起到直接影响的是在公众判意舆论场压力下发挥隐性作用的掌权者。公众判意影响法官判案的关键要害或者中间启动装置是某种影响性制度空间的存在，[①]这种存在往往会把某种法外资源（常常表现为道德资源、政治资源）化作判决的"隐性正当性"依据，进而嵌入随后的司法裁判当中。

第三，司法机关对于个案的态度与立场直接体现了其对某类案件的处理倾向以及对此类案件所映射格局的定格，这种定格同时也面临着社会评价的反思与追问，但是实践表明，民意作为一种大众话语的表达，在追求个案之解决时，往往倾向的是实体正义，几乎不考虑司法判决对将来的整体示范作用和法律程序本身的意义。[②] 可见，司法正义与社会正义要想呈现良性发展，必须遵循以下逻辑：司法正义在保持自身内在逻辑连贯性的前提下才会对社会正义具有一定的引领作用，同时，社会正义对司法正义形成了相应的制约，二者最为理想的互动状态就是司法裁判过程中司法正义对社会正义的考量和判决作出之后社会正义对司法正义的评价，考量之后可以吸收，评价之余可以纠正，但是这种吸收和纠正都是经过充分议论之后的慎重举动。

也正由于二者之间的此种关系，使得二者处于相对"亲近"的状态，不会因一方走得太远而失去另一方支持下的正当性。当然，在重大案件以及社会热点案件当中，很多学者以及法律职业群体在心中正义感与法律知识本能的驱使以及各种功利主义的诱惑下会主动去质疑案件的判决结果。再加以各种媒体的渲染与传播，在此境遇下，这本身在很大程度上促使了案件的进一步发酵，引起更多群体的围观，舆论场的漩涡越做越大。这种社会不同群体的关注又会倒逼司法机关以及有关的部门不得不迫于舆论场的压力启动相关的程序或者推出新闻发言人等分散社会压力的举措，直至舆论场的消散。这样一来一去，反而在社会

---

① 比如司法内部的类科层组织而导致的司法行政化。
② 参见周国兴. 审判如何回应民意——基于卢埃林情景感理论的考察[J]. 法商研究，2013（3）：3.

中形成了一种德国系统论法学代表人物图依布纳（Gunther Teubner）意义上的"反思合理性"，将一种法的解释、逻辑封闭系统变为一种日常的逻辑和议论系统。① 这也因此而表明，仅仅涉及当事人等利益群体的法律议论或者法律交涉是远远不够的，必须将司法判决等司法产品的评价引入更多的评价标准与因子，让更多的无关群体进入评价空间当中来，进而发挥社会的力量，促成一种博弈状态下的有机平衡与稳步推进，逐步走向司法的公共理性。②

　　第四，一方面，司法正义对社会正义的回应代表了二者之间的亲近与互动，但是这种亲近与互动并不是以无原则的妥协作为代价，法院应有一种自主与自觉，意识到判决本身亦有塑造新的价值观、法治观的作用。法官在作出司法判决时也应有一定的主导意识和塑造理念，去引导和塑造社会公众的法律意识随时代变迁而发生标准的变化。其并不是一直处于被动的接受地位，被社会的效果、公众的传统正义观所支配。通过司法正义适当引领社会正义可以促进法治话语的建构进程，为社会参与法治建设奠定思想基础以及提升对话的可能性。只有法律职业者与社会公众有了大体相似的司法知识结构与司法共识前提，两个群体围绕法治而展开的讨论才会是高效的、易得出成果的，也进而容易得到双方的接受与认可。另一方面，我们也要认识到，社会正义虽具有演进理性的优势，但是其对于司法正义的制约作用也具有一定的限度，因为司法正义背后具有国家强制力以及专业化知识的支撑，而且社会正义在一定程度上也面临着内部分歧所产生的解构力。

　　第五，司法正义与社会正义的错位虽是法律与社会的张力体现，但其背后也在一定程度上透视出依法独立行使审判权与公众监督权的紧张关系。法官依法独立行使职权动力不足与当前司法激励机制相对缺乏存在二元悖论。在互联网时代，媒体对于案件的裁剪式报道以及吸引眼球式的传播方式，在一定程度上加重了法律系统信任的危机。但

---

① 参见季卫东.法治秩序的建构[M].北京：商务印书馆，2015：20—21.
② 关于司法的公共理性，参见吴英姿.司法的公共理性：超越政治理性与技艺理性[J].中国法学，2013(3)：62—73.

是另一方面，也正因为媒体的存在，扩展了法治文化的传播渠道，增强了案件的可接受性，拉近了公众与司法之间的距离，从而助推了公众与司法的透明性互动，体现出了司法正义的一面，塑造了司法为民的形象。也正是因为处在双重影响以及多元价值混杂表达的时代格局中，我们也更有了反思法律、司法与社会互动关系的自觉性。如果把视野聚焦于司法审判领域，就可轻而易举地观察到司法正式制度与非正式制度之间存在竞争关系。正式制度对非正式制度存在排斥的同时，非正式制度又会在正式制度的夹缝中找到生存的空间，从而将一些社会资源纳入纠纷解决的过程当中，最终以法律产品的包装形式呈现出来。此呈现过程，亦即法官吸收、衡量、处理法律知识与非法律知识，形成某种稳定传统而又讲求一定策略的过程。在现代化的司法剧场下，这场竞争往往不是以正式制度或者非正式制度的单方胜出而告终，而是以双方的妥协、兼容而暂缓二者之间的张力。换言之，正式制度出现非正式化，而非正式制度出现正式化，并且这种竞争还会继续延续。

下篇

通过司法的社会治理
之个案展开

第六章
案中隐性社会结构对司法裁判的影响及其调和*

　　事实上，即使今天，司法制度的基础动力主要还是人们的复仇本能，如果受害人或其亲人没有复仇意识，司法审判就很难启动，司法程序——即使有——也会完全不同。

——苏力

　　现代社会对暴力的独占能够实现人的自我强制，促进束缚个人的行动链条和人与人之间相互依赖的增长，以及促进法律与规范的持久控制和法律秩序建立的普遍性。

——[德]诺贝特·埃利亚斯

　　在逻辑形式的背后，存在对于相互竞争的立法理由的相对价值和重要意义的判断，通常是一种无以言表且毫无意识的判断，这是实际存在的，然而却是整个诉讼程序的根源和命脉之所在。

——[美]奥利弗·温德尔·霍姆斯

第一节　"张扣扣案"引发的思考

　　在最高人民法院的死刑核准下，张扣扣于 2019 年 7 月 17 日被执

*　本文与张鹭博士合著，原文发表于《甘肃政法学院学报》2020 年第 2 期，部分修改后收录于本书，已获得授权，在此表示感谢。

行死刑。至此,此案从法律程序上得以终止,但是学界关于此案所涉及的诸项问题之讨论却从未停止过。张扣扣之母案(以下简称张母案)的公正性、"张扣扣案"的有效辩护、复仇的诱发性因素、复仇文化的演变、量刑的影响因素、罪行极其严重的定性、死刑的废除之争、司法救助与司法鉴定的启动、基层社会治理的现代化等问题统统囊括其中。如果仅仅从"书本上的法(Law in Books)"来看,此案也许乏善可陈。但是法律案件从来都不是单纯的法律逻辑推理,而是与一个社会的具体结构密切联结在一起的。不同的时代,对于类似案件的处理也是存在差异的。这不仅因为随着社会的变迁,法律随之改变,更在于法律结构和社会结构之间的历时性紧张关系。尽管,立法者在立法时尽力嵌入社会,竭尽缩小所立之法与社会存在之间的隔阂,但是由于智识、资源等各种有限的客观现实,二者之间的罅隙总会显现。当立法过程一旦完成,继而弥补二者之间鸿沟的使命就转移到了适用法律的司法者身上,正如以色列前最高法院院长巴拉克法官所讲的那样,法官应承担弥合社会与法律之间缝隙的职责,在变革与维持现状的需求之间作出适当的平衡。[①] 美国学者欧文·费斯(Owen Fiss)也提到,法官通过法律将公共理性具体化,其作用在于测度立法权威所确立的价值和现实生活之间的差距,从而找到弥补两者罅隙的方法。[②] 所以,司法者对于案件的办理也从来不可能只是(至少不完全是)简单地遵从"法条主义"的安排,而不考量司法裁判结果的社会效应,即使裁判文书并未明显地指明这一点。

美国行为主义法学派代表人物唐纳德·布莱克(Donald Black)也曾指出,每个案件的审理除了关涉到显性的法律规范结构外,还涉及不同的社会结构,社会结构是案件本身所固有的特征,特别是社会关系和地位的复杂结构,而这些社会结构都可能会影响到整个案件最终的处理结果。[③] 但是,其将案件社会结构的范围定义得过于狭窄,仅仅包含

---

① 参见[以]巴拉克.民主国家的法官[M].毕洪海,译.北京:法律出版社,2011:15—29.
② 参见[美]欧文·费斯.如法所能[M].师帅,译.北京:中国政法大学出版社,2008:序言1.
③ 参见[美]唐·布莱克.社会学视野中的司法[M].郭星华,译.北京:法律出版社,2002:2—12.

了互为对手的双方、双方的各自支持者或反对者、介入裁判的第三方等主体,主要是以"人"作为主体而呈现出来的。布莱克借助科学工具进行定量分析,严格区分事实研究和价值研究,这种纯粹的理性主义方法论和极端的实证主义排除了文化、历史和人性等规范分析的要素。① 其实,在中国转型期的社会结构语境下,其内容要远远比这丰富,不仅呈现出以"人"作为主体而显示出的社会资本与经济资本的悬殊结构,而且表征出以文化、习惯、政策、道德、民意等非以"人"之主体面貌而呈现的多元社会结构,甚至多元社会结构之间彼此相连,牵一发而动全身。相对于正式、明示的法律制度而言,很多社会结构是非正式的、隐性存在的,其相对于法律制度在案件中发挥作用的方式也更加隐蔽,在法律中的地位也不明显,甚至是缺位的。所以,我们可以把前者称呼为显性法律结构,而把后者唤作隐性社会结构。隐性社会结构和显性法律结构的根本不同在于二者存在的状态、稳定性状以及是否经过法定程序得以制定或认可。前者是多元存在的,后者则是一元存在的;前者是不稳定的、易变化的,后者则是稳定的、不轻易改变的;前者是非正式的、非制度化的,不具有强制力的;后者是正式的、制度化的,具有强制力的。

　　具体到"张扣扣案",其作为典型的复仇型个案,具有丰富的隐性社会结构,进而可以成为分析隐性社会结构与显性法律结构、司法裁判互动的鲜活样本。由此,笔者将布莱克原旨意义上案件的社会结构作扩张式理解,将多元社会结构纳入,经过文献资料的综述以及案件争议的焦点梳理,从中抽离出复仇文化下的共情效应作为综合的隐性社会结构。将其与作为显性法律结构的私力公权化了的制度性惩罚进行对比,在凸显二者存在冲突的问题意识下,尝试找寻出隐性社会结构对于司法裁判的可能影响限度及其原因,最终试图通过诉源治理、多元共治、观念形塑等弥合方式来调和隐性社会结构与显性法律结构、司法裁判之间的冲

---

① 参见侯瑞雪. 整合进路中的发展策略:伯克利学派的理论纲领——兼评《转变中的法律与社会:迈向回应型法》[J]. 河北法学,2006(10):9.

突,希冀实现司法与社会的融洽相处,彰显法治之权威,促进基层社会治理的法治化、现代化,从而推进法治社会的建设以及现代社会的转型。

第二节 "张扣扣案"的隐性社会结构:
复仇文化下的共情效应

形象地说,私暴力复仇其实就是法律实践上的"返祖"现象。因为私力复仇观念不像现代许多法律制度一样移植于国外,而是内生于中华传统儒家文化的血脉之中,从"杀父之仇,不共戴天"开始,这种复仇的观念就同构于民族之"活的记忆",深深地烙印在社会公众的文化基因当中,绵延至今,甚至在一定程度上具有了独立于制度层面的观念形态。在外界因素的刺激下,也会外化于实际行动。具体到"张扣扣案",首先,就社会心态而言,张母案的各种情节(被打情形、死时惨状与解剖场景)可能让其堆积了很大的怨恨和隐蔽化的羞耻感、侮辱感;就其生活、工作经历和性格而言,这种怨恨与羞耻感、侮辱感很可能只是一种内向化积累,经历愈久,愈加强化。其次,由于社会层级的严重分化以及结构性流动的弱化,当个体失去社会支持而陷入与社会相脱节的境地时,相对剥夺感和仇恨情绪就会持续增加,宣泄与报复就很可能成为其极端的抗争方式。① 为母复仇的种子早已在张扣扣的内心生根发芽,而个体发展的不顺畅、社会嵌入的边缘化等个体因素和社会因素也必然加剧了张扣扣的复仇动机和行动进程。再加以地缘性(邻居)和熟人社会(碰面)的刺激,进而由一种想象性复仇转化为实际的复仇行动。

其实,复仇背后隐藏的是复仇者与社会公众的主观世界,以及他们所生活的当下社会的文化氛围。同时,复仇有着强烈的人性基础、社会因素和文化延续特征。因为人性因素的存在才使得复仇行动如此持

---

① 参见施鑫.社会抗争理论视域下中国仇恨犯罪的治理研究[D].长春:吉林大学博士学位论文,2018:9.

久,至今几乎从未中断过;因为社会因素的存在,复仇的案例情节才会如此丰富多变;①因为文化因素的存在,复仇的正当性具有了自然延续的一面,也在一定程度上减弱了证成其行为合理性的论证义务。由于这种诉求是儒家道德伦理所推崇的义举,②具有很强的伦理正当性和共享性,所以很容易获致社会公众的认同。也因此可以说,复仇文化可谓是一种沿袭的道德权利诉求。道德权利是由一定的道德体系所赋予人们的、并通过道德手段(主要是道德评价和社会舆论的力量)加以保障的实行某些道德行为的权利。③ 道德权利同人类的基本生活状态和生存观念息息相关,深深嵌入人类的社会文化情境当中。道德观念的历史发展研究表明,道德命令的主要渊源并不能从个人的自律理性中得到发现,伦理体系得以建立是源于有组织的群体希望创造社会生活之起码条件的强烈愿望。④ 而一旦这种道德权利体系建立起来,那么其很快就会成为社群的基本经验以及共同体道德感的组成部分,继而成为个人可以借此而产生的合理期待。⑤ "张扣扣案"所引发的蕴藏于共同记忆中的"为母复仇"文化,为其行为的正当性提供了传统道德权利上的资源支撑,进而道德上复仇的可理解性、可宽容性衍生出了社会公众对于其刑罚上的轻刑化诉求。

同时,因为"张扣扣案"的触发,复仇文化的道德权利诉求继而引发了底层社会在共情效应下的特定叙事方式。底层社会在中国舆论场中是一个敏感而特殊的群体,底层叙事则构成了网络舆论的中国特色,其往往通过话语的不同叙述方式来加以表达,修辞策略是善用弱者天然正义作为武器,认为弱者天生值得同情,这种话语的表达实质上是一种

---

① 参见苏力. 复仇与法律——以《赵氏孤儿》为例[J]. 法学研究,2005(1):54.
② 参见蒋楠楠. 法律与伦理之间:传统中国复仇行为的正当性及限度[J]. 法学评论,2018 (4):64.
③ 参见程立显. 试论道德权利[J]. 哲学研究,1984(8):31.
④ 参见[美]博登海默. 法理学:法律哲学与法律方法[M]. 邓正来,译. 北京:中国政法大学出版社,1999:373.
⑤ 参见[美]罗科斯·庞德. 通过法律的社会控制[M]. 沈宗灵,译. 北京:商务印书馆,2010: 52—53.

隐性的反抗,所以,同时也是中国风险社会的来源。① 底层社会作为一个因为利益捆绑或者价值趋同而形成的抽象组织,其对于复仇文化的积极性表达可以提供一种"公共参考框架(Public Frames of Reference)",这种公共参考框架的建立可以将此类群体所形成的"意义"带入,以争取达成更多人的认同性加入,最终形成关于"复仇正义"的基本雏形。除却文化传统的延续,复仇文化的"底层正义感"就是如此嵌入并且使得复仇话语得以传播的。总体而言,这种"底层正义感"的共情效应主要彰显在对张扣扣的侠义英雄话语叙事和张母案的身份型解释进路之中。

具体来讲,社会公众通过纳入"母题"的伦理刺激性叙事框架,②着重强调身份对立的"主题元素"③或强弱结构,激活了复仇文化的共情效应,凸显了纠纷双方的矛盾。当一个处于社会弱势阶层的当事人和一个处于社会强势阶层的当事人打官司时,如果判决结果对于强势一方有利,那么舆论往往倾向于猜测强势者的身份主导了司法的走向。④ 在张母案中,一家农村普通村民和一家有人当官(王氏大儿子)的家族发生命案诉讼,而且在社会公众依照传统惩罚观念认为被告人(王氏小儿子)刑罚轻缓,随后给予减刑和假释,提前释放,坐牢时间不长,经济赔偿太少,连个道歉都没有的情形下,⑤舆论场中的社会公众更

---

① 参见陈龙.民粹化思维与网络空间底层叙事的天然正义性话语修辞[J].社会科学,2018(10):166—167.

② 参见陈龙.纳入母题框架叙事:一种网络传播的修辞策略[J].西北师大学报(社会科学版),2018(5):30—36.

③ 参见孙笑侠.司法的政治力学——民众、媒体、为政者、当事人与司法官的关系分析[J].中国法学,2011(2):58.

④ 参见周安平.涉诉舆论的面相与本相:十大经典案例分析[J].中国法学,2013(1):162.白建军.中国民众刑法偏好研究[J].中国社会科学,2017(1):145—146.

⑤ 实际上在张母案中,法院根据被告人王正军在犯罪时尚未满十八周岁,且能坦白认罪,其父已代为支付死者巨额丧葬费用,加之被害人汪秀萍对引发本案在起因上有一定过错责任,故对被告人从轻处罚,最终判决7年有期徒刑。人民法院根据被告人王正军系在校学生,又未成年,且家庭经济困难属实,确无力全额赔偿,故可酌情予以赔偿9639.3元,又由于王正军的监护人王自新已支付丧葬费8139.3元,所以实际上到张氏家族手中的现金只有1500元。司法机关根据我国1979年《刑法》第七十八条第一款、第二款之规 (转下页)

会质疑当事人身份的悬殊在这其中对司法公正所产生的隐性影响,随之将案件演变为了两个阶层的对立。社会公众在此基础上进一步发挥想象力,试图把张扣扣之复仇行为与传统戏剧、文学作品中的复仇人物、侠义形象进行勾连。[①] 甚至以一种共情的代入感,将自己与以上角色进行互换,随着相应身临其境下情感认同、身份认同感知的产生,[②]进而压缩、模糊了现实世界与作品创造的差异、传统礼俗社会与现代法治社会的代沟,将本案撕开了巨大的缺口,为母复仇、反抗权贵、官民冲突等直觉性、泛道德化的权利诉求随之进入。由于现实世界受到各种制度的约束,虚拟的舆论场便成了每位民众"行侠仗义""替天行道"的正义江湖场。包括当事人在内的社会群体把以往对司法不公、司法腐败等公权力滥用的怨言、压抑感受以及司法公信力一直存在的"塔西佗陷阱"直接归属、汇聚、添附到了此案当中,通过意义放大凸显了案件的"制度性悲剧",并且就此展开了正义与否的集体无意识想象。经过多元因素的汇合,最终意在化作撬动"免张扣扣一死"这一阿基米德式的支点。

事实上,如果由"张扣扣案"来透视整个社会结构的话,就会发现,传统复仇文化影响下的朴素正义观依然在当下潜移默化地影响着人们的行为。此案中的司法诉求和复仇文化氛围下的共情效应具有一定范围的社会普遍性,并非局限于单一案件、少数群体中,而作为一种具有一定普遍化的隐性社会结构很可能会直接或者间接地通过影响政治权

(接上页)定和第八十一条之规定,分别给予被告人减刑 1 年 6 个月和假释的裁定。2000 年 8 月 18 日王正军被予以释放,实际服刑 3 年 11 个月 20 天。参见南郑县人民法院(1996)南刑初字第 142 号刑事附带民事判决书、西安市中级人民法院(1999)西刑二执字第 787 号刑事裁定书、西安市中级人民法院(2000)西刑二执字第 984 号刑事裁定书;张扣扣谈复仇:这些年如果他们道歉,或许也不会发生杀人悲剧[EB/OL]. (2019-4-14) [2019-8-5]. http://k. sina. com. cn/article_6746731489_19222f3e100100g1zy. html? from=news.

① 其实,复仇故事不仅仅出现在《水浒传》《长安十二时辰》《赵氏孤儿》《史记》等中国传统社会体裁的戏剧、文学、历史作品中,而且呈现在了《安提戈涅》《哈姆雷特》《荷马史诗》等西方神话文学、历史作品中,这些作品成为了人类反观自身、表达人性的基本方式之一。

② 参见杨玲. 体验经济与网络文学研究的范式转型[J]. 文艺研究,2013(12):26—27.

力的运作而对司法裁判产生某种潜在影响。①

第三节 私力公权化了的制度性惩罚与
私暴力复仇的冲突

复仇不仅作为一种文化传统,也作为一种传统习惯,随着社会的变迁,尤其是现代法治国家的建构,而逐步走向制度化的规训。同时,其制度化呈现的过程,也必然发生着民间习惯、传统记忆与国家法的相互形塑,在认知的改变下,私暴力复仇向公力救济中心主义的转变过程也就成为了一个在国家推动和民间自觉之合力下完成的重大工程。进而在现代社会逐步分化出私暴力复仇和制度性惩罚的二元类型:一种是作为道德权利诉求的复仇,一种是以正式制度形式呈现的复仇。前者的正当性依然停留于传统伦理性层面,而后者则是得到了正式制度的支撑和国家强制力的保障。只有在制度性惩罚的统合下,其惩罚行为才不仅具备了伦理上的正当性,而且具备了法律上的正当性。这时的惩罚不再是一种私力救济,而是变为了一种私力公权化②下的公力救济。在私转公的过程中,公民权利救济的内在结构发生了巨大的变化。公力救济否定的是私力救济状态中,以权利人的个人意志为导向的权利实现方式,并且以委托—代理的形式从抽象的意义上证明了它的合理存在。③

---

① 关于媒体通过政治权力中介对司法裁判产生影响的内在机理分析,参见伍德志. 冲突、迎合与默契:对传媒与司法关系的再审视[J]. 交大法学,2016(4):80—96.另外,有学者通过访谈法官的方式,也进一步证实了网络舆情对于司法裁判的可能影响。参见张悦. 网络舆论压力下的司法系统舆情应对研究[J]. 广西民族大学学报(哲学社会科学版),2019(1):198—204.

② 私力公权化是由日本学者穗积陈重提出,私力公权化包含了两个维度:一是惩罚权的国家垄断;二是私人行使惩罚权需要法定的授权。参见[日]穗积陈重. 复仇与法律[M]. 曾玉婷、魏磊杰,译. 北京:中国法制出版社,2013:2—24.

③ 参见贺海仁. 从私力救济到公力救济——权利救济的现代性话语[J]. 法商研究,2004(1):37.

　　但是，其实复仇的本质并没有发生变化，都是为了受到伤害之人的权益得到维护，加害之人得到应有的报应，只是方式发生了替换。不管是秋菊所讲的"讨个说法"，还是现代社会当事人所诉求的"司法正义"，其实都可以视作复仇的另外一种面孔罢了。这时，复仇观念其实出现了泛化的现象，复仇已经不限于个体私暴力行使而获得"心中的正义"，而是逐步扩大为了通过各种正式制度和非正式制度来实现心中预期的正义，其中诉讼制度则成为了重中之重的"复仇渠道"。换言之，复仇不再是其发生学意义上的原始血腥暴力样态，而是演变为了一种依托于制度主张诉求的价值吸收与功能替代，甚至可以说复仇已经被法律制度或司法制度所结构化，从而实现了复仇形式的社会变迁——从私暴力复仇转变为制度性惩罚。这种复仇方式的国家化又在一定程度上推动了社会问题的司法化，从而实现了司法场域和生活场域的程序化对接，而非个体与个体之间的暴力对抗和血腥相见。由于社会问题的司法化，那么复仇的私力形式也就变为了公力的刑罚执行。正如苏力教授所言："事实上，即使今天，司法制度的基础动力主要还是人们的复仇本能，如果受害人或其亲人没有复仇意识，司法审判就很难启动，司法程序——即使有——也会完全不同。"①

　　虽然私暴力复仇和制度性惩罚都具有一定的威慑力，但这并非意味着二者之间不存在价值欲求上的位阶，其实，制度化的惩罚已经在现代法治话语中处于优位状态，其中之一的表现则是二者的非兼容性。这种优位来自于制度性惩罚代表着一种新秩序的形成，这种新秩序不仅造就了社会的更有序状态，而且体现了国家对于个体公民以更低成本维护权益的人文关怀和安全义务。私人复仇行为的无序性很容易对社会秩序造成冲击，甚至威胁国家的正常治理。所以，国家将个人暴力的行使权统一收回，实现了暴力的垄断局面，转而通过合法暴力的行使来维护社会秩序，继而纠纷解决就具有了很强的国家主义立场。在现代法律结构中，私暴力的行使必须得到国家意志的明确授权才是合法

---

① 苏力.复仇与法律——以《赵氏孤儿》为例[J].法学研究,2005(1):53.

的,最为明显的就是正当防卫和紧急避险。其实,现代法治的发展不仅使得私人复仇的权力收归国家,实现刑罚权的国家垄断,而且通过罪刑法定、罪责刑相适应等刑法原则和内容,完成了制度性惩罚的标准设定,换言之,复仇的标准不再是道德的多元标准,而是变为了法律规范性的单一标准。这种权力主体的转移和复仇标准的重构虽然契合了法治中国建设的内在需要,但是其同时也使得道德诉求和法治要求之间的罅隙得以进一步凸显。

在中国传统社会,由于法制以及司法力量的不健全,再加以孝义文化的动力机制,国家允许有限度的私力复仇,可以在一定程度上弥补"司法公审"力量的缺陷,凝聚整个家族的和谐团结。这时,复仇不仅是一种生存的权利,而且更是相对于家族以"孝"为核心表现而存在的伦理性义务,甚至义务的属性色彩明显超过了权利意识,因为家族利益要高于个人利益,如果没有履行复仇义务,可能还会面临着各种方式的惩罚。① 但是随着国家司法主义的崛起,对复仇文化的规制则进一步表达出了礼法、忠孝、君权与父权之间激烈冲突的一面。② 特别是新中国成立以来,随着西方法律的移植,在正式制度层面,维护家族利益的法律制度消失殆尽,家族利益高于个人利益的正当性结构也就不复存在,进而法律对于复仇几乎是持有了一种完全否定的态度。③ 梁治平先生将此称呼为"国法"取代"家法"的过程。④ 如果把私暴力复仇的抗争方式看作是传统复仇文化的一种延续,那么其明显表达出复仇文化与现代法律的内在规定是背道而驰的。但是从伦理观念上讲,"为母复仇"这种类似意识形态的东西却未完全消除,甚至在社会上具有很大的潜

---

① 最为经典的就是笔伐、社会舆论非议,严重的会被社会隔离、放逐。比如,《公羊传》中就提到:"君弑,臣不讨贼,非臣也;不复仇,非子也。"参见十三经注疏[G]. 北京:中华书局,1980:2210.

② 参见张玉光. 儒家孝义思想对传统中国国家司法主义的影响——以"复仇"制度为论域的思考[J]. 西南政法大学学报,2004(5):22—25.

③ 参见李勤通. 中国法律中罪观念的变迁及其对当代刑法实践的影响[J]. 法制与社会发展,2019(3):136.

④ 参见梁治平. 法意与人情[M]. 北京:中国法制出版社,2004:70.

在认同空间。只是绝大部分社会公众慑于法律的强制性惩罚而没有运用私暴力来达至复仇的目的。这就揭示出私暴力复仇与制度性惩罚背后存在的一个悖论：代表国家意志的显性法律结构和个体对于私暴力复仇的态度是存在差异的，前者几乎是持完全否定的一元态度，而个体由于礼俗秩序与法治秩序依据的不同，对于复仇的态度则是二元化的，既有伦理上的认同，又有国法上的禁止意识。所以，我们在解决纠纷时就会面临着传统伦理性复仇观念的历史延续性和纠纷解决标准之法治框架的当下性之间的困境。

　　这种困境集中体现在两种叙事话语的建构上。在"张扣扣案"中，传统媒体的官方态度与新媒体的民间舆论、专家学者的精英观念与社会公众的朴素正义形成了鲜明的对比，前者强调法治精神、禁止私暴力复仇，而后者则倡议"为母复仇"的伦理正当性。两个公共领域舆论场的形成，虽然不是整齐划一的观念表达，但是双方的各自市场都有巨大的人群支撑。同时，也就此塑造了两种不同的叙述方式：一种是法律所规制的"犯罪嫌疑人"形象，一种是民间话语所建构的"侠义英雄"形象。前者是主流法治话语下的形象塑造，而后者则是传统复仇伦理文化的因素促成。但是，法治话语的建构往往是一种更真实、更务实、更良性的理性展示，而"侠义英雄"的民间叙事往往是一种更戏剧性、更神话性、更伦理性的感性参与。两种话语之间存在一定的对抗性张力。

　　因为诉求主体往往以道德权利为核心思考标准，其追求之正义具有很强的一般性、高标准性和完美性；而以现行法律结构为依托的公力救济所实现之正义则具有浓厚的个案情境性、普通标准性和程序或证据的瑕疵性。换言之，当事人之正义追求与公力救济实现之正义很可能会处于错位的状态。司法供需错位往往是由于司法需求过剩或者司法有限主义而造成的，而司法需求过剩与司法有限主义的冲突又集中表现为供需错位。由于受到显性法律结构的约束，司法有限主义的一个表现就是司法法定主义，司法作为公权机关，其所有的职权必须要经过法律的授权。在司法一端处于稳定不变的前提下，那么引起供需错位的只能是司法需求过剩。如果运用结构主义的话语来加以理解就是,结构对于人类的行动具有促成和制约的双重作用,一方面其是人类能动性的促成因素,另外一方面其又是人类行动的限制性结构。① 换言之,当前司法公力救济的结构性存在具有双重性质,其一方面由于公力结构的强制力而具有了很强的保障性色彩,促进了维权行动的进程;但是又由于其结构的固定性、制约性,而造成了其在进行权利救济时的非灵活性缺陷。这种制度供给与需求的偏差最终使得司法正义与社会正义难以达到完满契合的状态,但是社会公众往往意识不到或有意忽视其中的缘由。

如果以现代法治框架为参考标准,那么这种司法供需错位对于法律结构来讲,就是诉讼本身的固有缺陷或"原罪",也是我们选择司法解决纠纷时必然要承受的一定代价。但是对于当事人来说,则可能意味着司法制度的失效。这种失效并不是原旨意义上制度本身的局限造成的,而是当事人以及社会公众在司法输出之产品没有达到其预期效果时,对司法没有充分认知和理解情境下的一种自我推定。这种认为制度失效的假定则可能会将私力救济作为替代品。事实上,也正是这种公力救济之利益调整功能的限制,在一定程度上成为了张扣扣私暴力复仇的刺激性因素。但是,最为尴尬或棘手的是,在复仇者或潜在支持私暴力复仇者看来,这种失效的推定标准不是以显性法律结构为准,而是以隐性社会结构为据。

第四节　隐性社会结构对司法裁判的影响及其限度

虽然,只有在特定的司法知识条件下,法理话语才能有效展开并发挥作用。② 但是即使当事人具备了司法知识的前提条件,其也有可能故意策略性地抛弃或者遮蔽对其不利的法律话语,而是转身寻求对其

---

① 参见[英]安东尼·吉登斯.社会学方法的新规则[M].田佑中,刘江涛,译.北京:社会科学文献出版社,2003:278.
② 参见苏力.司法制度的合成理论[J].清华法学,2007(1):16—17.

诉求有利的其他话语。正是因为法官和民众所共享的司法知识存在很大的错位,从而在一定程度上促使了包括情理、道德、文化等在内的非正式社会规则成为了争夺的司法资源,并由此来证明自身诉求的合法性和合理性,进而期待获取一种符合自身利益(减轻或者免除责任)的司法产品。[①] 换言之,现代社会的诉讼不是一个简单地服从秩序的公共活动,而是一种经营秩序的竞争行为,这在热点争议案件当中尤其明显。"张扣扣案"所引发的蕴藏于共同记忆中的"为母复仇"文化,虽然为其行为提供了一定的传统道德权利诉求上的正当性。但是这种传统上的内生型道德权利与外生型的现代法治观念之间已经出现了严重的不契合状态。法官可能会努力试图在传统观念与现代制度之间、民众诉求与法律规则之间找到可以互相转化的契机或开放结构,但也可能会作出相反的否定性努力。

那么这种隐性社会结构到底对司法裁判会产生何种影响? 总体而言,隐性社会结构可以在案件之规范与事实的等置匹配过程中,对案件事实的认定、法律的适用、量刑的裁量等维度发挥着潜移默化的作用。[②] 当显性法律结构,尤其是刑法结构与案件事实匹配度较高的情形下,隐性社会结构的介入空间就会大大缩减,特别是在定罪部分,如果犯罪构造认定不具有开放性,那么隐性社会结构在犯罪构成中的影响力度就会微乎其微,这在"张扣扣案"中体现得淋漓尽致。不管是公诉机关,还是社会公众,甚至是代表张扣扣利益维护者的辩护律师,都几乎认定了张扣扣的故意杀人罪。但是这并不意味着,隐性社会结构不能从量刑维度进入,从而影响司法裁判的量刑结果,也并不代表着法官在实际的裁判中不会将复仇文化所引发的共情效应视作裁量空间的影响因素。隐性社会结构可以通过死刑案件的法律开放结构来加以影响,具体而言,就是影响对"犯罪情节特别恶劣""罪行极其严重"及"如果不是必须立即执行"等刑法相关死刑条文规定的一般意义解读,以及

---

① 参见方乐. 转型中国司法知识的理论与诠释[M]. 北京:人民出版社,2013:326.
② 参见孙树光. 行政犯裁判结构的功能性研究——以法律结构与社会结构互动机制为视角[J]. 政治与法律,2019(6):40—46.

具体案件事实中的内容建构。^① 只有将具体隐性社会结构纳入考量，才能真正最终决定"犯罪情节特别恶劣""罪行极其严重"及"如果不是必须立即执行"等内容的语境化法律意义。在"张扣扣案"中，法律结构对于张扣扣之复仇的态度和社会公众对其态度存在一定的紧张关系，这种紧张关系尤其体现在死刑立即执行的是否适用上。其实，这也是张扣扣之律师进行辩护的基本进路和策略选择。^② 辩护律师在扩大辩护场域的基础上，将辩护的司法场域延展到了庭外社会场域，试图通过复仇的文化符号得到社会公众的共情，将案件事件化来改变司法场域中的力量结构，然后再通过"公众判意"这一中间装置来作用于司法场域中的法官裁决。从现实的效果来看，正如前文所述，两步走战略中的第一步已经实现了，张扣扣得到了很多社会公众的同情和惋惜，复仇文化下的共情效应甚至呼吁免除死刑，但是第二步在面对显性法律结构以及司法系统的考量时，其影响力度依然是有限的。

就"张扣扣案"之定罪和量刑的最终裁决结果来看，隐性社会结构对于定罪的改变并未产生作用，但是对于量刑方面可能存在两种情况：一是隐性社会结构的介入并未产生影响；二是隐性社会结构的介入对量刑裁量产生了影响，但是即使对其从轻处罚，在司法者自由裁量之后，其对量刑所带来的影响力度依然并未改变适用死刑立即执行的决定。之所以会出现这种影响格局，一般而言，取决于隐性社会结构、显性法律结构以及司法系统的基本属性与稳定状态。具体而言，大体有如下四点原因，其中第一点原因整体诠释了关于隐性社会结构对定罪

---

① 参见张心向.死刑案件裁判中非刑法规范因素考量[J].中外法学，2012(5)：1021—1045.

② "张扣扣案"发生后，两位辩护律师从专业辩护和情理辩护的双重策略入手，分工协作，分别撰写了两份风格取向完全不同的辩护词，一份钟情于情理辩护，旁征博引，洋洋洒洒，贯通古今中外，凸显人性的弱点，呼唤大众的情感共鸣；另外一份则客观冷静，紧扣事实，辩法析理，显示出法律人专业性和职业性的一面。但是在网络上盛传的只是前一份辩护词，后者鲜有人看。除却媒体的各种推动外，社会公众之所以对此辩护词格外关注，很大程度上是因为被这种修辞化的、非语境化的情感倡议所感染，甚至沉浸在这种悲悯、惋惜的情感当中。但是这种宏大叙事很容易导致社会公众对于案件事实细节的忽视，最终使得心中衡量司法公正的天平左右失衡。参见邓学平.力度与温度：需要怎样为生命辩护？——兼张扣扣案代理手记[J].民主与法制，2019(6)：30—32.

和量刑的第一种可能影响；第二点原因解释了隐性社会结构对定罪的影响情形；第三点原因再次揭示了隐性社会结构对量刑存在的第一种可能情形；第四点原因具体论证了隐性社会结构可能对量刑产生的第二种影响情形。

第一点原因，"张母案"所引发的隐性社会结构与"张扣扣案"之间不存在法定结构上的因果关系。有两种可能不存在法定因果关系的情形：一种是经过法定程序查明，张母案不存在被告人顶替、司法不公、司法腐败等问题，直接从司法程序上排除了前案和后案的法定关联。从汉中市中级人民法院和陕西省高级人民法院驳回申诉通知书以及最高人民法院作出的张扣扣死刑复核裁定书来看，属于这种情况的可能性比较大；[①]第二种是法官从内心根据自身经验和法律知识推定二者之间不存在法定因果关系。换言之，在"张扣扣案"中，其母亲一案的处理结果与此案并无法律上的因果关系，即使假定前案的处理存在司法腐败、司法不公的问题，在法律上这也并不能成为张扣扣行凶复仇的正当性理由，只能归依于另外法律关系的范畴；即使"为母复仇"在道义上是可容忍的行为，具有强烈的可理解性和可宽容性，但是其毕竟只属于道德上的因果关系，不能将其捆绑到一起思考。司法者如果持有如此判断，其思考路径很可能就是："张母案"与"张扣扣案"无法定因果关系，也就无须考量前案对后案之罪行、量刑的影响，单单只考虑后案的犯罪情形即可。在此基础上，也就可以得出前案所引发的隐性社会结构并未对司法裁判产生影响的结论。

第二点原因，"张扣扣案"在定罪构造上形成了超稳定法律结构，不具备隐性社会结构介入的空间。首先，就本案涉及的证据而言，不仅有一审、二审开庭审理中经质证确认的作案工具——尖刀、菜刀、自制汽

---

① 参见陕西汉中市中级法院依法驳回张福如申诉[EB/OL]. (2018 - 10 - 19)[2019 - 8 - 6]. http://news. jcrb. com/jxsw/201810/t20181019_1916801. html. 陕西省高级人民法院依法驳回张福如申诉[EB/OL]. (2019 - 1 - 3)[2019 - 8 - 6]. https://www. chinacourt. org/article/detail/2019/01/id/3642701. shtml. 张扣扣故意杀人、故意毁坏财物死刑复核刑事裁定书.

油燃烧瓶等物证,打捞记录、银行取款凭证、机动车登记证书、陕西省汉中市南郑县人民法院刑事附带民事判决书等书证,亦有鉴定意见、现场勘验、检查、提取、指认、辨认笔录、证人证言、被告人供述等证据,[①]已经形成了完整的证据链条,故意杀人之事实非常明确。其次,此案涉及的故意杀人罪是法律结构中的封闭性结构,并非像非法经营罪、寻衅滋事罪等具有一定的开放性结构。其既没有"天津大妈摆摊射击案"中对于"非法持有枪支罪"之前置行政规范标准的争议;[②]也没有"深圳鹦鹉案"中对于人工驯养繁殖的鹦鹉是否属于刑法所规定的"珍贵、濒危野生动物"以及是否从实质上真正侵害或者威胁了珍贵、濒危野生动物资源的质疑;[③]更没有"大学生掏鸟窝案"中对于《关于审理破坏野生动物资源刑事案件具体应用法律若干问题的解释》之"情节严重"规定上的知识专断批判空间。[④] 最后,故意杀人罪是社会公认的自然犯,而非立法者的单方建构,具有较强的历史延续上的伦理否定基础。同时,其亦是侵犯人身权利中危害最大的犯罪。刑事案件中的社会危害性衡量依然是案件性质的核心判断标准之一。其主要功能是为刑事裁判过程中的裁判规范及裁判事实的建构提供价值定位,也就是为裁判规范法源之间如何整合配置提供价值引导,继而完成社会主流价值及刑法核心价值在具体案件裁判中的实践重构。[⑤] 由于以上原因而形成的这种超稳定的法律结构,稳定性极强,封闭性极好,几乎不具备再解释、可辩驳的空间。换言之,张扣扣故意杀人罪的法律意义之重构的空间基本不存在,隐性社会结构也就没有介入加以影响的契机。

---

① 参见张扣扣故意杀人、故意毁坏财物死刑复核刑事裁定书。
② 参见魏昌东. 行刑鸿沟:实然、根据与坚守——兼及我国行政犯理论争议问题及其解决路径[J]. 中国刑事法杂志,2019(1):3—24.
③ 参见叶良芳,应家赟. 人工驯养繁殖的野生动物属于刑法的规制范围吗?——兼评《关于审理破坏野生动物资源刑事案件具体应用法律若干问题的解释》第1条[J]. 安徽大学学报(哲学社会科学版),2019(2):85—92. 吴镝飞. 法秩序统一视域下的刑事违法性判断[J]. 法学评论,2019(3):47—57.
④ 参见李拥军. 合法律还是合情理:"掏鸟窝案"背后的司法冲突与调和[J]. 法学,2017(11):39—51.
⑤ 参见张心向. 死刑案件裁判中非刑法规范因素考量[J]. 中外法学,2012(5):1036.

此外,还可以运用场域理论来加以理解。学者艾尔弗雷德·马库斯(Alfred A. Marcus)与马克·安德森(Marc H. Anderson)依据场域结构化的强弱程度区分了强场域(Strong Fields)与弱场域(Weak Fields)。他们认为在强场域中,规范是如此强大乃至形成了韦伯(Max Weber)所讲的"理性铁笼",参与者几乎没有选择的空间,必须遵守相应的规则。这样的场域已经完全"结构化",参与者对于涉及的权利、责任和关系有着稳定的理解,并且分享着共同的参考框架。在此情形下,强场域形成了自己的"主导结构";而在弱场域或者新兴场域中,权利、责任和关系尚处于模糊状态,参与者有相当大的回旋余地去说服主要的利益相关者来推行一种他们自认为理所当然的关系与秩序。[1] 具体到"张扣扣案",关于私暴力复仇的故意杀人罪定性,由于以上论及的原因,则属于一种犯罪的强场域,已经被现代法律制度深深地结构化,无罪或彼罪辩护的回转余地几乎消失殆尽。

第三点原因,在司法实践中,法官之角色并不能单一地归依于裁判者,其同时扮演着治理者的角色,并归属于在分割治理格局中承担一定治理功能的司法治理。司法者在作出决策时往往会以"裁决引起的可能后果"作为重要的衡量因素,[2]因此,判决可能引发的社会效应及其风险也会让司法者保持一种司法克制的态度。如果法院支持部分社会公众在普遍"民怜"情绪下的轻刑化诉求,那么法院则可能考量如此判决的社会信号示范效应以及私暴力复仇效仿行为所导致的司法压力与系统性社会维稳风险。而且,在法律制度的有限空间里寻找出社会公众关于社会道德权利诉求的制度性依据,其实也是一个高

---

[1] See ALFRED A. MARCUS and MARC H. ANDERSON. Commitment to an Emerging Organizational Field: an Enactment Theory [J]. Business & Society, 2013, 52(2):185 - 186.

[2] 学界也将其称呼为"后果主义推理/论证""后果考量""后果主义审判"或"逆推法"。参见孙海波. 裁判对法律的背离与回归:疑难案件的裁判方法新论[M]. 北京:中国法制出版社,2019:168—196. 杨知文. 司法裁决的后果主义论证[J]. 法律科学,2009(3):3—13. 雷磊. 反思司法裁判中的后果考量[J]. 法学家,2019(4):17—32. 张顺. 后果主义审判:源流、思维特征与理论定位[J]. 北方法学,2019(2):92—105. 王彬. 司法裁决中的"顺推法"与"逆推法"[J]. 法制与社会发展,2014(1):73—88.

度冒险的工作,特别是在社会舆论出现分歧,并未形成绝对压倒性公众判意的情形下,严格按照既往的审判思维进行裁判恰恰对于司法者来说就是最不违背职业风险的行动。职是之故,在社会导向作用的制约下,司法者可能也不敢冒险发出有风险的信号示范——不判张扣扣死刑立即执行。其实,本案中私暴力复仇与"山东聊城于欢案""昆山龙哥案"中正当防卫的法定授权不同,从裁决结果上来看这也形成了鲜明的对比:国家逐步放宽对于即时性正当防卫的认定,凸显个人权利在正当防卫中的保护力度,但是也更加积极否定了非法定的私暴力复仇行为。同时,司法判决作为官方话语表达的一种重要"公共产品",其对于民间话语的瓦解、导引具有重要的功能,国家也需要借助此类典型案件来重塑法治秩序和社会公众的守法观念,进而弘扬社会主义核心价值观,表达出国家的价值取向。以此来消解把张扣扣视为"侠义英雄"的民间话语叙事,从而为全社会树立起整体的法治追求和理想信念,消除因社会公众对私暴力复仇的同情式理解所产生的对法治建设的减缓作用。①

第四点原因,作为最高刑罚的死刑与罪行之间并非一一对应的配置关系,从而也就在一定程度上有可能遮蔽了隐性社会结构对于司法裁判的影响,导致了前者对于后者影响的非外化显现。前后两案件虽然无法律上的法定因果关系,但是可能有司法者认为具有量刑上的酌定因果关系(宽恕理由),这属于法官自由裁量的范围,即使是"弱意义上的自由裁量"②。试想下,如果没有张母案的存在,只有后边的"张扣

---

① 此种裁判结果当然包括考虑到王氏家族和张氏家族以后的相处模式和行为规范遵守。通过一个非常明确的判决结果来对两个家族释放出明示的信号:张扣扣因为复仇杀人而被判处死刑立即执行,其因自身行为而得到了罪责刑相适应的刑罚,也算给被害人及其家属有了一个"法律上的交待",同时表明了国家明令禁止私暴力复仇,两个家族中任一家族成员都不要再寻求私暴力复仇,两家恩怨就此了结,如果再有私暴力复仇的行为,其很可能就会得到张扣扣式的惩罚结果。

② 法学家德沃金区分了两种不同意义上的自由裁量,弱意义上的自由裁量属于其中一种,其主要指向法律本身适用的模糊性、概括性条款等给司法者留下的裁决空间。See RONALD DWORKIN. Taking Rights Seriously [M]. Cambridge: Harvard University Press, 1978:31 - 39.

扣杀人案",那么其被判处死刑(立即执行)可能是毋庸置疑的,但是只要前案与后案有一定关联,即使不是法定的因果关系,其可能也会多多少少地影响到后案的量刑部分,因为这涉及张扣扣的作案动机、罪恶程度等因素的判断。但是,与其说是前案对于后案的影响,不如说是前案所引发的、形塑的隐性社会结构对于"张扣扣案"之量刑的影响。因为"张扣扣案"的量刑处于一种上文提及的弱场域状态,法官具有很大的自由裁量空间,并非是一种绝对的量化状态。但是,随之而来的则是更为棘手的难题:隐性社会结构对于后案量刑的影响程度如何判断? 由于涉及人之生命的价值,是否可以像经济学那样换算成相应的砝码进行计算? 上至封顶的刑罚由于不能再继续加刑,所以刑罚和罪刑就无法一一对应,罪行可以无限增加,而刑罚却可以在升到最高后停止增长,那么死刑作为最高刑罚的适用空间又该如何掌控? 这时的刑罚从轻、减轻是否意味着一定可以跳出死刑(立即执行)的惩罚范围? 这都成为了本案重要的争议点,对此业界都有各自不同的立场和价值判断,如何论证也是众说纷纭。

为了论证上述隐性社会结构可能对量刑产生影响的结论,本文尝试性地阐释一种与此相契合的解说。[①] 如下图(6-1)所示,随着 X 轴罪行的增加,Y 轴的刑罚程度也会相应增加,但是当罪行增加至 C 点(刑法所规定之死刑罪名下的罪行之一)时,刑罚就达至了最高点 D,亦即死刑立即执行,至此之后,即使罪行再怎么增加(比如从 C 点到 B 点、A 点),刑罚也只能与 E 点保持在一条线上,或者是与 X 轴保持平行,换言之,从程度上而言,死刑立即执行作为最高的惩罚,其在罪行不同的情形下(比如 C 点、B 点、A 点),却都可能适用。但是,司法裁判在表达死刑适用之罪行结构时使用的却是抽象的表达:主观恶性极深,犯罪情节特别恶劣,手段特别残忍,社会危害性极大,后果和罪行极其严重。[②] 这就造成了罪行的量化难题以及罪行和刑罚之间不能形成一一

---

① 本观点和图表受到中国海洋大学法学院桑本谦教授的启发,在此表示感谢。
② 参见张扣扣故意杀人、故意毁坏财物死刑复核刑事裁定书。

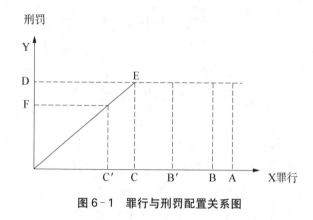

图 6-1　罪行与刑罚配置关系图

对应的可视化配置关系,而可能是多对一的非可视化关系。试想,如果杀两个人被判死刑立即执行,那么同样情况下杀三个人更应该被判处死刑立即执行,实际上这中间有"一个人被杀之罪行下的量刑"被掩盖起来了,亦即上述的抽象罪行认定在两个人被杀时可以如此表述,在三个人被杀时也可以如此表述,如果中间涉及隐性社会结构的介入而影响到了罪行的认定,或者继而间接影响到了量刑,也就会被遮蔽了,单从判决书的抽象表述中是难以判断的。比如因为隐性社会结构的影响,罪行由以前的 B 点减到了 B′点,但是量刑并未发生变化,都是死刑立即执行,至于罪行从 B 点减到了 B′点的情形,由于罪行的抽象表达,其也不会得以体现在与量刑的对应上。只有在罪行从 C 点减到了 C′点时,由于刑罚从死刑降至徒刑,才可能凸显出因隐性社会结构的介入而影响到了最终的量刑,因为从 D 点到 F 点这一段刑罚的差距是明显可视的。具体到"张扣扣案",很可能由于隐性社会结构的影响,司法者对于其罪行的内心认定从杀 3 人降至杀 2.8 人甚至 2.5 人,但是,不管是 2.8 人还是 2.5 人所对应的刑罚都是死刑立即执行,这中间缩减的 0.2 人或者 0.5 人背后的罪行或者量刑都被遮蔽了,并未以一种外化可视、可感的方式得以呈现,但是仍不能据此否认隐性社会结构对于司法裁判实际上所产生的影响。从而这也就解释了笔者在上文所讲到的,根据罪行、量刑认定的自由裁量空间,此案中的隐性社会结构很可能会成为法官在量刑裁量操作中的宽恕理由,但是适用宽恕理由之后仍然不能低于量刑幅度的最高刑罚。

综上,透过"张扣扣案"可以发现,即使承认隐性社会结构对于司法裁判的影响,但是其影响力度依然是有限的,显性法律结构依然是司法裁判过程的核心运作性依据,具有独立的裁判规范地位,不管是在大小前提的建构过程中还是裁决结果的生成中,其法源地位是不可撼动的;而隐性社会结构只是辅助性依据,不具有独立的法源地位,其需要依附于显性法律结构,只是在自由裁量的范围内起到调节法律规范正义与个案正义的功能。对于此结论,同类案件具有一定的延展性,但这并非意味着隐性社会结构在其他非类似案件结构中也起到相同的作用。因为,复仇文化作为隐性社会结构因素,随着案件结构的具体变化,也具有很强的易变性、不稳定性。这种特性在一定意义上也表明了此类同质结构对于司法裁判之影响力度的不稳定性。就现实的司法经验来看,关于"隐性社会结构对于司法裁判会产生何种程度的影响"这一问题,必须放到具体的案件结构中来回答,否则都可能只是一种脱离了司法日常现实的纯粹逻辑推演。这是因为在法治的日常实践中,隐性社会结构对于司法裁判的影响是综合作用的,而不是学术研究中相关变量控制下的单一进路,即使是单一因素在此案中获取的影响因子,在其他非类似案件中也有可能会发生权重变化,更遑论多种非同质的社会结构因素共同作用下的同时变化情形。

第五节　隐性社会结构与显性法律结构、司法裁判的调和机制

德国社会学家埃利亚斯(Nobert Elias)认为,现代社会对暴力的独占能够实现人的自我强制,促进束缚个人的行动链条和人与人之间相互依赖的增长,以及促进法律与规范的持久控制和法律秩序建立的普

遍性。① 而且这种暴力机制可以通过惩罚的典型样式向社会传达出一种信号,依靠国家暴力的威慑力从而禁止私暴力复仇的行为。大多数人由于生物本能的趋利避害,会自动放弃私力复仇的想法,转而积极寻求公力或者社会救济的维权方式。但是,总有少数人会把这种暴力的威慑力和惩罚力抛在脑后或不顾一切地甘愿承担后果,因为其可能认为复仇的快意与恩怨了结的收益相对于金钱的赔偿、自由的限制、生命的剥夺成本来说,已经足够值得了,张扣扣就属于此类少数中的一分子。现代法律虽然给予私暴力复仇否定性的评价,但是张扣扣私暴力救济的悲剧也呈现出值得现代法律结构以及司法系统进行反思的一面。

就"张扣扣案"所承载的制度和文化而言,首先,私暴力复仇作为一种实现"预期正义"和表达某种价值追求的方式;其次,它具有挑战正式制度的功能,因此可以揭露出制度中存在的问题;最后,它有可能重申和强化了社会中某种潜在流行或遗存的道德文化。② 换言之,面对私暴力复仇的诉求以及隐性社会结构与显性法律结构冲突的存在,如何通过显性法律结构制度化地识别、吸收以及实现这些权利诉求和价值表达;如何尝试通过制度化的方式来发现法律结构的内在缺陷,实现制度内的自我纠正与完善;如何通过司法正义适度引导社会正义,通过司法判决塑造公众法治观念,达至司法正义与社会正义的互惠,则是需要尽快解决的难题。实质上,司法在回应社会道德权利诉求时,其实就是在担负着为社会进行"道德立法"的角色。③ 换言之,司法在回应社会中实际上承担着规则整合和道德重塑的使命,并且要不断地在法律系统和生活世界之间达成某种调和。如果这个过程能够通过转介机制实现与既有法律结构的良好融合,那么司法权力的实际运行本身也就具

① 参见[德]诺贝特·埃利亚斯. 文明的进程[M]. 王佩莉,袁志英,译. 上海:上海译文出版社,2013:448—455.
② 参见王启梁. 意义、价值与暴力性私力救济的发生——基于对行动的主观维度考察[J]. 云南大学学报(法学版),2007(3):186.
③ 参见王国龙. 守法主义与能动司法——基于中国法律方法论研究视野的展开[M]. 北京:法律出版社,2013:209.

有了正当性。而司法是否有能力实现社会道德权利诉求与既有法律体系的良性融合则是问题之核心。对于这一问题的回答不仅取决于司法回应能力的大小以及回应力度的认知程度，而且其预设了司法回应社会道德权利诉求的必要性，同时，这种必要性在遭遇司法作出否定性评价时，必须要建立在谨慎性的基础之上，而且回应过程要受到整个法律结构的刚性约束和法治原则的柔性制约。具体而言，笔者提出如下三点调和机制，希冀借助此案对现行的文化观念和制度结构进行反思，实现隐性社会结构和显性法律结构、司法裁判的调和。

第一，通过多主体协同，发挥诉源治理的功能，推动治理工作向纠纷源头防控延伸。诉源治理是一种事前防御的思维方式，其意在将潜在发生的显性法律结构与隐性社会结构的冲突进行事前的治理，其不是在"节流"，而是达至一种"防患于未然，化风险于无形"的"去源"状态。尤其是在基层社会治理中，诉源治理需要充分利用多元联动纠纷解决机制，由单一公力治理的模式走向公私合作的治理模式，实现公力和私力之间的多主体协同共治。如果只是站在一种包容性、非封闭性的国家主义立场上，把司法作为一种协同治理的主体看待，那么其必然具有制度供给不足的时刻。但是，如果能够引入具有一定资源的私主体参与治理，赋予其一定的自由裁量权，在司法主体的规范性导引下，很大概率会促使社会风险的化解和治理的优化。① 同时，在多方主体合作下完善刑事被害人救济制度，实现物质、心理、精神的多管齐下，进而重点从源头上消解复仇的心理结构，驱除怨恨，化解纠纷，防止矛盾的扩大以及张扣扣式私暴力复仇悲剧的重演。

第二，挖掘显性法律结构、司法裁判对于隐性社会结构的反向形塑作用，通过司法裁判之司法正义引领与启蒙社会法治观念，弘扬社会宽恕文化，整合社会共识，弥合价值分歧。进而渐进促使社会公众的刑罚观念从带有强烈血腥色彩的私暴力复仇，向具有温和刑罚心理色彩的

---

① 参见于浩.推陈出新："枫桥经验"之于中国基层司法治理的意义[J].法学评论,2019(4)：4—5.

报应刑和目的预防刑转变,改变以往"杀人一定偿命"的朴素正义观。让社会公众意识到现在的刑罚具有很大的前瞻性,其主要着眼于对将来的影响,以社会防御为目的。① 同时,提醒社会公众目的和手段的比例关系,不能一味追求"偿命"的目的,而忘记了现代法治社会对于私暴力手段的容忍限度。创造条件来鼓励、引导当事人通过制度化的方式来实现自身的维权护益诉求,从而助益于私力复仇的节制,避免历时性的极端私暴力救济。

第三,司法部门要及时回应社会,促进司法信息公开,消解社会公众对于案件所产生的简化叙述逻辑和感性的、勾连式的民粹想象。司法部门在查清案件不存在司法不公、司法腐败等问题时,应该及时向社会公布复查结果,而不只是单向当事人送达驳回申诉通知书,也不只是通过司法裁判加以模糊而非精确的定性表达,司法系统要有勇气对当事人和社会的质疑给予正面的回应。因为社会转型带来的社会结构开放,要求司法增强司法产品的社会效益,回应社会在一定程度上可以夯实司法制度的社会基础。但是,在回应社会的过程中,司法者也要处理好司法回应社会之能力实施和回应力度之理性拿捏的关系,必须将司法回应之需求侧和供给侧同时加以考量。② 一方面,司法回应社会要"力所能及""量力而行",而不是"力所不及"的全部回应;另一方面,对于自身回应能力不足之处,也要逐步提升自身的回应能力,尽力而为,消除社会对于司法的质疑,提升司法之公信和权威,从而弥合司法与社会之间的罅隙,实现司法与社会之间的互相理解与接受。社会通过理解司法自身的有限性,从而避免对司法需求过剩而产生供需错位;而司法也要理解社会诉求的多样性和复杂性,进而避免机械形式主义的回应,最终达至司法与社会的融洽相处。

---

① 参见[日]穗积陈重. 复仇与法律[M]. 曾玉婷,魏磊杰,译. 北京:中国法制出版社,2013:26.

② 参见侯明明. 中国社会的司法回应论纲——"诉求—回应"互动模式的视角[J]. 北京理工大学学报(社会科学版),2019(2):155. 侯明明. 中国司法回应社会的方式、策略及其风险与出路[J]. 法商研究,2020(1):125—126.

第六节　本章小结

在中国传统社会,由于深受儒家复仇伦理文化的浸染,私暴力复仇基本可以得到赦免。"以直报怨,以德报德"①是儒家容忍私暴力复仇行为的命题表达,很多历史上的复仇型案例也都是"儒法合一"治理体系下的典型产品,但是办理此类案件的文化基础在现代法治社会中逐步被消解了,其生发的制度性土壤和空间也被大大压缩。即使面临着残存的复仇文化诉求,私暴力复仇的文化因素考量在现代社会也已经被技术理性和司法精英内化隐藏或者隐性换算为一种在司法资源配置和财政支出上以经济合理性为主导的治理成本。②

复仇虽然具有浓厚的人性基础和生物学本能,并且由此创造了一种博弈论意义上合作式的互不侵犯。③ 但是这种非制度性的私暴力一旦付诸实施,其将导致的必然是双方或者多方的俱败和悲剧,仅此案就涉及四条人命,这也是为什么王家二儿子在张扣扣被执行死刑以后依然高兴不起来的原因。随着私力公权化的推进,公力救济成为了私人复仇的正式渠道,制度化的惩罚恰恰是文明化的产物。在当下法治框架内,这套制度化的惩罚方式之所以能不断高效地运转,其中很大的原因就在于其彰显和契合了人类复仇的人性要求和本能驱使。著名的政治思想家马基雅维利(Niccolò Machiavelli)虽然讲到,世界上有法律和武力两种斗法,一种是文明的,一种是野蛮的,但是因为前者常常存在不足,所以诉诸后者有时候成为必然。④ 但是,随着法律制度的完善、司法能力的提升,诉诸后者的必然性在迅速衰减,经过法定程序或者授

---

① 《论语·宪问》。
② 参见王启航. 复仇型个案司法裁判干预因素分析——以徐元庆案、贾敬龙案、张扣扣案为例[D]. 西安:西北大学硕士学位论文,2018:36.
③ 参见苏力. 复仇与法律——以《赵氏孤儿》为例. 法学研究,2005(1):58.
④ 参见[意]尼科洛·马基雅维里. 君主论[M]. 潘汉典,译. 北京:商务印书馆,1986:83.

权的制度性惩罚已经和法律结构融为一体。

就隐性社会结构对于司法裁判的影响而言,其虽然可能通过作为显性法律结构如何理解、适用的竞争性因素以及可能产生的社会效应而产生一定的影响,但是也有很大的限度,其中的原因则是多元的。最为重要的则是司法者为了维护法律内部结构的稳定性以及整个社会系统的健康有序。

最后必须承认,本章只是笔者基于一定的材料信息,立足于现实主义立场上的推测性解读,也只是可能情形中的一种版本而已,因为功能主义大师莫顿(R. Merton)在提出显功能之外,还阐释了隐功能的存在。① 对于隐功能的把握由于研究对象的缺陷以及法官逻辑推理的隐蔽性,在很大程度上是无法还原其本来面目或者"后台"运作的。由此,我们的研究路径更倾向于逆推法,通过裁决结果(作为结果的司法判决)来逆向推理出司法者的裁决过程(作为过程的司法判决),同时考量司法者决策时身处的制度环境和社会环境,将隐性社会结构和显性法律结构的影响进行视域融合。但是这并非意味着本文的研究是无意义的,其恰恰为我们理解张扣扣类案件提供了一种现实性、结构性视角。从方法论上而言,本章最大的启示在于:以一种现实主义的立场来研究司法个案,并非一定得出法律规范在司法裁判中处于边缘地位的结论,在特定的案件结构下,经验性的研究恰恰有时可以为法官的规范选择、规范约束提供社会科学的知识支撑。

---

① 参见[美]莫顿. 显性功能与隐性功能[M]//帕深思,莫顿. 现代社会学结构功能论选读. 黄瑞祺,编译. 台湾:巨流图书公司,1981:78—97.

第七章
"通过个案判决塑造公众法治观念"命题的逻辑理路

> 判决是法官对社会价值加以界定的社会过程。
>
> ——[美]欧文·费斯

> 用尽了诉讼上一切程序手段而在结局时宣告的司法判决,对于本案件来说正是被确定了的、在最为直接意义上的法。
>
> ——[日]滋贺秀三

> 通过司法裁判来化解权利冲突的好处在于,它并不着眼于个案化地化解权利冲突,而是通过个案冲突的化解,对权利进行类型化的构造,从而形成抽象的权利界限和规则,批量化和系统化地化解各种权利冲突,从而将个案纠纷的经验内化到治理结构中,变成治理结构的内化经验和知识。
>
> ——泮伟江

第一节 "通过个案判决塑造公众法治观念" 命题的提出

在大力建设法治社会的宏大背景下,如何实现现代法治观念的社会化是现代法治社会建设的关键,只有在法治观念逐步社会化的过程中,法治社会的宏伟蓝图才会逐步显现。但是在此过程中,又面临着两大难题:第一,传统观念和现代法治观念的隔阂,以及现代法律制度与滞后的法律意识之间的疏离。① 中国过去是一个礼俗治国的社会,人们利用传统的习惯、道德就可以解决纠纷,如果利用法律作为处理纠纷的标准反而提高了公众的交易成本,得不偿失。礼俗社会使经验传统内化于成员身心,行为处事主动服礼,面临选择时成员自觉地克己复礼,经验成为优先考虑的方面,其次才可能会考虑合理与合法的问题。而现代社会是一个讲求法治的社会,是一个从礼俗社会到法理型社会转变的时代,传统观念与现代法治观念之间的张力困境必须要加以消解。② 第二,现代法治观念社会化的程度不够,法治文化社会化孱弱以及法治精神意蕴的不接地气导致法治的内在理念还没有使得普通大众得以理解。那么在此境遇下,如何解决这样的两个难题? 笔者认为基本的路径就是"塑造公众的法治观念",打破传统与现代的隔阂,实现法治文化的社会化。其中"通过个案判决塑造公众法治观念"则是一种可行的路径选择。

"通过个案判决塑造公众法治观念"具有重大的理论意义和实践意义。其理论意义表现在两个维度:其一,缓解法律文化内部的结构冲突。司法判决作为一种法律秩序的当下维护,其是一种法律制度的宣示,这种宣示也是顶层设计的外化显示。但是司法判决所体现出来的现代法治观念与公众的传统观念之间有着内在的隔阂甚或冲突,进而出现了"法律文化内部结构冲突"。而要突破这种内在紧张、矛盾的局面,必须要通过司法判决在现代法治观念与公众传统观念之间建立某种勾连,实现二者之间的资源整合,达至结构功能主义所提倡的结构之

---

① 亦可将其称为法律文化的内部结构冲突。参见刘作翔.法律文化理论[M].北京:商务印书馆,1999:210 以下.

② 正如前文所述,侯猛教授从法人类学的角度将费孝通先生所讲的转型难题归纳为"费孝通难题"。其实,包括刘作翔教授在内的三位学者提出的难题,都可归纳为一个难题,即在转型时期,如何处理好外来权利观念与本地经验之间的关系问题。参见费孝通.乡土中国 生育制度[M].北京:北京大学出版社,1998:58.侯猛.权利观念的中国化——从民族国家选择到社区伦理挑战[J].法律科学,2011(5):3.刘作翔.法律文化理论[M].北京:商务印书馆,1999:210 以下.

间的有机连结。其二,阐释个案判决负载的法治文化内涵,实现法治观念的社会化。司法判决文化可以改善法治环境和人文条件;司法判决智慧可以矫正传统清官文化与现代法治观念的错位与背离;司法判决可以体现出中国司法的民族特色与文化性;司法判决可以使公众明晰客观事实与法律事实的疏离与亲和;司法判决可以为公众行为创造合理的预期与安排。(关于这一点,后文会详细论述)

其实践意义表现在以下四个方面:其一,促进司法功能的进一步发挥,甚至实现通过司法的社会治理。司法所承载的功能与使命是多样的和复杂的,其不仅要通过纠纷的解决以推动社会的进步与和谐,而且要通过个案判决导引社会的主流价值观、塑造公众的法治观念。同时,作为司法输出产品的司法判决,不仅作为案例文化的一种载体,而且其承载着特定的文化性格特征和价值观倾向等内容,所以可以通过个案判决导引社会公众法治观念,宣扬时代价值,逐步实现法治精神意蕴的社会化。其二,个案判决在发挥塑造公众法治观念功能的同时,其本身也具有一定的困境和局限,通过对此困境和局限的反思,可以促进司法判决本身的完善和科学化,从而实现反馈机制的作用发挥,提高司法公信力、司法权威以及公众对法治的良好预期。其三,法治观念的塑造对于公众摒弃感性的法律意识,树立现代法治国家建设背景下的法治观念不无裨益。有利于公众从传统的道德思维适度地转向根据法律的思考,促使公众学会理性地参与案件的讨论和分析,尊重司法判决,理性地行使自己的权利,最终提高公民能力和水平。其四,如果"通过个案判决塑造公众法治观念"命题得以成立,那么此命题就会成为法官作出司法裁判时的一种"思维约束",进而提醒法官在作出司法判决时必须要注意好法治观念的引领作用,同时促使法官更加全面、慎重地思考和衡量司法判决作出的可能外部影响。①

"通过个案判决塑造公众法治观念"这一命题的提出,着眼于四个

---

① 2019年新修改的《法官法》第十条也规定,通过依法办理案件以案释法,增强全民法治观念,推进法治社会建设。对此意义也可以加以印证。

关键词:个案判决、塑造、公众、法治观念。所以,在本章进行展开论述之前必须要对相关的核心概念进行界定,希冀对后面的对话做好前提性铺垫。

首先,本章所讲的个案判决①有不同的类型化存在。按照形式的标准划分,可以将个案判决分为一般的司法判决以及最高人民法院发布的指导性案例;按照功能的标准划分,可以分为权益保护、权利塑造型个案判决,政策推进、权威塑造型个案判决,道德教化、移风易俗型个案判决,解释法律、统一法制型个案判决,规范权力、维护法统型个案判决。本章重点在第一种分类的基础上展开了行文的架构设计,在第二种分类意义上进行了功能内容的分析。而且本章所讲的司法判决试图囊括法院作出的大部分司法判决,但是不得不承认,具有重大影响的案件的个案判决对于社会以及公众产生的作用更大,得到的关注度更高,起到的塑造价值更加明显。

其次,塑造的含义。这里的塑造有两重动态含义:第一,从无到有,即从没有法治观念到有法治观念;第二,从旧有到新有,即摒弃原来落后的、感性的、糟粕的法律心理、法律意识,甚或是陈规陋习,进而破旧立新,树立新的法治观念,其内含了“破”和“立”的两个过程。以上两种动态意义上的塑造,在“通过个案判决塑造公众法治观念”的命题中不同权重地得以体现。

再次,公众的含义。公众是指除去以法律为主要业务和以法学学术研究为职业的法律家(法律工作者)和法学家(法学研究者)之外的普通大众。之所以区分法律精英与社会大众,是因为基于对现代社会分工精细化的考量,分工精细化的背后其实是知识的严重分化,社会大众和法律精英有着十分悬殊的法律知识背景,进而导致他们在思维方式等方面差异明显。

---

① 本章所称的司法判决是现代意义上的司法判决,不包括中国古代的司法判决。为何没有将中国古代的“情理型司法判决”纳入司法判决当中,是由塑造的“法治观念”目的而决定的。法治观念塑造本身已经决定了手段也必须是现代化的、法治化的方式。但是这并非意味着否定传统的“情理型司法判决”有其某些实在的时代价值。

最后,法治观念是一个非常复杂的概念,其本身很难界定得非常清晰。就目前学界研究来看,法治观念、法律意识等概念使用得还是比较混乱,即使是在党的政策性文件当中也并没有清晰地界定,而是随着时代的进步有不同的概念使用。① 但是,仍需对法治观念及相关概念做一个简单的界定,以期提高交流、对话的效率。法治观念是一个在现代法治国家、法治社会建设中才出现的新概念,法治观念的形塑与法治国家、法治社会的建设共生共存。② 而法律意识是一个中性的概念,其本身不含有价值评判的色彩,且有正面和负面意识之类型化的存在。法治观念是现代社会追求法治与推崇法治信仰时代下公众层面的表达,其表现出来的是法治所显现的正面姿态与积极意识。它更多的是相对于道德观念、宗教观念以及负面法律意识来讲的,塑造公众的法治观念意味着大众面对一个法律现象时,不再首先是以道德或者宗教的标准来衡量处理的结果,而是以法律作为首要标准去分析其中的权利与义务关系。法治观念关涉的是,公众对于现代法治生活的安排与行为预

---

① 夏丹波在他的博士论文中,以党的十五大以来党的政策文件为蓝本,对法治观念、法治意识等概念给予了梳理,发现中国共产党"十五大"和"十五届三中全会"时期,主要使用"法制观念""法律意识"这两个概念;到了"十六大"时期,开始使用"法治精神"这一概念;"十七大"继续沿用"法治精神"概念,并提出了"法治理念"一词;十七届三中全会使用了"法律意识"一词,并将其内容阐述为"自觉守法、遇事找法、解决问题靠法";十八大报告使用了"社会主义法治精神"和"社会主义法治理念"一词;到了十八届三中全会的相关决定中,使用了"法治观念"一词;十八届四中全会的相关决定中再次使用了"法治意识"一词。具体参见党的相关政策性文件以及夏丹波. 公民法治意识之生成[D]. 北京:中共中央党校博士学位论文,2015:33—36. 此外还值得注意的是,中国人民大学法治评估中心,以朱景文教授为首席专家所承担的国家社科基金重大项目"法治评估创新及其在中国的推广应用研究"中,就把法治观念作为了一个二级指标,其下又设置了"公信力、法治信仰、合法性认同"三个三级指标。包括前文提到的,2019年新修改的《法官法》第十条也规定了,通过依法办理案件以案释法,增强全民法治观念。这也从侧面反映出本章所使用的"法治观念"概念不仅具有学术研究的价值,而且具有法治实践的可操作性。参见朱景文. 如何开展科学的法治评估[J]. 中国党政干部论坛,2016(1):61.

② 严存生教授在其《法治的观念与体制——法治国家与政党政治》一书中,非常诚恳地指出,仅仅把法治观念理解成"法律至上"是不够的,其本质内涵在于法律是公共意志的表达。其着重强调了法治观念的政治意蕴,可归属于"法治国家"建设的层面来加以理解。同时,其将法治社会层面的法治观念理解分为非理性层面的法感情、法信仰,以及理性层面的法律规则和法学原理。法治国家和法治社会两个维度的结合阐释实属完整意义上的总结。参见严存生. 法治的观念与体制——法治国家与政党政治[M]. 北京:商务印书馆,2013:4、264.

期,当公众中的任一成员在为某种行为时,其思考的第一问题是"我的行为是合法还是违法";当合法权益受到侵害时,其是否能够通过合法有效的途径予以维护。① 其不仅包含了对司法公正、司法权威、司法公信力、司法判决生成之理解,同时也囊括了公众对生发新的权利或者义务、参与庭审程序、某个案件的判决结果之态度等内容。总之,其有一个非常庞大的思想容量,不一而足。② 同时,需要说明的是,法治观念与法治意识虽然从微观上讲,二者确实存在细微的差别,但是笔者在这里将其等同于一个概念,不加区别地使用。

但是,需要注意的是,塑造公众法治观念不等于塑造法律人思维。法律人思维是一种司法专业化和职业化的表现,是法律职业共同体在思维方式层面的共性呈现。相对于公众法治观念,法律人思维不仅仅是一种比较专业化和职业化的思维方式,更是一种深入法律内部的思考方式,它是公众法治观念的升级版。形成法律人思维不仅要具备基本的法律基础知识和职业操守,而且要掌握运用法律的艺术、对职业共同体的认同。此外还要有"一切依法办事的卫道精神""兼听则明的长处"和"以三段论推理为基础"的三方面特征。③ 由此可见,司法判决对于公众法治观念的塑造是一种相对整体性和表层上的形塑,而不是法律人思维层面上的职业化和深入化的锻造与锤炼。二者之间因为分工

---

① 例如,公众面对"广州许霆案"的判决结果,就会形成一种"不能随便拿自动取款机吐出的钱币"这一整体法治观念;再比如法院根据婚姻法司法解释三所作出的一些判决结果,也是给公众释放了一种信号,说明现在的法律对于离婚时财产的分配进行了调整。虽然对传统的道德观念产生了一定的冲击,却也彰显了司法判决对于公众法治观念的塑造功能。可能过去离婚时的财产分配偏向女方、对女方有利,但是现在的司法解释对于男方的个人财产保护更加具有倾向性,同时也是在鼓励女性的独立与自强意识。

② 在王人博和程燎原先生合著的《法治论》中,就对法治观念进行了宏观的定义,其至少包含了对法治价值、法律制度、法官等的认识、评价、反应及其期望等四个维度,其核心是法治的实质价值观念和法律权威观念。而这又可细化为权利观念、权力观念和法律主治观念。参见王人博,程燎原. 法治论[M]. 桂林:广西师范大学出版社,2014:197—202.

③ 参见季卫东. 法治秩序的建构[M]. 北京:商务印书馆,2015:191—192. 除此之外,还有很多学者从不同的角度对法律人思维给了了阐释。参见李龙,周志刚. 论法律家与法学家的思维范式[J]. 法制与社会发展,2002(6):45—51. 周赟. 论法学家与法律家之思维的同一性[J]. 法商研究,2013(5):58—66. 孙笑侠. 法律家的技能与伦理[J]. 法学研究,2001(4):3—18.

的不同,具有一定的层次落差与内容差异。努力提升大众层面的思维方式以期达至二者之间最低限度的沟通无阻碍,则是本章以及今后司法工作者甚或整个法律职业共同体的努力方向。

第二节 "通过个案判决塑造公众法治观念"的特殊性

正如前文所述,塑造公众法治观念的路径是多样化的,那为何单单选择了司法判决这条路径? 通过个案判决来塑造公众法治观念的特殊性体现在哪? 其相比于法学教育、普法宣传以及立法参与的塑造优势何在?

其一,司法判决的强制执行力所意蕴的国家权力作为塑造的支撑力量。司法判决以何为理想的法治生活观念去引导公众过一种真正属于现代法治社会的生活,并且通过带有国家强制力作为后盾的支撑力量,向社会输出特定美好社会的理念,来指引公众迈向可欲的方向。在这个过程中,司法判决可能是与公众的原有朴素正义观相契合,亦可能是后来公众理解基础上的认可与确信,更可能是国家强制力威慑下的不得不为与不得不遵守。当然,也不难预测,在一个现代法治国家,第三种情形所占的比重越少越好。但是,国家权力并非以直接的方式保障司法判决的执行,而是作为一种潜在的国家暴力符号"静静地在远方等待",当司法判决本身的执行力得不到维持时,基于当事人的申请或者司法权力认为的必要时刻,其才会以一种"赤裸裸"的国家暴力来保障司法判决的强制执行,落实业已国家化的文本秩序。这样一来,国家强制力不仅为司法判决的公众法治观念塑造穿上了国家权威的外衣,而且确保了司法判决在"必要时刻"得以贯彻执行,保障了判决的既判力。

其二,个案下达成的司法判决共识具有个案发轫的信号示范效应。[①] 个案司法判决虽不是规范性法律文件,仅仅具有对当事人的强

---

① 信号灯理论认为司法裁判好比对公众释放的一种信号,公众收到此信号后会调整自己的行为。参见[美]埃里克·A·波斯纳.法律与社会规范[M].沈明,译.北京:中国政法大学出版社,2004:译者序1—12.

制约束力,但是其释放的审判价值信号却具有"同(类)案同(类)判"的对世示范约束力。此司法判决的作出实际上是在对公众未来的行为预先给予了安排,让公众对自己的行为具有一定的"期待可能性"。在社会转型期,时代也需要司法营造出一种运用司法个案判决来培育遵守公共道德的社会氛围和法治观念,进而引导公众对司法判决的尊重评价和理性认可。正义是通过微观的每个具体案件得以彰显和释放的,也正是在这种释放正义能量的过程中,公众的法治观念得以塑造而成型。司法通过个案裁判源源不断地向社会输出正义之产品,正如谚语云,正义是从司法裁判中发声的。

"法律的意义和功能都取决于司法制度本身的能力,或者其他旨在提供法律保护的制度的能力。"①司法特别是法院在现代社会最本质、最核心的作用就是落实国家法秩序,而且归根结底法院判案就是在行使一个明确或不太明确的判断权。法院如何行使判断权,社会中的人们就可能以此来调整自己的行为。公众更容易接受被实践证明是行之有效的先进理念和制度,其具有较强的观念适应能力。比如在"南京彭宇案"中,法官根据"以事实为根据,以法律为准绳"的判案规则,此案的法律适用(大前提)非常明确,就是适用侵权伤害相关的法条,但是这里的客观事实却不明确,到底是不是彭宇撞伤了老太太?法院现有的证据只是老太太的一面之词,那法院应该如何作出判决?事实上法院作出的判决沉重打击了社会大众"见摔即扶"的道德积极性,因为做好事不仅不会获得社会的认可或其他利益,反而要付出如此大的代价,这与我们传统的道德观念是相违背的。② 同时也使人们对道德的标准发生

---

① [美]尼尔·K.考默萨.法律的限度——法治、权利的供给与需求[M].申卫星,王琦,译.北京:商务印书馆,2007:9.

② 与国内判决形成鲜明对比的则是布鲁塞尔法院的判决。大约在 20 世纪 80 年代,比利时的布鲁塞尔出现了这样一个案件:一名女子在午夜时分不慎掉下露台受伤,一名男子路过时发现了伤者,这名男子看到毫无反抗能力的女子,于是就将其洗劫一空。但是就在即将离去的那一刻,看到受伤的女子心生怜悯之心,于是报警后又离开。但是整个事件被"电子眼"监控了下来。此后不久,该男子被抓,并予以起诉。最后该男子无罪释放。最让人得以铭记的则是法官的判决理由:每个人的内心深处都有脆弱和阴暗的一面,对于拯救生命而言,抢劫财物不值一提。虽然单纯从法律上说,我们的确不应该为了一个人(转下页)

了变化性的认识。① 甚至可以说,在中国社会转型期,司法如何判决,如何进行价值抉择,其实就是我们中国人自己对价值观进行思考、选择和决断的问题。②

其三,"过程性合意"和"结果性宣示"的直观性与高效率是个案判决塑造的特色属性。通过司法判决塑造公众法治观念不仅仅局限于个案判决这一结果性的塑造功能发挥,而且囊括了个案判决作出的这一动态过程(程序性的安排),即"通过个案判决塑造公众法治观念"是"过程性"和"结果性"的双重塑造。我们可以把司法判决从静态的文本分析转向判决作出的动态过程分析,不仅仅把目光聚焦到文书的最后判决结果,更把目光投向此结果产生的整个程序。司法判决的过程分析就是把司法判决视为一个当事人、法官以及其他诉讼参与人互相博弈、平衡与相互作用的过程。那么通过过程性的描述,我们可以显而易见地得出,司法判决既不是简单的强制性规定,也不是纯粹地根据逻辑从法律中推导而出的简易结论,它的正当性基础在于整个审判过程的交涉性互动,由强制本位变为合意本位。所以,司法判决的过程性分析至少包含两个基本的要素:主体和合意。③ 这种司法判决的过程分析不仅包括了当事人与法官之间的纵向沟通,同时囊括了当事人与当事人之间的横向沟通与合意。不仅仅关注到了司法判决的文本分析,也关注到了与司法判决作出的整个过程中相互发生关系的个体在行为上的选择可能性。在这种过程性的参与和认可下,在一定程度上能够使得

(接上页)的善行而赦免其犯下的罪恶,但是如果判决他有罪,将会对整个社会秩序产生极度负面的影响! 我宁愿看到下一个抢劫犯拯救了一个生命,也不愿意看到奉公守法的无罪者对他人所受苦难的视而不见! 所以从表面上说,今天法庭不仅仅是单纯地释放了一个抢劫犯,更深远的是对救死扶伤的鼓励,是对整个社会保持良好风气的促进传承。参见王巧兰,张世平,孙丽娜. 简评西方国家法院的刑事判决书——以布鲁塞尔案为例[J]. 中国检察官,2014(6):71—74.

① 参见"彭宇案"后遗症?"不敢搀扶"成潜规则[N]. 郴州日报,2009-3-10(B1).

② 参见杨建军,马治选. 当代中国社会的维权行动——以维权类法治人物、案件和新闻为主要分析对象[J]. 法制与社会发展,2013(5):62.

③ 参见季卫东. 当事人在法院内外的地位和作用[M]//棚濑孝雄. 纠纷的解决与审判制度. 王亚新,译. 北京:中国政法大学出版社,1994:代译序3.

判决结果有效地内化为当事人自觉的价值尺度和行为准则,进而形成一种自觉的程序规则意识和服从于法律的自律意识。①

其四,司法判决是法律的具体生动呈现,其是一种具体到公众生活的近距离表达。国家法律虽然从法律层面规定了公众的基本权利、一般权利以及特殊权利。但是权利的最终实现需要各个部门的权威以及强制措施,特别是需要司法机关的司法判决加以确认和保障。公众权利是通过一个个鲜活的司法判决得以体现的。甚至,可以夸张地说,公众实际上享有的很多具体权利都是通过具体案件的司法判决"创造"出来的。② 法律可以为公众的未来行为提供某种安排和预期,但是这种安排和预期只是一种"法定安排",并不必定是"实然安排",要想实现二者之间的转化,其中的桥梁与中介则是司法裁判。③ 通过司法行为的认定、司法判决的"结果性"宣示,公众的预期才是一种牢固的、可靠的真实写照。很多民众对于法律的理解并不是从法律条文中获取的,而是从单个生动的司法案例中汲取的。正如日本学者滋贺秀三曾经指出的,用尽了诉讼上一切程序手段而在结局时宣告的司法判决对于当事人来说正是被确切了的、最为直接意义上的法。④ 公众通过互联网或者传统的媒体可以获知某人因实施某个行为而被判了某罪或者法院判定某政府机关的某些行为不合法等信息,从而间接对法律有了更加具体的、生动的、直接的感受与理解。

其五,司法个案的塑造相较于立法活动的参与塑造有较大的优势。⑤

---

① 参见蒋传光. 公民的规则意识与法治秩序的构建[J]. 社会科学研究,2008(1):23—29.

② 参见[日]谷口安平. 程序的正义与诉讼[J]. 王亚新,刘荣军,译. 北京:中国政法大学出版社,2000:62.

③ 在此,笔者赞同法律现实主义者所主张的"实在法规定与具体司法判决之间存在差距",但是笔者不赞同法律现实主义者过分夸大了这种差距,甚至提倡"规则怀疑论"。参见[美]杰罗姆·弗兰克. 初审法院——美国司法中的神话与现实[M]. 赵承寿,译. 北京:中国政法大学出版社,2007:15 以下.

④ 参见[日]滋贺秀三. 中国法文化的考察——以诉讼的形态为素材[C]//王亚新,梁治平. 明清时期的民事审判与民间契约. 王亚新,等,译. 北京:法律出版社,1998:7.

⑤ 值得一提的还有国内的普法活动,从 20 世纪 80 年代中期,我们就开始了五年一期的普法宣传,到现在算来应该是进行了七个周期了,但是普法的效果却不尽人意,形式性普法往往大于实质性普法。有学者做过问卷调查,有 95% 的受访者表示没有听说过或(转下页)

立法活动的参与大多被知识分子所垄断,即使是某个法案的草拟稿予以公布,公众也基本不会以一种卢梭(Jean-Jacques Rousseau)意义上的"法律是公意的表达"[①]姿态,积极地参与到法案的讨论当中。由于某种法律知识的缺乏,立法的涉域空间与公众产生了很大的隔阂与鸿沟,所以通过立法活动的间接参与来塑造公众的法治观念,其效果并非是乐观的。但是,在司法实践活动的"过程性参与"以及"结果性宣示"的浸染中,公众不仅可以直接接受庭审现场的"法律熏陶",而且可以间接地通过传统媒体和新媒体参与到案件的讨论场域中来,表达个体心中的法律观。再者,从宏观的视角来看,立法的过程是一个少数服从多数的过程,而司法判决的作出则是一个特别关注少数人声音与诉求的过程,甚至任何进入司法过程的个人都会得到司法的评价与关怀,"只有在法院,任何个人的声音都会被认真倾听,甚至可以通过判决反映到制度的框架里去"。[②] 这样一来,其实司法个案判决对人之关照相较于立法而言,更加细致、具体,也更加容易得到社会公众的关注和参与。

当然,除此之外,还有法学教育的路径选择,但是,法学教育是一种非常专门化的、高门槛(至少本科)的教育实践活动,其重点培育的是法律人思维、法律知识素养和法律思想体系,其目的是为社会输出法律专门人才,与普通大众的法治观念的塑造并非是一个问题。还值得一提的是,法治教育课程进小学课堂、中学课堂,不可否认这是一条非常可行而且经济的渠道,对于义务教育阶段学生的法治观念塑造大有裨益。但是此条路径的受众仅限于义务阶段的学生,广大的社会人民群众无法纳入其中。并且,从内容上看,其也存在很大的局限性。从方式方法上看,其在很大程度上对于案例也具有依赖性,最终还是通过个案的方式来呈现。换言之,最终仍然是要落实到"通过个案判决塑造公众法治观念"的命题当中。

(接上页)者听说过但是没有接受过普法教育(前者占 25%,后者占 70%),表示接受过普法教育的仅占 5%。参见赵庆鸣,孙苏云. 对我国"普法"活动导向的有关思考:基层社会成员法律意识状况调查分析[J]. 曲靖师范学院学报,2004(1):54. 转引自姚建宗,侯学宾. 中国"法治大跃进"批判[J]. 法律科学,2016(4):20.

① 参见[法]卢梭. 社会契约论[M]. 何兆武,译. 北京:商务印书馆,2005:44—49.

② 季卫东. 法治秩序的建构[M]. 北京:商务印书馆,2015:328.

第三节 "通过个案判决塑造公众法治观念" 的外在驱动力

一、权利需求市场的增生:公众权利意识的觉醒

文化一方面给予了司法特定的给养和支持;另一方面,其本身也受其塑造与浸染。权利文化可以促进司法权威的建立,让其扎根于特定的权利文化氛围之中。而且作为司法产品的司法判决也在形塑着权利文化,助其成长。权利意识作为一种与义务意识相分野的法治文化元素,其不仅强调了权利本位的价值追求,更是公众主体意识的自我肯定和觉醒。公民朦胧权利意识是公民主体意识的一种具体化表现,也是公民主体权利在观念中的呈现。① 从人类理性的发展历史来看,权利意识的觉醒也是人类逐步理性化的过程,其显示着人们对人文社会、自然世界的科学理解与意识的相对独立。随之而来的则是,公众的视野慢慢投入了现代法治场域,在此场域中寻求自身权利的保障和救济途径,而不再是一味义务式地被动接受和祈求超自然的力量得以庇护。

如果说中国古代存在一定的"厌讼"情结,那么现代社会则呈现出一个诉讼爆炸和诉讼市场需求持续上扬的场景。② 其中背后的原因则是公众法律意识的提高和司法制度的不断完善。如果说在早期,"权利"只是进入了法学家的视野,③那么今天,特别是在法治话语占据中

---

① 参见姜涌.公民的主体意识[J].山东大学学报(哲学社会科学版),2003(3):91—94.

② 有学者分析概括认为,当代中国社会的维权行动出现了权利来源趋向多元化、维权人员由单一向群体和集体化扩散、维权诉求由个体维权向同时提出制度变革诉求延伸。这都从正面反映出了公众维权意识和法律意识的提高。参见杨建军,马治选.当代中国社会的维权行动——以维权类法治人物、案件和新闻为主要分析对象[J].法制与社会发展,2013(5):54—66.

③ 比如,德国法学家耶林曾经提出"为权利而斗争"的口号;张文显教授提出了"权利本位论";还有学者提出"走向权利的时代"等。

心地位的语境下,"依法治国""权利""法律""起诉""打官司""找律师"等语词在公众口头表达中的频率和次数日渐增多。一方面,公民法律意识的觉醒为法治中国的建设提供了良好的意识基础和社会基础;另一方面,依法治国以及建设法治中国、法治政府、法治社会目标的提出,为公众法律意识甚至法治意识的增强和提高创造了积极的法治环境。二者相互促进,互为动力,在正和中实现共生共长。权利文化的兴起让权利主体更加审慎地对待权利,谨慎地关注周围世界的权利问题和现象。而以"判断权"为核心、以确定权利和义务为主要内容的司法判决必定是其重点关注的对象之一,进而很可能司法判决会成为其蓝本,仔细斟酌,加以细究。这也就成为了通过个案判决塑造公众法治观念的不竭动力之一。

二、信息时代的司法公开:庭审剧场的社会延伸

现代社会已经进入了信息时代,大众可以通过各式的自媒体和公共媒体来参与到案件的讨论之中,而且讨论的空间更加自由和开放。从中国司法实践来看,司法的公开经历了由"公捕公判大会"的司法广场化到审判剧场化的公开,由少部分司法裁判文书的公开到大部分裁判文书的公开,已经相对透明化,在一定程度上保障了公众的知情权、监督权。特别是中国庭审公开网、中国裁判文书网的建立,可以直接让社会公众通过互联网就可以进行旁听、观看直播,打破了庭审剧场化的时空限制。司法判决公开除了当事人、旁听人员的当庭知晓外,最主要的途径就是中国裁判文书网的公开。① 裁判文书的公开或者是法官对

---

① 2013 年 7 月,《最高人民法院裁判文书上网公布暂行办法》正式实施。依据该办法,除法律规定的特殊情形外,最高人民法院发生法律效力的判决书、裁定书、决定书一般均应在互联网公布。2014 年 1 月 1 日,《最高人民法院关于人民法院在互联网公布裁判文书的规定》正式实施。该司法解释明确,最高人民法院在互联网设立中国裁判文书网,统一公布各级人民法院的生效裁判文书,相应的公开规则也在不断完善。2016 年 8 月 10 日,最高人民法院发布了修订后的《最高人民法院关于人民法院在互联网公布裁判文书的规定》,进一步明确了裁判文书公开的 5 种情形,以及应该公布的 10 种裁判文书。

于其审判案件自信的表现或者是一种制度设计的预先设定而造成的被动不得已而为之。但不管其原因如何,两种情形的后果都使得民众对于裁判文书有了更大的监督空间与检验场域。在此场景下,寥寥几字的司法判决理由固然不能使公众信服,继而也经受不住公众的考验。而裁判文书公开网站的建立使得普通大众和学者以及其他监督群体的监督权得以行使。同时,这也弥补了庭审公开的时间和空间的偏狭性,使得监督群体得以凭借跨时空的优势来促使法官与法院依法、正当行使裁判权。而且,司法裁判文书也已经成为了一种研究的对象,这种研究现象的存在,不仅仅有利于裁判文书质量的提升,而且在律师等法律职业者的帮助下,也必然助益于裁判文书在当事人以及其他社会群体之间传播。

一个争议较大的案件往往引起众多民众的关注和聚焦,正是在此关注和聚焦下,一个司法判决的作出才有了众多的看客和受众,换句话说,其实互联网时代的到来为个案判决塑造公众的法治观念提供了更大的操作空间和作业平台。民众在案件讨论的过程中不仅加深了对现有法律规定的认识,而且深刻理解了法院作出此判决而不是彼判决的理由和论证思路,进而不断地提升自身对法律的整体认知以及实现法律的个体内化。换言之,在此过程中,社会公众的法治观念被潜移默化地提升了。

第四节　"通过个案判决塑造公众法治观念"的内在机理

一、司法判决作为法治文化而存在

文化作为一种人类意义性的存在,无时无刻不浸染在人类的言谈举止当中,而司法判决案例文化也承载着某些人类生活的痕迹和未来生活的安排。其在传递司法知识、传播司法经验和审判技艺的同时,还具有了"道统"和"教化"的意义,"即对社会成员的思维、心理以及行为偏好等等都具有着特定的指向性和规训力"。① 从内容上来讲,法律是人类生活方式与态度规范化的结果,它为公众将来如何生活与行为提供预期与安排。当这种预期与安排的"法律话语"进入公众的日常生活中,转变成"生活话语"时,或者由"生活话语"转变成"法律话语"时,在这种话语的转变境遇下,社会公众便形成了对法律以及法律现象的基本认识、整体评价和情感体验,继而生发出某些法治观念。作为法治文化内在组成部分的个案判决,可以作为一种文化性的影响,逐步渗透到公众日常的生活问题以及各种实践当中,甚至深扎到精神需求的市场当中,起到潜移默化却又无时无刻不在影响公众行为选择的作用。甚至有学者夸张地将其称为一种"诉讼的威胁",因为这种"威胁"的存在而有了超越司法判决自身的参照和指导作用。②

具体而言,司法判决文化可以改善法治环境和人文条件,矫正传统清官文化与法治观念的错位与背离。在中国传统社会,由于特定的文化氛围、民众的特定期许以及真实的生活感受造就了清官文化,也许路径依赖的惯性使然,这种清官文化在现代社会依然存在。③ 而这种清官文化表现在司法领域就是"好法官"形象。但是传统的清官文化更为关注的领域与现代社会的法治理念有一定的错位与背离,必须由个案司法判决加以引导和矫正。

首先,传统清官形象是"公检法"混合下的角色扮演,而现代社会追求的是,法官具有独立性、被动性和中立性。在中国传统社会是行政司法不分,单个个体充当了本来由不同个体担当的角色与职责。久而久之,在民众头脑中就形成了一种对司法与行政模糊不分的印象与认知。

---

① 宋海彬,徐仁顺. 少数民族文化权利的法哲学思考[C]//谢晖,陈金钊,蒋传光. 民间法(第15卷). 厦门:厦门大学出版社,2015:75.

② 参见苏力. 法治及其本土资源[M]. 北京:北京大学出版社,2015:189、215.

③ 参见侯欣一. 从司法为民到大众司法:陕甘宁边区大众化司法制度研究(1937—1949)[M]. 北京:生活・读书・新知三联书店,2020:249—257. 喻中. 乡土中国的司法图景[M]. 北京:法律出版社,2013:254—257. 石破."青天"杨正超. 南风窗,2004(12):24—32. 何克勤."刘青天"刘清[J]. 贵阳文史,2011(5):55—56.

造成现在的种种恶果就是,"司法案件非法上访""司法案件找关系、托行政领导签字、批复"等影响司法权依法独立行使的劣迹屡禁不止。而现代法治观念以及司法理念强调司法机关依法独立审判案件,行政机关更是不能干涉法官依法独立履职。在这样一个分工明确的场域下,司法判决作出的整个对话过程和结果,作为一种表达和宣示,向民众呈现了法官的被动性、独立性和中立性形象,不再是过去大权独揽的司法、行政一体的多元角色合一的形象,进而使得民众法治观念和司法理念得以矫正并予以归位。

其次,传统清官文化过度关注的是"法官"的道德素养,要求"法官"秉性刚直、铁面无私、清廉朴实、忠诚为民,往往忽略了好法官的司法技艺维度。这样一来,司法技术化的规范标准显然成为了一个虚置的区域。① 在大力提倡法治思维和法治观念的主流价值观下,一份份优秀的司法判决正好可以弥补此缺陷,实现"道德思维"准则向"法律思维"准则的转变。在司法判决当中体现出来的高超的理论素养、精湛的法律推理技术、充分的法律论证以及恰当合理的法律解释,就会对民众的传统思想意识产生一定的冲击与震荡。从而将传统的清官形象打破,逐渐重塑一个具有法律基本素养、司法技艺以及职业操守的好法官形象。继而推动司法专业化、职业化在公众思想观念层面的展开和延伸。

最后,传统清官文化追求好人基础上的人治,而现代法治社会讲求形式理性意义上的法治。中国传统社会的文学代表《施公案》《彭公案》《三侠五义》等作品,塑造的是一种"好人"治理的社会,把社会纠纷的解决重心压在了人之"德性",而不是良好的制度之上,可谓追求的还是一种"人治",而不是法治。但是殊不知,德性发挥作用的良好保障往往是制度的善,制度的善为德性的善提供了良好的运行环境,才使其得以发挥作用和运转。而司法判决的作出,讲求的是"以事实为根据,以法律为准绳"的形式理性,在形式理性的保证之下去追求实质正义。这恰恰是在制度的范围内追求价值上的善,实现了二者的良性结合。

---

① 参见杨建军. 好法官的两种形象[J]. 法学论坛,2012(5):31.

二、司法判决是法律与社会沟通的桥梁

司法判决作为法律与社会公众沟通的一种中介和桥梁进入我们的视野,法律也通过司法判决与公众产生了时代的互动。司法判决作为一种司法产品,承载着相应的法律信息和价值信息,社会公众因为受其作出的整个过程的熏陶和生效而释放的理念影响,进而对自身的法治观念产生形塑作用。塑造的过程实质上就是以司法判决作为载体的国家法秩序与公众朴素正义观或者自然正义观之间相互说服的过程,最终达成一种司法判决之价值释放对公众头脑中业已存在的正义观与法律观的已然说服状态,但是在此过程中,必定会存有二者之间的挣扎与博弈。

同时,也正是司法裁判解决了现代高度分工社会中存在的"法治社会之公民"与"职业分工之公民"之间的二元悖论,让公众在精细化网格意义分工的知识基础上,又能与宏观的现代法治社会建设要求的公众所具备的法治知识相兼容。因为,司法判决可以使公众明晰客观事实与法律事实的疏离与亲和。司法判决作出的依据是"以事实为根据、以法律为准绳",但是此处的事实不是公众所认为的客观事实,而是法律事实,换言之,审判依据的事实是根据现有的证据予以建构出来的事实,而不一定是客观上实际发生的事实。在司法实践当中,法律事实的建构可能会出现和客观事实的重合情况,也可能会出现某种程度的疏离。

因为价值的多元冲突、人类认识的局限、证据的缺失等因素的综合作用,造成了司法实践当中发现客观事实的可能性大大降低。作为一种理想,客观真实理念却成为了我们制度不断完善的不竭动力。[①] 在这样相对于客观事实"非真实"的法律事实建构下,如果司法判决是通

---

① 参见吴宏耀,陈景辉,等."试论裁判事实的客观性"讨论会[C]//郑永流.法哲学与法社会学论丛(六).北京:中国政法大学出版社,2003:343.

过正当法律程序,在当事人充分参与的状况下作出,并且予以充分的论证、合理的解释、恰当的说明,那么司法判决就具有很强的正当性。正确性也就意味着合理的、有好的理由所支持的可接受性。① 所以,在司法判决正当性的渲染下,公众对于司法判决的可接受性也必定会大大提高,继而实现公众对于客观事实和法律事实相疏离的一种亲和式理解,减少网民对于已判案件所展开的非理性下的舆论干涉。

三、司法判决具有公共产品的属性

司法判决作为司法系统的输出产品,具有公共的属性。这种公共产品属性也决定了司法判决的社会价值导引功能。如果把司法看作一个运作的系统,那么事实和规范则是此系统的"输入",而司法判决则是司法系统的"输出"。针对不同的案件以及长时期的运转,司法系统的输入与输出是一个持续性的过程。而且通过司法系统所输出的司法判决产品面向的是公共生活与公共福祉。② 所以,司法判决的生产与再生产其实是一项公共事件,而法庭所披露的所有信息也都具有了公共的属性。

在价值逐步多元化,人际关系逐渐陌生化以及对现代性不断追求的现代社会中,这种公共产品对于"已然分化了的社会阶层之间的沟通、断裂的中国社会结构之整合以及健康的公共生活的塑造,无疑都具有重大的作用"。③ 同时,中国由礼俗社会转向法理型社会的进程之中,陌生社会关系的逐步形成使得过去的熟人社会存在的人际优势消失殆尽,人与人之间的信任也急剧下滑。规则意识的培育对于人际关系的正常化以及人际信任的重塑,无疑也会起到强大的促进作用。而作为公共产品的司法判决恰好通过面向公共生活、公共福祉,传达出一

---

① 参见[德]哈贝马斯. 在事实与规范之间——关于法律和民主法治国的商谈理论[M]. 童世骏,译. 北京:生活·读书·新知三联书店,2003:278.
② 参见方乐. 转型中国司法知识的理论与诠释[M]. 北京:人民出版社,2013:3.
③ 方乐. 转型中国司法知识的理论与诠释[M]. 北京:人民出版社,2013:3.

种公共的生活秩序与规则意识。司法判决所支撑的公共生活或者秩序的背后,本质上是法律秩序的普遍性,国家强制力的后盾性,进而使得司法判决所形成的公共生活或者秩序有了相当的权威,司法判决所依赖的规则也就成了人们可以信任的依靠。其实,建立规则信任就是建设法治的过程,二者相辅相成。当法治作为社会公众的一种生存方式和生活方式的时候,规则信任可以说水到渠成。"通过个案判决塑造公众法治观念"命题就是试图通过司法的实践过程将司法判决的公共产品属性外露于公众的视野之下,使社会公众潜移默化地受到熏陶。

四、司法判决为公众创造稳定预期

正如美国社会学家斯特赖克(Sheldon Stryker)所指出的,人类社会行为是由其周围象征性的标定所构架起来的,而个体在社会结构中所占位置的象征符号和其所联系的意义是最为重要的象征性标定,而且这种象征性标定处理着角色的充当、自己与他人关系的预期。[①] 司法场域作为一个周围象征性的标定,也作为一种社会空间,有其内在的逻辑和权力关系,其在影响着法官角色展开的同时,也必定会对法治观念的再生产起着重要的作用。[②] 在这个社会空间领域内,公众以及深入其中而发生互动的当事人,通过角色领会来解读司法判决当中的意义和释放的信号。在这种互动和领会的有效过程中,法律文化的实践模式得以开启,公众的法治观念得以塑造和厘清,进而指导自身的具体行动。

况且,法律作为一种行为规范,已然具有了指引的作用。但是在某些情况下,一般性法律的指引方向不甚明确和细化。而司法判决都是在具体个案当中得出的结论,其相对于一般性的法律来说,指引更加明

---

① 参见[美]乔纳森·H.特纳.社会学理论的结构(下)[M].邱泽奇,等,译.北京:华夏出版社,2001:39.

② 参见代志鹏.司法判决是如何生产出来的——基层法官角色的理想图景与现实选择[M].北京:人民出版社,2011:187.

确、直观,通过个案司法判决的查阅,"什么样的行为将会承担什么样的后果"一目了然。而且,最为关键的是,司法判决的作出是一个执行法律、落实国家法秩序的动态过程,而不是"本本上的法"所彰显的静态意义上的法,个案判决的作出直接关系到具体权利义务的享有和承担,如果不履行还可能涉及强制履行的情形,所以"看在眼里、记在心里、落到实处"的深刻、直观最终造就了具体法治观念在每个公众个体头脑当中慢慢树立,进而为公众合理安排自己的行为并预测自己行为可能带来的后果提供准则和便利。

五、个案判决彰显司法的文化性和民族特色

一个司法判决的作出除了有关法律、事实以外,还关涉到宗教、道德、习惯、习俗等与地域和民族有关的因素,所以司法权在世俗世界的运行中势必会掺杂形形色色的元素。而法院在行使审判权时大多是依据国家制定法作出判决,但是在某些情况下也不排除将"民间法或习惯法"作为裁判的依据。而"民间法"或"习惯法"又有自己的地域性、文化性和民族特色,那么国家法作为一种国家秩序,"习惯法"或"民间法"作为一种民间秩序,如何实现二者的融洽与兼容? 如何通过司法这一落实国家法秩序的中间媒介起到桥梁式的作用? 如何通过司法判决体现中国司法的民族特色与文化性?

有学者提出了自己的见解:第一,最基本的、最主要的社会关系,必须由国家法运用强制性规范予以确定和调整。第二,属于具有强烈的"地方性知识"和民间色彩的社会关系,可以依靠民间法,依靠地方性知识来处理,特别是当这类社会关系还没有诉诸国家机关,没有纳入司法的调控机制时。第三,属于国家法和民间法都可以涉及的社会关系,这类社会关系可以有国家法来确定和调整,也可以由民间法来调整。①

---

① 参见田成有.乡土社会中的国家法与民间法[J].思想战线,2001(5):83.

笔者在田教授的观点基础上提出以下三点同质的样态:第一,司法的介入。对于转型时期民间社会的一些有违法律基本价值、法治基本精神的行为,像童养媳,司法机关必然也必须要进行介入,落实国家的法秩序,附带起到促进文明进化的效果,推动人类文明的进步。第二,国家法的再解释。国家法注重的是其规范性与普遍意义,"习惯法"或者"民间法"更注重的是其地方性意义。在有些情况下,如电影《秋菊打官司》所反映的社会场景,司法如果强行介入,反而会破坏这种社会关系和社区中人们之间的默契与合理预期。"任何法律制度和司法实践的根本目的都不应当是为了确立一种威权化的思想,而是为了解决实际问题,调整社会关系,使人们比较协调,达到一种制度上的正义。"①在这种情况下,如果实现国家法的再解释,与秋菊的"讨个说法"相兼容,这样不仅调整了社会关系,而且达到了一种制度上的正义。这时,就如人类学家吉尔兹(Clifford Geertz)所描述的法律状态:"法律也许已经变得世俗化或者有些世俗化了,甚至变得更为合理了,但它并没有失去其地方特性。"②第三,同化。按照一般意义上的理解,法律产生的途径有两种,一种是立法机关直接制定;另一种是国家认可,也即同化。如果此时国家实体法处于空白状态,而现实的纠纷又需要一种秩序的标准作为权威,进而可以以一种国家的姿态去承认现有的状态,完成地方性的"习惯"上升为具有国家强制力的"习惯法"这一质变环节。而同化的目的不是消解现有的秩序文化,而是一种认可与强化。

在充满民族特色和文化性的中国司法场域下,某些司法判决也必定有其时间和空间的限制。由于此限制也可能会引发诸多监督群体的质疑和疑惑。③ 如果以司法判决为蓝本,以中国司法的民族特色和文

---

① 苏力.法律与文学——以中国传统戏剧为材料[M].北京:生活·读书·新知三联书店,2006:375.
② [美]克利福德·吉尔兹.地方性知识:事实与法律的比较透视[C]//梁治平.法律的文化解释.北京:生活·读书·新知三联书店,1994:118.
③ 比如对同案不同判的质疑。在东部沿海城市和西部少数民族地区发生的类似案件在很大程度上就可能存在同案不同判,而这其中的原因也是多元的,但重要的一个因素就是司法的地域和民族限制。

化性为背景,体悟和阐释出中国司法的民族特色和文化性,那么此法治观念的塑造过程也必定是深刻的和充满中国特色的。

综上所述,对于以上内在机理的分析,可以进一步揭示出,通过个案判决塑造的初级目的是让社会公众形成法治观念,在理性基础上认识法律和运用法律,让法治观念成为一种社会公众生活中的常态,进而内化为一种习惯性的思维方式,并运用法治观念的思维方式来思考问题以及处理、指导日常的生活与工作,让法治观念体现于公众的日常生活与工作当中。其次,通过个案判决塑造公众法治观念关涉的是公众未来生活的一种安排,它面向的是未来的生活状态,而不是沉溺于过去。在此基础上,更进一步讲,塑造的最终目的是达到现代法治观念与社会公众心中的正义观念之共识度不断提高的状态,使公众体悟到法治的精神意蕴,甚或达至高度契合的理想状态,让法治不再是一种简化的技术和工具,而是成为一种生活方式,甚至是形成对法治的信仰。①

第五节 "通过个案判决塑造公众法治观念"的基本模式

根据前文对司法判决类型之形式划分,再加以对司法实务的观察,可以得出"通过个案判决塑造公众法治观念"有三种基本模式:第一种是一般司法判决确认下的价值释放模式,其塑造功能的关键体现在规则、原则内含价值的引领作用;第二种是最高人民法院指导性案例指导意义发挥下的案例指导模式,这种指导意义发挥的关键领

---

① 在高度契合的状态下,也许能够达到类似于姚建宗教授提到的法治信仰。笔者本身并不否定法治信仰的命题,但是这个命题有一个前提就是如何让公众了解到法治,如果公众都不了解法治,那所谓的形成法治信仰也是奢谈。本章就在于从司法判决的角度拉近公众与法治的距离,让其成为一种内化性的情感和知识储备,实现姚建宗教授所讲的法律的主体化与主体的法律化。具体关于法治信仰的观点请参见姚建宗. 法治的生态环境[M]. 济南:山东人民出版社,2003:325—354. 姚建宗,于莹. 法治的人生态度[J]. 现代法学,2000(1):29—34.

域在于"同(类)案同(类)判"的样本宣示、统一法律适用给公众带来的稳定行为预期,以及采取范例的形式,告诉人们如何应对具体的生活情境;①第三种是冤案、错案、假案情境下的失败个案的反面形塑,其发挥塑造作用的关键是,对社会大众传统观念的冲击以及引导公众对法律、情理、常理等进行更深层次的理解与内化,甚至对司法机关形成焕然一新的认知。

一、价值释放模式

"判决是法官对社会价值加以界定的社会过程。"②也是一个判断和建构法律意义的过程。在此过程中,法官在作出判决之前需要对各种价值之间的分量进行平衡和取舍,最终确定一个基本的价值取向来塑造和导引社会公众的法治观念。"通过司法裁判来化解权利冲突的好处在于,它并不着眼于个案化地化解权利冲突,而是通过个案冲突的化解,对权利进行类型化的构造,从而形成抽象的权利界限和规则,批量化和系统化地化解各种权利冲突,从而将个案纠纷的经验内化到治理结构中,变成治理结构的内化经验和知识。"③这样就形成了"个案审判——固化规则、原则——价值释放"的价值释放模式。当个案判决公之于众的时候,判决当中所内含的规则、原则会得以释放,进而这种价值的释放扩展为一种行为规范,促使公众合理地安排自己的行为以及树立理性化的预期。

个案确认和法律规则、原则的固化过程在疑难热点案件当中显得尤为突出。就国内案件来看,最为典型的个案确认就是"冷冻胚胎继承

---

① 参见[美]达玛什卡. 司法和国家权力的多种面孔——比较视野下的法律程序[M]. 郑戈,译. 北京:中国政法大学出版社,2015:29. 孙笑侠. 论司法多元功能的逻辑关系——兼论司法功能有限主义[J]. 清华法学,2016(6):19—20.

② [美]欧文·费斯. 如法所能[M]. 师帅,译. 北京:中国政法大学出版社,2008:3.

③ 泮伟江. 司法改革、法治转型与国家治理能力的现代化[J]. 中共浙江省委党校学报,2015 (5):62.

权二审改判案"①。"冷冻胚胎继承案"是我国首例此类案件,支持胚胎继承的司法判决背后也确立了"冷冻胚胎可以继承的规则"。继而表达出了,司法判决能够在新的语境中重新勾勒出某种权利、义务的具体界限,向社会确认、生产规则以及输出正义。在此意义上讲,司法的目的应被视为赋予我们的公共价值以意义,判决应当被视为对这种意义的检视和精确化。② 就国外案例而言,特别是美国,由于其是判例法国家,所以此类例子比比皆是,比如,"马伯里诉麦迪逊案"确立了司法享有违宪审查的权力原则;"里格斯诉帕尔默杀父继承案"则重申了"任何人不得从自己的违法行为中获利"的原则等。总之,案例中蕴含的法律规则、原则可谓是司法实践当中的一种"活法"和"行动中的法"。这种"活法"精神穿插于公众的各种周围环境之中,对公众的言行起着"润物细无声"的潜移默化的塑造作用,并且也成为了"通过个案判决塑造公众法治观念"的基本模式之一。

二、案例指导模式

从 2005 年最高人民法院发布《人民法院第二个五年改革纲要(2004—2008)》中提到建立和完善案例指导制度,到 2010 年 11 月 26 日最高人民法院发布《最高人民法院关于案例指导工作的规定》,再从 2011 年 12 月 20 日最高人民法院发布第一批指导性案例,到 2023 年 12 月 7 日止,一共发布了 39 批共 224 个指导性案例。在 2015 年 6 月 6 日,最高人民法院发布了《〈最高人民法院关于案例指导工作的规定〉实施细则》,细则指出,将进一步规范指导性案例制度,而且最高人民法院将建立全国法院案例信息中心以及指导性案例电子信息库,为进一步查询、检索和编纂指导性案例提供互联网时代的保障。

---

① 具体案情参见 2014 年度十大法治事件[EB/OL].(2014 - 12 - 10)[2016 - 7 - 21]. http://china. findlaw. cn/bianhu/xingshidongtai/1177600. html. 江苏省无锡市中级人民法院(2014)锡民终字第 01235 号民事判决书。

② 参见[美]欧文·费斯. 如法所能[M]. 师帅,译. 北京:中国政法大学出版社,2008:16.

最高人民法院的指导性案例作为司法判决的形式之一,其是在具体案件事实的基础上构建裁判规则,具有典型的个案化思维以及较强的说理性。中国特色案例指导制度发轫成行,不仅能够使得法律适用、司法程序得以进一步规范,而且具有宣传法制、教育社会民众、影响民众行为、实现社会秩序价值的作用。同时,指导性案例制度是要重申"同(类)案同(类)判"下统一裁判的审判规则,以及规范法官自由裁量权的司法理念,这种司法理念也会促使社会大众在诉讼过程或者行使主体监督权利的过程中,以一种回溯式的思维去寻找类似的案件来支撑自己的观点,以维护自身或者他人的合法权益,而在这种内生需求的驱动下,公众也会增强自身对于指导性案例的熟知程度和运用能力。由于缺乏对法律具体知识进行深刻理解和内化的机遇,以及法律本身内存的种种局限和缺陷,公众从一般性法律条文中获取权利义务资源分配的成本大大提高,从而在成本收益的视角来讲,直观地从指导性案例当中获取和发现行为后果的确定性和可预期性不仅有效而且经济。特别是指导性案例中裁判要点的简化性概括更是符合了易于传播、乐于接受的大众形式。从而,指导性案例可以通过符号化和形象化的手段传播法律信息,完成社会教化和塑造公众法治观念的使命。[①]

三、反面形塑模式

司法判决作为一种既定性的具有法律效力的资源,它在规制人们行为,安排公众行为预期的同时,也可以作为一种可挖掘的资源来限制司法机关审判时的权力界限,进而成为公众从事某种行为的主张依据以及作为一种司法审判时遗留下来的记录法治时代的印记。进一步而

[①] 时任最高人民法院院长周强也曾指出:"案例指导制度有利于弘扬社会主义法治精神和社会主义核心价值观。案例是法制宣传教育的'活教材'。通过定期公布典型案例,可以增强全民的法治意识,使公众从案例中直观领悟法律的原则和精神,促进在全社会形成办事依法、遇事找法、解决问题用法、化解矛盾靠法的良好法治环境和尊重司法、信仰法律、崇尚法治的良好氛围。"参见周强. 充分发挥案例指导作用　促进法律统一正确实施[N]. 人民法院报,2015-1-4(1).

言,如果司法判决的合法性、可接受性受到挑战与质疑,很可能这种不信任的境遇会变为公众权利意识生长的契机。"浙江张氏叔侄案""佘祥林案""张玉环案""张文中案"等作为成功予以纠错的典型冤假错案(失败个案),其本身具有双重性质。一方面,在此案没有改判之前,即公众没有意识到其为冤假错案之前,虽在公众面前造成了一种"集体无意识"的合法、正当假象,但是作为职业共同体以及法律系统内部的"亡羊补牢式"与"后进式"的自我反思意义却不可小觑。另一方面,此案改判之后,社会公众虽对司法信任可能会继续延续了既有的怀疑态度,但是这种怀疑在一定程度上有了得以纠正、得以走向正轨的期待与预测。在翻案、再审的整个过程中,公众由于注意力的高度集中,积极地参与案件思考,反而进一步促进了自身权利意识的生长,而权利意识的强化又大大提高了公众反思司法能力、司法风险的主观能动性。"这种能动性促使了人们去利用法律的话语和策略反对他们所感受到的损失、不公或其他对象,而同时也在这一过程中权利意识不断被重构、强化、生成和流变。"①也许在"张志超案"等失败个案被翻案以后,其本身对于提高司法的公信力以及司法的权威性有重大的意义。社会公众对于司法重塑了信心,也看到了国家司法的纠错决心。

当然,失败个案并非司法刻意追求,因为其作为典型塑造案件的背后是当事人人权的践踏、司法不公、司法腐败与司法资源的浪费。我们看到了失败个案背后的隐含意义,并不是提倡法院生产失败个案,而是在避免失败个案的同时,要有纠正失败个案的勇气和决心,并且在纠错的同时,要彰显此过程中公众的参与以及法治观念的塑造意义。

第六节　本章小结

司法在很大程度上影响着人们"理性地选择过一种法治生活"的态

---

① 王启梁.不信任背景下的权利意识生长[J].中国法律评论,2016(2):99.

度,通过司法判决来塑造公众法治观念所倚重的是司法判决的桥梁沟通意义,其勾连了司法与社会公众,拉近了社会公众与司法的距离,增强了其亲和性和良性互动,有助于实现法治观念的社会化。同时,法治观念又是法治文化的重要组成部分,塑造法治观念的过程也是一个不断强化和型构法治文化的过程。在此过程中要促使公众的法律认知与法官的司法判决不断地达成共鸣和共识,形成公众对所形塑法治文化的认同和亲和。① 而且,法治观念塑造的过程也是法律逐步神圣化和获得公众内心敬畏感的过程,最终达至一种按照法律要求来安排自己生活、依据法律来处理日常纠纷的理性化状态,以及形成一种法治文化的自觉意识和理性的诉讼观念。在这种生活方式的样态下,公众精神上有了依归和信任,有了民主、自由、平等等法治内核的价值追求;公众自身行为有了法律化的内在动机和对法治事业参与共建的渴望。在法治的人文关怀下,虽然还有很多的困惑和迷思,但是每个个体基本可以独立、自主、自由地做出追求自己幸福生活的尝试和努力,并且其人格与尊严都会最大程度地得到法治的尊重。

但是,此命题在开展的过程当中依然面临着"司法正义与社会正义之间的隔阂""司法判决的正当性质疑""历时性问题共识性解决"等困境,需要我们从不同的路径加以消解。同时,不得不承认,"通过个案判决塑造公众法治观念"只是一条塑造公众法治观念的特色与优势路径,但是并不代表其能供给公众所需求的全部"法治观念"产品。在此缺陷下,我们在探讨此塑造路径的同时,仍不能忘却其他路径的参与。

---

① 参见季金华.司法权威的文化建构机理[J].法律科学,2013(6):3—12.

第八章
"通过个案判决塑造公众法治观念"的开展困境及消解

徒法不能以自行。

——孟子

特别在应付许多新问题和力图保障一个正在变化的经济秩序中许多新产生的迫切利益方面，法律不符合人们对它的期望。这种情况产生于公认的理想对今天法院所受理的各种冲突的和重叠的利益不能提供满意的调整。

——[美]罗斯科·庞德

在当代中国，最值得重视的是舆论实际上树立了作为话语而存在的权力或者规范，通过"从群众中来，到群众中去"的反馈回路在象征符号互动的场域里不断流布、扩张。

——季卫东

正如上一章所述，"通过个案判决塑造公众法治观念"命题有其内在的逻辑理路，其主要是针对现代法治观念与传统观念存在隔阂以及法治观念社会化的程度不高而提出的，其最终目的就是要在中国社会转型期，实现价值观念的更新换代，由以前的传统观念变更为现代的法治观念。虽然，这一命题的提出存在很大的价值，也有其自身的个案塑造特殊性、内在机理、外在驱动力以及基本的运行模式。但是，根据法律现实实践问题的存在或者概括法律现象的必要而提出某种命题固然是一回事,但如果命题从应然角度无法成立,或者从实然视野无法全面开展,不具有实践上的可操作性和可推广性,那么命题的提出也是毫无意义的。所以,笔者接下来将在"法治观念的可塑性"与"通过个案判决塑造"两个维度来论证"通过个案判决塑造公众法治观念"命题具备理论上的可行性和实践上的可操作性。二者的兼备构成了"通过个案判决塑造公众法治观念"命题得以成立和开展的基本前提。但是,必须予以清晰的是,理论上的可行性和实践上的可操作性并非意味着此命题的全部,此命题在开展的过程中依然面临着基本的四重困境,笔者将在本章第二节对这些困境加以描述和阐释。最后,笔者试图从不同的路径切入对这些困境进行消解,以期达到在"通过个案判决塑造公众法治观念"命题之意义因面临困境而不断式微的境遇下,重塑其原初形象和命题功能的目的。

第一节 法治观念的可塑性与通过个案判决塑造

一、法治观念的可塑性:从法律意识到法治观念

谈及法律文化甚或法治文化的内涵,学界多有相异的论述。但是在浩瀚的理论当中,刘作翔教授的法律文化理论模型①具有很大的借鉴意义。刘教授把法律文化进行了类型化的划分:表层的法律文化结构和深层的法律文化结构。其中,表层的法律文化结构主要局限于法律制度、法律规范、法律设施等方面,其是以一种可视化的制度、器物、机构形式而存在的,并且构成了"通过个案判决塑造公众法治观念"命题展开的"物化"基础;法律文化的深层结构分为法律心理、法律意识、法律思想体系。(如图8-1所示)

---

① 刘作翔教授的法律文化模型理论主要见诸其在商务印书馆出版的《法律文化理论》一书,参见刘作翔. 法律文化理论[M]. 北京:商务印书馆,1999:117 以下.

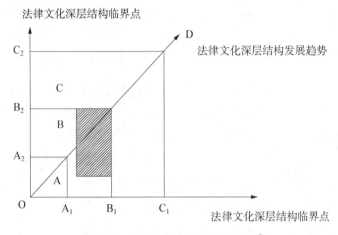

图 8-1　法律文化深层结构示意图①

其中,法律心理(OA₁ 与 OA₂ 形成的封闭区域 A)是每一个智力正常、具有社会生活经验的大众都具备的,相对零散的不系统的关于法律、法律现象的朴素认识。其常常表现为心中朴素的自然正义观以及传统的习俗、习惯,比如"杀人偿命""随便拿别人东西是不对的""欠债还钱""打官司是很丢人的"等等,其是一种非常初级的感性心理状态,这种朴素的心理状态往往是感性偏多、缺乏理性认识。② 法律意识(A₁B₁ 与 A₂B₂ 形成的封闭区域 B)是法律心理到法律思想体系的过渡

---

① 如图 8-1 所示,A₁、B₁、C₁、A₂、B₂、C₂ 分别是法律文化深层结构的临界点,其中 OA₁ 与 OA₂ 组成的封闭区域 A 是法律心理;A₁B₁ 与 A₂B₂ 组成的封闭区域 B 是法律意识;B₁C₁ 与 B₂C₂ 组成的封闭区域 C 是法律思想体系。D 线表达的是法律文化深层结构之三者的发展趋势:逐步体系化。斜线阴影部分是法治观念区域,其与法律意识是一种包含与被包含的关系,本章的主旨就在于此部分观念的塑造。

② 比如,关于普遍存在的家庭暴力问题,很多男性认为,殴打自己的妻子是自己的家事,也是很正常的,根本和法律没有关系,纯属自己的私事,甚或认为女性一旦嫁于男性就有一种"嫁鸡随鸡嫁狗随狗"的身份依附关系。当然,必须予以承认,法律心理中也有一些积极的心理,比如"欠债还钱",其在一定程度上会促使当事人维护自己的合法权益。衣俊卿在《文化哲学十五讲》中,将文化分为自在文化和自觉文化,自在文化是一种由传统、习俗、常识、天然情感等因素组成的存在方式或者活动图式;自觉文化是以自觉的知识和自觉的思维方式为背景的存在方式或者活动图式。显然,可以由此得出,法律心理就是一种自在的文化范围,与刘作翔教授的观点形成呼应。参见衣俊卿. 文化哲学十五讲[M]. 北京:北京大学出版社,2015:63—66.

阶段,其本身是一个复合体,这时的法律意识比法律心理要更成熟、更系统,但是相对于法律思想体系来说,其还是相对零散的知识。从目前的实践以及学界做过的社会调查来看,这种法律意识往往是那些接受过非法学高等教育人士所具备的知识,比如"杀人者不一定判死刑""借给别人钱长时间不要可能就不会得到法律的保护""法院作出的判决不一定都是正确的""我有作证的义务""南京彭宇案作出的判决严重打击了助人为乐的优良传统""自己遇到广州许霆那样的情况,最好还是尽快联系银行"等等。法律思想体系(B_1C_1 与 B_2C_2 形成的封闭区域 C)是受过专门法学教育的人士所具备的知识体系,其是以多门核心课程为中心的法学思想体系。既有实体法的具体规定,即"根据法律的思考",也有实体法背后的法学理论素养,即"关于法律的思考"。比如,法官判案过程所运用到的知识、律师代理案件所体现的具体实体法知识等等。法律思想体系往往是以法律思维的形式得以切入,以具体的法律知识得以呈现。具体到司法领域,则是司法审判领域的法律知识,比如,司法判决文书的撰写知识、证据的采纳规则等等。

由此,可以观之,"从法律心理到法律意识,再到法律思想体系,是一个由法律感性认识到法律理性认识的渐进过程,它们一层比一层显像化、理性化、逐渐趋于成熟化"。[1](如图 8-1 D 线所示)并且,法律心理根本不需要刻意地塑造,其本身就是在社会这个大染缸中耳濡目染之后的一种自生自发,但是因为法律心理隐含了很多的道德伦理,所以可以为法律意识的塑造提供从法律心理到法律意识转化的契机,[2]法律意识的塑造往往是建立在自然生发的法律心理基础之上,更多表现为对法律心理的矫正。[3] 但也不完全是,因为法律意识本身还囊括了一些负面意识,其是一个中性的表达(下文还有论述);法律

---

① 刘作翔. 法律文化理论[M]. 北京:商务印书馆,1999:119.

② 这种契机可能是正面的契机,也可能是负面的契机。正面的契机会进一步促进法律心理的发展,使其更加理性化,负面的契机使得转化多了一层思维闸门,需要更多的成本投入。

③ 比如,"长时间不要钱很可能在起诉的时候要不回来了"的法律意识就是对"欠债还钱,天经地义"等法律心理的矫正。

思想体系是必须受过法学专门教育才能得以树立的知识体系,且这部分思想体系被法律职业共同体所"垄断",一般的社会公众很难轻易习得或者熟悉这种资源,特别是在法律职业资格考试加以改革的语境下,参加主体的限制以及法言法语设定的知识边界使得这种情况更加凸显。

现代社会是一个社会学家狄冀(Léon Duguit)意义上的"社会连带"关系,同时也是一个涂尔干(Émile Durkheim)意义上的"分工社会",各位社会成员各司其职,知识的掌握已经非常精细化,只能在辅助意义上去掌握自身领域以外的知识储备。所以,要求人人都是法律家、法学家也是不现实的。只有法律意识处于二者的过渡阶段,以一种非常不稳定的状态得以呈现,具有非常强的可塑性,而且这种法律意识的受众不需要受过高等教育,只要具备普通人智商,一般都能在塑造的环境中获得这种意识。这样一来,法律意识不但具备了可塑性的特点,而且其受众是可以无限扩展到社会公众(除去法律职业共同体、法学家等专门从事法律业务或者法学研究的人员)的范围。一旦这种法律意识得以塑造,其对法治社会、法治国家的建设大有裨益。

行文至此,法律意识的可塑性已得以证成。但笔者强调的是法治观念(法治意识)的可塑性,这中间又是如何过渡的? 包括刘作翔教授在内的众多学者[①]认为,法律文化有正负价值的类型划分,既有专制时代的肉刑等落后野蛮法律文化,也有现代先进、文明、优秀的良法善治的正面法律文化类型。而法治文化则是一个充满正能量、正面信息的、优秀的、先进的、文明的法律文化类型。[②] 如果以此作为理论模型推广到法律意识和法治意识(法治观念)的关系界域,那么由此也可以得出,法律意识是一个中性的概念,其本身不含有价值评判的色彩,而且有正

---

① 经过笔者的文献梳理发现,不仅仅是刘作翔教授如此认为,其实关于法律文化与法治文化的关系,学界有很多学者认为治文化是法律文化的高级阶段,是一种正面价值的表达。其他相似观点请参见陈仲.法律文化与法治文化辨析[J].社科纵横,2009(9):80—81.张波.论当代中国法律文化的多样性及中国特色法治文化的生成[J].南京社会科学,2001(11):52—57.马海兰.创新法律文化实现法治现代化[J].人民论坛,2014(5):126—128.
② 参见刘作翔.法治文化的几个理论问题[J].法学论坛,2012(1):5—10.

面和负面意识之类型化存在。而法治意识(法治观念)则是现代社会追求法治与推崇法治信仰时代的公众层面的正面表达,其表现出来的是法治所显现的正面姿态与积极意识。(如图 8-1 所示的斜线阴影区域)

至此,我们可用一句话来概括法律意识与法治意识(法治观念)之间的关系:法治意识(法治观念)是一个饱含人类现代法治追求与法治信仰的,彰显正面价值的法律意识表达,其是法律意识高级阶段的呈现。① 所以,法律意识的可塑性证成也间接说明了法治观念(法治意识)的可塑性,而且这里塑造的法治意识(法治观念)因为是法律意识当中人类普遍追求的公平、正义、人权等价值部分,因而具有了可塑造的价值,即值得塑造。甚或说,在塑造法治观念的过程当中,我们自觉地就把法律意识当中负面的意识和消极的方面进行了过滤与屏蔽。

二、通过个案判决塑造:从自生自发到人为塑造

秩序本身的来源有两种:一种是经济学家、政治哲学家哈耶克(Friedrich August von Hayek)意义上的"自生自发秩序"②,这种秩序深深植根于民族的传统与精神当中,而且与其所生活的样态、环境相适

---

① 目前学界以法治意识作为主题的专著有两本,一本是柯卫的《当代中国法治的主体基础——公民法治意识研究》,第二部是柯卫与朱海波合著的《社会主义法治意识与人的现代化》,其中也表达了相似的观点。除此之外,很多的作品也表达了相似的观点。参见柯卫. 社会主义法治意识与人的现代化研究[M]. 北京:法律出版社,2010:84. 夏丹波. 公民法治意识之生成[D]. 北京:中共中央党校博士学位论文,2015. 卓泽渊. 法理学[M]. 北京:法律出版社,2009:69. 周义程,梁莹. 公民参与态度与公民法治意识之成长[J]. 社会科学,2009(10):16—24. 孟书广,张迪. 公民法治意识形成的机制及启示[J]. 人民论坛,2012(36):112—113. 焦艳芳. 国家法治现代化与公民法治意识的培育[J]. 人民论坛,2014(14):98—100.

② 参见[英]哈耶克. 法律、立法与自由(第一卷)[M]. 邓正来,等,译. 北京:中国大百科全书出版社,2000:54—78. [英]哈耶克. 自由秩序原理(上册)[M]. 邓正来,译. 北京:生活·读书·新知三联书店,1997:代译序 7. 需要予以注意的是,哈耶克使用过多个词汇来表达其内涵,比如,self-generating order,self-organizing order 以及 extended order。

应,但是具有较强的地方性经验色彩;另一种是人为塑造生成的秩序,这种秩序往往带有人为建构的属性,它立基于现代职业的高度精细化分工以及社会精英与普通大众的社会分层。二者可以归纳为哈耶克所阐释的"演进理性与建构理性",虽然哈耶克从"无知"的知识观以及"理性不及"的立场出发只是批判了人为建构秩序的存在,但是演进模式其实亦存在其弊端。

首先,演进的时间成本往往大于建构的时间成本。在民族环境、生活方式基础上得以自由生发、自我塑造的过程,一般是异常缓慢的。法治现代化的步伐也使得二者本身的距离日益疏远甚或脱节,而这又致使司法运行的社会成本大大提升,因此我们必须正视国家自上而下的法治建构力量。

其次,哈耶克"自生自发秩序"的视角是将人作为一个"类存在"给予对待,忽视了现代社会的分层与分工。在人"类存在"的大概念之下,还有法律职业者与普通社会大众的区分,相似表面背后隐藏的是思维方式的差异。用一部分专业人士的司法产品去影响另外一部分社会群体的思维,不仅是快速适应现代法治社会发展的内在需求,更是这类群体适应现代社会、降低司法运作成本的现实需要。

再次,哈耶克意义上的"自生自发秩序"带有很强的地方性色彩,这本无可厚非,但是这种地方性经验很容易催生一种盲目乐观的、可推广的普适化理想意识。①

最后,"自生自发秩序"虽在一定程度上契合了"在地"场景,但是其本身的发展方向是不可控的,其内容的自我生发也未必是现代法治建设所欲求的。在此境遇下,如果将人为塑造加以抽离,不仅公众法治观念自生自发的轨迹很可能与现代法治所意欲彰显的良好法治生活轨迹相偏离,而且可能进一步造成现代法治观念社会化的进程放缓。所以,人为建构的秩序介入尤其必要,特别是引导秩序的生成走向一种现代法治所欲求的样态。但是,这种人为的塑造并不是完全脱离过去的传

---

① 参见周赟. 自生自发理论的价值和限度[J]. 河北法学,2007(2):6.

统,而是在一定程度续接传统的基础上加以矫正,达至形成一种新传统的目的。

　　社会学家舒茨(Alfred Schutz)也曾阐释道,在所有人的心中都装有规则、社会对策和恰当行为的概念,以及在社会各界中行动的信息。这些规则、对策、概念和信息给公众提供一种参考架构或者取向,借助此导引可以从容地行动于周围世界。① 这种规则、对策、概念化的观念可以来自于长期的实践,也可以来源于间接经验的塑造。相对于公众来说,法律实践并非唾手可得,因为参与到司法过程当中需要一定的成本,因而在此境遇下,间接经验的塑造显得如此恰当而且必要。再者,"制度性法律文化体现了一个社会的立法者希望实现和达到的社会秩序状态和理想目标,但这种状态和目标却常常会由于该社会的经济、政治条件和社会成员文化心理观念上的不相协调使其难以实现。"②传统法律文化与现代法治文化的隔阂在打造一条鸿沟的同时,也暗藏了传统向现代创造性转化和创新性发展的契机。传统与现代法治观念的冲突与隔阂从微观上来讲,实际上是法律职业共同体与普通大众群体之间的观念裂痕。法律职业共同体由于受到专门的法学训练,基本具备了现代法治观念的素养与思维方式,而普通大众在时代变迁的推动下观念虽有所更新换代,但是仍存有固化的朴素正义观与现代法治观念的格格不入,需要予以议论达成共识。而"通过个案判决塑造公众法治观念"路径则是以法官群体为主导,通过个案判决产品所蕴含的现代法治观念释放,营造出塑造公众法治观念的法治文化氛围,进而促进社会公众法治观念的生长。

---

① 参见 SCHUTZ. The Phenomenology of the Social World [M]. Trans. GEORGE WALSH and FREDERICK LEHNERT. Evanston: Northwestern University Press, 1967.转引自代志鹏.司法判决是如何生产出来的——基层法官角色的理想图景与现实选择[M].北京:人民出版社,2011:179.
② 刘作翔.法律文化理论[M].北京:商务印书馆,1999:273.

第二节 "通过个案判决塑造公众法治观念"的四重困境

一、塑造的认同困境：司法判决的公信危机

司法判决的正当性作为"通过个案判决塑造公众法治观念"的逻辑前提之一，如果其本身存在质疑，那么"司法判决对当事人法律意识的修正不是培养起现代法治所要求的冷静、谦抑的品格和客观公正的判断能力，而是将其推入找关系、潜规则大行其道的人治深渊"[①]。而且很可能将"塔西陀陷阱"推向更加危险的境地。民主权利意识的增强已生发了众多的意义追问，从约翰·奥斯丁（John Austin）的"法律命令说"到约瑟夫·拉兹（Joseph Raz）的"通常正当化命题"，虽本身已有较大的进步，但是这种系统信任的自愿放弃又被公众所重新拾起，不再推定司法判决本身是合法、合理且充满正当化的。特别是在疑难热点案件当中，公众交涉、议论的意愿日益高涨，尽管人们认识到这种交涉的成本在不断提高。为了提高难办案件中司法判决的可接受性和受怀疑的程度得以减缓，司法开始以一种流动的、特殊的"情景伦理"来修正整体的价值判断，比如某种程度的程序沟通，强调和解、调解，甚至允许当事人一定程度的反悔与再反悔，但是由此一来，司法仍然遇到了"一人一是非"的新困境，当事人的任意性痕迹凸显，从而导致秩序的碎片化恶果严重。[②]

这里所讲的"司法判决不被认同"至少可在两个层面展开：一是社会公众的不认可；二是法律职业共同体的不认可。对于第一种不认可的情形，从表面上看，这可能是由司法判决释放的法治观念与公众心中

---

① 代志鹏.司法判决是如何生产出来的——基层法官角色的理想图景与现实选择[M].北京：人民出版社，2011：199.
② 参见季卫东.通往法治的道路——社会的多元化与权威体系[M].北京：法律出版社，2014：50.

的自然正义观相违背或者有所偏差所导致的,但追根溯源,绝大多数情况下是由中国传统道德文化与现代法治文明之间的冲突而造成的。传统文化作为中国古代秩序的缔造者,其与现代法治国家秩序的建立出现裂痕,这足以说明现代法治国家的秩序建构只是单一地依赖于中国传统文化资源已得不到足够多的支撑,必须要在挖掘传统优秀资源的同时,也要进行资源的创造性转化和创新性发展。不管这种转化和创新是以"旧瓶装新酒"还是"新瓶装旧酒"的形式得以呈现,此过程对于公众法治观念的塑造作用都不容忽视。

其或者是对传统观念部分内容的摒弃,或者是对传统观念的部分改造,甚或是对其部分内容的认同与吸收,直接转化为国家认可的正统法治观念,从而具有了国家强制力作为后盾。这样一来,就实现了从有到无、从旧有到新有的法治观念塑造结果。但是,在此过程中,最为担忧的是,如何处理好社会公众与司法判决本身塑造的状态所产生的隔阂与排斥,即如何跨越好传统与现代之间的鸿沟。况且这条鸿沟中间还有社会公众人为的抗拒力量,其具体表现为公众心中传统朴素的法律正义观,对通过司法判决塑造公众法治观念得以体现出来的现代法治观念,所自然产生的排斥反应。如果中间能够架起一座桥梁的话,那么也许二者会实现正和性的角色沟通,在相互妥协中和谐共存。

第二种不认可与第一种不认可不同,其反映的不是某种传统与现代的隔阂,而是对司法判决本身的合法性、可接受性以及权威性存在质疑。这种境遇下的不认可与第一种不认可相比,在某种程度上讲,其产生的影响力与破坏力也许更大,其中可能暗藏司法不公、司法腐败等法治危象。如果任由这些现象肆意存在,"通过个案判决塑造公众法治观念"命题的提出不是在促进良法善治,而是在产生"为虎作伥"的负面法治效应。而我们所说的司法判决的正当性是要达到双方都认可的状态:普通公众的认可和法律职业共同体的认可。

总而言之,如果欲求此命题顺利开展,就需要将司法判决所确定的正义与社会公众所业已存在的或者准备将来在头脑中所储存的正义相契合,这种契合可以是原本状态的自然契合,也可以是塑造之后的人为嫁接,但是契合之后都必须是健康良好地生长。

二、塑造的实效困境:自主抑或牵制

"通过个案判决塑造公众法治观念"命题强调的是司法判决对公众法治观念的塑造,那么公众本身既有的法律心理以及法律意识对司法判决的作出是否具有塑造形式的影响力? 司法判决的作出是否需要公众朴素正义观的介入? 这又是需要我们解决的难题。法学家德富林(Patrick Arthur Devlin)在论述公众道德观念时提到,允许和容忍道德观念随着时代的变化产生相应的代际变迁。① 但是道德标准发生变化的动力在哪? 笔者认为司法判决的导引和塑造作用就是其一,甚至可以说是一个很重要的驱动力,因为它有国家的强制力作为后盾。2015 年,美国联邦最高法院以五比四的优势通过了同性恋合法化的决定,继而作出了承认同性婚姻的司法判决。在此判决之前,不管是立法还是道德层面都是争议纷纭,但是此司法判决的作出不仅对同性恋庞大群体给予了司法上的支持,而且也对非同性恋群体的婚姻观产生了冲击和碰撞,进而起到很大的型构功能。而在这个过程中,司法判决一直是处于主导地位和具有自主意识,没有被所谓的"民意"牵引和攻势。

反之,可能有人也会怀疑,难道司法判决一点也不会受到舆论的干预? 答案是会的,特别是在中国司法现有的境遇下,舆论的诉求和愿望多多少少会进入到司法的视野当中。② 特别是在疑难案件当中,道德考量和后果预测都会借助法律术语以及法律方法的形式而进入司法裁

---

① See PATRICK DEVLIN. The Enforcement of Morals [M]. Oxford: Oxford University Press, 1965:17 - 19.同时,通过一些案例的司法判决可以看出,公众的道德观事实上确实在发生变化。比如 2006 年成都市民张德军见义勇为被犯罪嫌疑人起诉一案,因为一次正义之举却给自己引来了被诉之灾,这也打破了传统道德上助人为乐而受人爱戴、赞扬的观念。参见陈台荣,晨迪.见义勇为张德军案最经典[N].成都日报,2008 - 09 - 24(A10).
② 想想"刘涌案"的证据规则、"广州许霆案"中的法律适用、"李昌奎案"的改判就凸显得一清二楚。

决,甚至成为创制个案裁决的背后规范依据。① 这也在一定程度上反映了舆论与司法之间的紧张甚至冲突,也有学者将其归纳为法律人与非法律人的冲突。② "在当代中国,最值得重视的是舆论实际上树立了作为话语而存在的权力或者规范,通过'从群众中来,到群众中去'的反馈回路在象征符号互动的场域里不断流布、扩张。"③但是困扰我们的是,舆论应该在多大程度上进入到法官们的视野? 又在形塑司法判决的过程中占有多大的比重为宜?

有很多关系以及权重还不是很明朗,但是我们必须要予以清晰的是,舆论不等于民意,而且很多舆论是被少数人所操纵的。退一步讲,即使舆论和民意出现了交叉甚至重合,完全可以借司法改革之东风,将民意通过制度化的形式吸纳到司法的分析过程当中,实现对现有司法制度和程序的微调。再者,民众的观念具有被引导的必要。因为现有的民众观念往往具有充满非理性、仇富心态、道德评价等色彩,而不是以一种现代法治观念去衡量一个人最终该承担什么责任,道德审判处处皆是。引导的最终目的就是让公众实现从道德思维转化为根据法律的思考。由此,不管是司法框架内的改革还是司法判决的积极主动导引,都显示出了司法判决的自主性和司法权运行的自治性。司法资源作为一种公共资源,司法个案产生的指引与每个公民息息相关,甚至能够引领、塑造特定的公共生活规范。④ 特别是当下司法公开的扩大、透明司法的建设,为社会建构出了更加理性、开放与平等的公共议论空间,是多元社会聚合价值共识的有益举措。⑤ 同时,也必须认识到,如何让公众融入法治社会的建设中来,使虽然没有受过专门法学教育的社会公众能够成为现代法治社会建设中融洽而自觉的一员,将是未来

① 参见陈林林.公众意见在裁判结构中的地位[J].法学研究,2012(1):102—106.
② 参见孟涛.论当前中国法律理论与民意的冲突——兼论现代性法律的局限性[J].现代法学,2010(1):11.
③ 季卫东.通往法治的道路——社会的多元化与权威体系[M].北京:法律出版社,2014:128.
④ 参见王旭."回应型司法"更能粘合民心[N].人民日报,2013-9-27(5).
⑤ 参见江必新,王红霞.法治社会建设论纲[J].中国社会科学,2014(1):155.

关注的重点。因为只有如此,法治社会的建设才可能有了坚实的基础。①

三、塑造的供需困境:司法正义与社会正义的错位②

一方面,在司法现代化和法治化的改革背景下,法律精英主义的研究立场很容易成为学术研究的自觉选择,而这种选择很可能会背离社会大众的一般法律意识和司法正义观念。③ 另一方面,虽然司法精英主义立场的普遍化和坚定步伐是司法现代化和现代法治国家建设的必要因素和驱动力量。但是,西方的司法变迁史已经表明,这种立场只是一种"内在司法"面向的开展,而要真正地确保司法的正当性不产生危机,必须要使社会普遍的参与不能缺位。④ 如果一味强调司法的高冷与疏离,那么司法判决很有可能背离社会大众的基本司法欲求,出现一般性正义诉求的规范化表达与具体司法判决中个案正义诉求的鸿沟。"特别在应付许多新问题和力图保障一个正在变化的经济秩序中许多新产生的迫切利益方面,法律不符合人们对它的期望。这种情况产生于公认的理想对今天法院所受理的各种冲突的和重叠的利益不能提供满意的调整。"⑤

比如,司法判决是法官在根据原被告双方的证据出示、相关法律文书、举证责任等多因素的综合判断下而作出的。其中最为关键的部分就是证据的出示,如果没有证据证明对己方有利,那么很可能就会承担不利的后果。但是普通大众很可能不理解这一点,为什么明明是他威

---

① 参见聂长建. 司法判决研究[M]. 北京:中国社会科学出版社,2011:93—94.
② 由于此困境在第五章已经详细阐释,笔者在此不再具体展开论述,只是就本章的主题,做一点更为相关的分析。
③ 参见王国龙. 守法主义与能动司法——基于中国法律方法论研究视野的展开[M]. 北京:法律出版社,2013:40—41.
④ 参见[日]棚濑孝雄. 纠纷的解决与审判制度[M]. 王亚新,译. 北京:中国政法大学出版社,1994:264.
⑤ [美]庞德. 通过法律的社会控制[M]. 沈宗灵,译. 北京:商务印书馆,2010:9.

胁我签的借条,还要让我还他钱? 依据现在的法治原则,法律事实与客观事实很可能相差甚远。在二者相统一的情况下,作出的司法判决不仅具有规范意义上的正义,而且具有当事人个体意义上的正义。但是在二者相背离的情况下,司法判决仅仅可能只是符合规范意义上的正义,而不符合当事人心目中的个体正义。当诉讼中的当事人对司法判决的结果产生某种程度的不认可时,这种不认可可能是司法判决结果显示下的利益受损,也可能是司法判决理由下的观念释放与当事人头脑中业已形成的观念不相契合,亦可能是当事人自身所主张的权利与司法判决所彰显的一定意义上的共享价值与目标存在冲突。而不管是利益受损抑或是权利观念与价值体系的相冲突,很可能导致上诉、申诉抑或信访,甚或群体事件的发生。

可见,司法正义与社会正义的错位本身既是"通过个案判决塑造公众法治观念"命题展开的契机,又是此命题展开的困境。而二者的隔阂往往体现在疑难热点案件当中,其本身的争议又常常体现在两个群体之间:法律职业者自身内部难以达成共识或者法律职业者与社会公众之间具有隔阂。前者的不一致是法律知识以及社科知识理解与运用出现了争议;而第二种情况往往是司法正义与社会正义之间出现某种程度的偏离。第一种境遇的存在使得法律职业群体内部对法律理解与知识运用得以纵向或者横向的拓展,进而加深对法律逻辑与经验的语境化理解;第二种情形下的争议在一定程度上显示了司法领域法律知识与道德知识的不和谐状态,但是其本身却也可以转化为一种塑造的契机。正因为共识的未达成,所以法官在作出司法判决时完全可以抓住机遇,将司法正义与社会正义重新整合打包,作出一个综合性的考量,然后以最终的"过程性参与"以及"结果性宣示"来塑造公众头脑中未成型却亟待确立成型的法治观念。

四、塑造的思维困境:历时性标准共时性解决

由于时间的无限延伸,若无成型的社会作参照,我们除却可望的期

待以外,面对的是一个相对陌生的世界。即如果西方欧美发达国家没有建成法理型社会,更没有出现新的危机与矛盾,那我们也就不用费力去思考其所面对的困境,所需要解决的任务只是如何实现通过个案判决来塑造公众法治观念。可事实并非如此。中国正处于礼俗社会向法理型社会的转型期,西方国家却已构建了法治社会,法治文化的社会化程度相对较高,公众的法治观念也有很大程度的提升。但是,他们本身也出现了许多新的问题,比如诉权的滥用、陪审团困境、①司法权过度干预公众生活、司法运行的高成本等。所以在转型的过程中,我们不仅要解决我们自身面临的传统和现代的隔阂、法治文化社会化程度不高等问题,而且还要考虑如何避免法理型社会出现的"异化法治现象"。因此,这就陷入了一种思维的困境:历时性问题共时性解决。换言之,既有远虑又有近忧。

笔者认为,历时性问题共时性解决的思维困境既是机遇又是挑战。一方面是机遇,因为这种思维会让中国司法以更加开放的姿态去观照西方司法,而不是闭门造车,这种观照的目的不是媚外,而是一种复归,回归中国社会的法治问题,如何更好地解决中国法治文化社会化程度不高的问题。像苏力教授在国外留学回来以后,提出了"本土资源论"②,注重传统法律文化资源的创造性转化。这既是对西方知识、经验熟悉了解后的结果,又是对中国传统、中国法治建设实际情况的深切关怀。另一方面之所以说是挑战,是因为中国司法的转型面临的是双重任务、双重责任。既要远望又要近观,而时间资源却是不变的,这就更需要谨慎地走好每一步。如果中国司法良好地应对此项思维困境,那么对于未来的法治社会蓝图则是胸有成竹的,也进而可以增强社会走向的可预期性与人民内心的安定性。③

---

① 参见[美]威廉·L.德威尔.美国的陪审团[M].王凯,译.北京:华夏出版社,2009:135—160.

② 参见苏力.法治及其本土资源[M].北京:北京大学出版社,2015:3—24.

③ 其实,除了这几个困境之外,还有很多在司法改革中出现的司法问题需要解决。其中较为突出的又与本章主题有关的是执行难的问题。执行难是司法一直存在的难题,甚(转下页)

第三节 "通过个案判决塑造公众法治观念"困境的消解

一、司法正义与社会正义的互惠模式

英国哲学家培根(Francis Bacon)曾经提到:"一次不公正的判断比多次不平的举动为祸尤烈。因为这些不平的举动不过弄脏了水流,不公的判断则把水源败坏了。"[①]对审判的一般信任与审判的技术性相联系,往往会使得人们简单地放弃严格追究审判正当性的态度;相反,获得正当性的审判却能够不断地拉近审判与一般公众的距离,进而使得审判功能在社会实践当中积极地得以开展。[②] 可见,通过个案判决塑造公众法治观念的前提是司法自身的良性发展,达成内部主体间的高度共识,才能以良性司法观念反馈社会,通过司法治理社会,在二者的良性互动中实现正和关系。

但是,通过个案判决塑造公众法治观念并非随心所欲,因为其受到当下社会结构的客观制约。这种法治观念的塑造不能违背社会公众之基本常识、常理和常情,更不能过分地打压人性,与社会发展的基本潮流和规律背道而驰。一个判决如果撕裂了以上客观情势和社会共识,那么也就注定了其不会被社会公众所接受的命运。

诚如哈佛大学社会学系张跃然教授所指出的那样,马克思并非彻底的经济决定论者,其依然承认上层建筑的相对独立性,既能在一定程度

(接上页)至出现了"街头拍卖判决书"的夸张现象,确实是令人哀叹。如果法院都作出了判决,但是就是因为执行不能,很可能造成公众对于司法权威的轻视甚或蔑视。但是随着2014年以来新一轮司法改革的推进,"基本解决执行难"行动的开展以及未来"切实解决执行难"的规划,已经大大改善着现在的司法执行生态。

① [英]培根. 培根论说文集[M]. 水天同,译. 北京:商务印书馆,2008:238.

② 参见[日]棚濑孝雄. 纠纷的解决与审判制度[M]. 王亚新,译. 北京:中国政法大学出版社,1994:246—247.

上对社会主体和行动者进行塑造,又能不同程度地反作用于经济基础。① 换言之,作为经济基础的社会结构和社会群体能够塑造司法判决的生成,同时法律作为上层建筑之一,其也会助推社会结构和社会公众观念的形塑,其中当然包括作为社会观念的法治观念。质言之,在一定程度下,二者相互影响,司法场域并非只是社会场域的附庸,司法场域也并非主宰社会场域。司法裁决既在反映社会,也在塑造社会,司法与社会是相互交织、不断互动,无法分割的。当下社会公众的观念对于立法的内容和司法裁决的作出都会有所影响,但是司法裁决的作出也会释放新的观念,从而助推社会公众产生新的法治观念或者消除旧的法律意识。

基于此,我们可以得出如下结论:司法裁决既在反映社会,又在塑造社会公众法治观念。这恰恰表明,司法裁决的作出不仅要符合公共之善或者公共理性,同时对于社会之风气、风尚,甚至是社会制度发展又具有正面导引和建构意义。所以,以后的学术研究和司法实践要实现两种视域的融合,持有一种统观全局的整体性思维,不能只看到其中一面而极端化地否定另外一面。既要看到法官在落实作为民意之结晶的国家法秩序中的作用,也要关注到法官作为法律职业精英相对于普通大众所发挥的法治观念的专业建构意义。亦即,司法与社会是相互形塑的。社会之新情势、新动向形塑了司法的样态,司法之能动性、自主性同时也塑造了社会之新观念、新形象。这也就意味着司法和社会都是处于互动的状态,而这种互动也在很大程度上能够使得司法正义和社会正义处于动态的互惠过程当中。互惠的基本特征就是互相有利,而不是单方有利,而且这种双方有利不仅处于共时的状态,而且也可能历时性地得以呈现。

二、迈向整体性的司法知识观

如果按照法学家弗里德曼(Lawrence M. Friedman)和卡多佐的观

---

① 参见张跃然.反映社会还是塑造社会?——国外社会学讨论"政党—社会关系"的两条路径[J].社会学研究,2018(3):218.

点,把法官审判看作是一个加工厂的加工过程,那么法律、案件事实、情理、法理等输入因素则是原料,司法判决则是作为化合物的司法产品。① 其着重强调的是整体性的司法知识观,打造司法判决的复合化生产。亦即,司法判决不仅要符合法律之"合法性",而且要符合情理之"可接受性",构建以法律为基本架构的"准情酌理"裁判体系,实现裁判依据与裁判说理的二分。道德因素虽然不能成为裁判的依据,但是其可以成为法官在司法判决中裁判说理的论证资源,从而促进疑难热点案件中司法判决的复合化生产。

　　但是,必须要注意的是,打造复合化的司法判决绝不是背离审判的基本规范依据,一味迎合公众的道德欲求,将道德置于法律的上位。民意只能作为一种具有选择性的社会事实嵌入司法,②法官在司法实践中要以一种平衡者的姿态呈现,徘徊于规则与结果之间,综合考量各种法律、社会、政治等因素,最终作出一个妥恰的判决。但是此妥恰的判决并非一味妥协,必须要经得起合法性的检验,否则会侵蚀法治原则或者得到法律职业者的诟病,进而承受被推翻的可能风险。同时,我们要警惕公众道德诉求下的"重刑主义"。特别是人口贩卖类型的犯罪,"贩卖人口者一律判死刑"的民间呼声越来越高,这显然是不符合当代基本刑事法律原则的。"道德权利的社会属性,决定了司法中的道德论证必须局限于法律规则的基本框架上来展开。"③在这种不理性的民众欲求之下,司法要保持适当的克制主义,复合化的司法判决生产要持一种谨慎的态度,走得太远很可能会破坏了建设法治的初衷。同时面对来势凶猛的"司法舆论",要做好风险的评估和司法技术性的控制。

　　纵观过往的司法实践,最为经典的在公众道德诉求中走得太远的

① 参见[美]本杰明·卡多佐. 司法过程的性质[M]. 苏力,译. 北京:商务印书馆,2000:2.
　　[美]弗里德曼. 法律制度——从社会科学的角度观察[M]. 李琼英,林欣,译. 北京:中国政法大学出版社,1994:13—14.
② 参见方娟. 中国司法与民意的沟通——基于主体间交往理性的认知[J]. 北方法学,2014(3):110.
③ 即法律论证之外部论证是以内部论证作为前提和基础的。参见王国龙. 守法主义与能动司法——基于中国法律方法论研究视野的展开[M]. 北京:法律出版社,2013:209.

"成功案例"就是"四川泸州二奶遗赠案"。笔者对原判决持批判态度，这种态度并不是鼓励破坏婚姻家庭的"第三者"行为，而是在贯彻"法律面前人人平等"的基本原则，同时，也是恰当地进行语境化考量的结果。在本案中，张学英虽然以"第三者"身份标签进入了这个家庭的视野，但是张学英的"第三者"身份却不同于传统意义上惹人厌恶的"小三"形象。张学英照顾黄永彬一直到其去世，虽不是法律意义上的"夫妻"，却尽了法律意义上的扶养义务，而其法律意义上的配偶却只是法律意义上的宣示而已，不作为成为了常态，其夫妻关系已名存实亡。由于法律程序上离婚与结婚的手续障碍，很可能致使原本感情破裂的夫妻却难以挣脱"形式法律"的缰绳，从而过着非实质意义上夫妻的生活。其实，剥去其法律意义的那层外衣，他们已然处于"离婚"的事实状态。这时，另一位异性走进了他们的生活，甚至实质上尽到了法律意义上的夫妻义务。法院最终却以公序良俗原则为由并没有支持张学英的诉讼请求。此案中，法官属于典型的没有将所立"遗嘱行为"视为中心，而是将"第三者"身份视为了轴心。也可以考虑到，法院对此也许是心知肚明的，只是基于社会效果的考量，以牺牲小部分利益（张学英应继承的遗嘱财产及其他）来换取大部分社会成员的价值秩序（破坏他人家庭是不对的，"第三者"继承他人配偶该继承的财产是不值得支持的）维护。

但是，这种传统的秩序亦有情境化的变动，而非一味站在道德高地，用道德标准来衡量一切，而忽视其他标准。法院并没有想到其个案判决本身亦有塑造新的价值观、法治观的作用，并不是一直处于被动的接受地位，被社会的效果、公众的传统朴素正义观所支配。

这时，司法判决应该有一定的主导意识和塑造理念，去引导和塑造社会公众法治观念随时代变迁而发生标准的变化。虽然，这种主动的塑造会冒有很大的风险，在这样转型而又不稳定的社会，社会公众对于传统正义观的坚守也可能会通过其他的一些群体性事件等极端的方式表达出来。但是如果司法判决本身就是吸收了社会正义观作为裁判理由的论证资源，将规范正义与个案正义进行中和，司法判决不仅仅是在按照既有法律规范进行宣示，而且在必要和紧迫的形式下，司法判决会利用法律解释学和修辞学的技艺来塑造新的权利和义务,甚或生产出新的规范(法官造法或者法官发现法律)。通过司法技术化的处理方式,将"法律知识"与"道德知识"结合在一起,打破二者之间的二元对立,那么上文所提到的未来风险很可能会得到缓解或者控制。① 但是,司法知识的复合化生产以及新时代的"礼法融合"要区分"社会性公德"和"宗教性私德",以免出现徇情枉法致使私人之间的人情破坏了法治。②

三、参与主体的理性化

在自由主义的司法观念下,司法不仅要保持一定的独立性,以监督和制约其他权力的行使,同时,出于防止广义政治化和维护中立性的考量,对于民众的参与也要保持一定的审慎态度。正如韦伯(Max Weber)所言,民主主义可能削弱法律适用的形式合理性,具有损害近代社会中司法根本理念的危险性。③ 所以,既不能过度地司法大众化,又不能完全脱离大众的普通理性,必须在二者之间找到一个平衡点。既要让普通大众的观念进入审判合意的声音之中,又不能尽失法官的专业化和职业化特色。

网民与媒体对案件的关注及参与,一方面虽然增进了社会对司法的可接近性,但是另一方面,极易引发网民以及媒体的感性参与,导致民粹主义司法。而且单个个体参与案件的讨论中虽是个体的生动呈现,但是经过公共空间的传播和沟通,"民意"就会汇合成确定的"共识",继而产生巨大的破坏或者建构作用。④ 如果是积极促进法治的进

① 关于法律知识与道德知识复合化的成功司法判决,在现实的司法实践中业已存在不少,其中比较典型的参见广东省惠州市惠阳区人民法院(2014)惠阳法刑二初字第 83 号刑事判决书。具体的司法判决书分析请参见周芳芳.论刑事判决说理的"私人订制"——从一份"伟大"的判决书说起[J].东方法学,2016(3):127—134.

② 参见郑智.中国法律信仰的认知困境及其超越[J].法学,2016(5):131.

③ 参见[日]棚濑孝雄.纠纷的解决与审判制度[M].王亚新,译.北京:中国政法大学出版社,1994:248.

④ 参见袁岳.民意的公共价值[G]//袁岳,周林古,等.零点调查——民意测验的方法与经验.福州:福建人民出版社,2005:3.

程,我们应该是张开双臂予以拥抱的,[①]反之,对法治进程的阻碍影响亦是不可低估的。但是其影响的破坏与建设身份识别以及界定本身就是一个复杂的过程。而且其方向在一定程度上具有不可控性。所以,我们与其"节流"还不如"治源",从源头上导引民众在互联网时代下理性地参与案件。

一方面,防止民粹主义司法。民粹主义司法在谋求案件裁判实质公正的同时夹杂着对现行法律制度的愤懑等多种民粹主义私货。[②] 这从侧面反映出了公众参与司法的非理性和随意性。民粹群体往往借助传统媒体、现代自媒体进行舆论审判和舆论干涉,以非法律的标准作为审判的依据,以非法治的思维作为思考的方式。这就要求,媒体要增强报道的责任感,以客观中立的态度去传播案件信息,而不是为了夺人眼球煽动民众成为激情狂热的奴隶。同时,我们得以铭记的是胡适先生曾经提言,如果人人只讲道德,谈高尚,那么最终这个国家可能会沦为一个虚伪的世界。当然,道德有其必要的和内在的约束力,但是却不是审判的最终依据。所以,公众要保持一颗审慎的、适度距离的心态去观察案情的实际情况和发展状况,在查阅相关法律法规的前提下再理性地评论案件,而不是仅凭一腔热血,率性为之。另一方面,尊重作为司法结果产品的司法判决。法律只有在被社会公众所接受的司法结构中被解释和适用,才可能会得到尊重,虽然在短期内未必如此,但是长远来看,这是必然的。[③] 同时,理解和尊重司法判决是一个法治国家公民应有的态度和素质,保持一份对司法判决的敬意不仅是对法官职业的尊重,同时也是对国家法律秩序的认同。当然,尊重司法判决不等于抛弃公民的上诉权和申诉权,此行为只是一种尊重前提下的不接受和权利行使,而不是对司法权威和司法公信力的全盘否定。

---

① 像"孙志刚案",在公众的反映和强烈要求下,收容恶法《城市流浪乞讨人员收容遣送办法》最终被废除。

② 参见刘练军. 民粹主义司法[J]. 法律科学,2013(1):22—24.

③ 参见[美]亨利·J. 亚伯拉罕. 司法的过程——美国、英国和法国法院评介[M]. 泮江伟,宦盛奎,韩阳,译. 北京:北京大学出版社,2009:1.

除此之外,如何进一步规范舆论监督,笔者认为要制定媒体(包括传统媒体与现代媒体)与司法机关的关系准则,界定好二者之间的边界。当然在界定二者关系准则时,必定要考虑到司法权威、司法公信力、当事人、诉讼参与人、诉讼程序、言论自由等诸要素。英国法学家丹宁勋爵(Alfred Thompson Denning)在审理昆廷·霍格先生一案时,给予了经典的论述,①其借鉴意义非凡。丹宁勋爵不仅以一颗具有包容性的心态保护了权利的最大限度发挥,而且又着重强调了司法权威的坚定性以及司法专业化带来的司法自信。但是,不得不提的是,舆论确实需要一定的导向而又不能没有空间,舆论太强势也会对司法公正产生很大的影响,进而偏离正义与法治的轨道,容易导致民粹主义。而这一切对法官的素质提出了一个很大的挑战,但这不是他们单个群体独自应承受的责任,社会、国家、民众都值得反思。在中国建设法治国家,塑造公民法治观念的大背景下,驱动公民积极参与和引导公民理性参与法治建设必须要双管齐下,既要保障权利的最大程度发挥,又要防止权利滥用恶象的发生。对此,关于如何处理媒体与司法的关系,可以借鉴英美法系国家中"接触型"司法之"媒体接触"项目,既要保障司法依法独立行使审判权,又要实现司法内部与公共外部环境的对接。该项目的基本要义是在法院设置专门的"法院信息官",从专业角度与社会媒体进行公关,及时公布法院应公开的信息,有效抵消媒体和公众对法院的误解。尤其消解媒体对法院的不精确报道而导致的公众抵触和不信任情绪。②

---

① 其提到:"据我所知,要求本庭来审理一件据说是构成蔑视本庭罪的案件,这是头一回。这无疑是一项属于我们而我们又极少使用的审判权,尤其是在我们自己与事情有利害关系的情况下。""同时,我要说,我们决不把这种审判权作为维护我们自己尊严的一种手段,尊严必须建立在更牢固的基础上。我们决不用它来压迫那些说我们坏话的人。我们不害怕批评,也不怨恨批评,因为关系到成败的是一件更为重要的东西,这就是言论自由本身。"参见[英]丹宁勋爵.法律的正当程序[M].李克强、杨百揆、刘庸安,译.北京:法律出版社,1999:38—39.

② 参见王禄生.英美法系国家"接触型"司法公开改革及其启示[J].法商研究,2015(6):41—49.

四、塑造模式的完善

关于"通过个案判决塑造公众法治观念"的基本模式,笔者在第七章提出了价值释放模式、案例指导模式以及失败个案的反面形塑模式。但是不管是价值释放模式还是案例指导模式,其本身存在很大价值的同时,还隐含了内在的缺陷,所以必须在此基础上实现模式的完善升级,以期达到在发挥基本模式优势的同时又弥补自身缺陷的目的。其中,价值释放模式要逐步转变为诉求回应模式,而案例指导模式则要渐进地转向自主论证模式。

(一)诉求回应模式

"个案审判——固化规则、原则——价值释放"之价值释放模式虽然在很大程度上已经体现了"通过个案判决塑造公众法治观念"的基本内涵,但是其没有体现出"具体案件语境的因素考量"和"公众参与的互动",只是一种"己所欲而施于人"的单向贯彻。因此,提出"情境——文本——流行"的诉求回应模式,是在坚持法律底线的基础上,既考虑"己所欲而施于人",又要考虑"己虽欲但勿施于人"之情形,处理好"己欲与他欲"的关系,处理好司法市场需求与司法产品供给之间的匹配,既要回应当事人的诉求,又要回应社会大众的诉求,进而实现模式的完善与升级。具体而言:

"情境"强调的是司法生态环境和个案当中具体因素的存在,包括个案中证据的保存情况、当事人的法律心理、当事人接受调解的意愿、整个社会公众的法律意识水平、当事人在庭审中的参与度、社会大众对于案件的舆论影响程度、社会大众对于形式正义和实质正义的接受程度等,这些"情境化"的因素不仅会影响司法判决的作出情况,而且会影响到司法判决的塑造作用发挥。

"文本"强调的是规范和司法判决文书本身,其不仅包括司法判决作出的蓝本依照,也包括司法判决文书中的"结果性宣誓"和"过程性论证",即司法判决所确认和固化的规则、原则以及如何确认和固化如此规则、原则。其是"通过个案判决塑造公众法治观念"命题得以展开的基本坐标。

"流行"强调的是司法判决的价值释放以及法治文化的社会化过程。其内含了两个阶段：第一，公众接受司法判决的塑造；第二，公众主体间的法治观念传播。通过"流行"的内化和传播过程，司法判决塑造了公众法治观念，法治观念的增长又使得当事人之间的合理对话成为可能，进而使得对话处于共同的法治话语体系当中，最终在一定程度上降低利用审判的比率。

至此，情境、文本、流行不再是单纯的语词，而是上升为一种动态的实践过程，其中混合了具体案件语境因素的考量和公众的互动。三者是依次承接的关系，情境是文本确立的前提，文本的确立必须要考量、权衡情境；文本是流行的内容，只有确立文本，流行才能开始启动；流行启动之后，又对情境形成反馈机制，进一步丰富、充实情境。最后三者形成良性循环，亦即，司法判决在塑造公众法治观念之后，法治观念水平又会影响接下来的司法判决作出。[①]

而且，司法判决对于法治观念的塑造作用可以再形成反馈机制，实现二者之间的复次互动。在这种模式之下，不仅在"个案——规范"之间建立了良性的互动，将个案化的本土经验上升为法律制度的一般性完善，同时，在"法院——个案——公众"之间建立了沟通契机，有利于实现彼此之间具有"同理心"基础上的相互理解。

（二）自主论证模式

在制定指导性案例制度之初，我们怀揣着一种美好的案例指导愿景，自信地以为指导性案例如果经历过法院审判、公众审视的洗礼，那

[①] 在此必须予以注意的是，公众法治观念的已有水平对于司法判决的作出所产生的影响并非是决定性的，只是一定程度上的影响。这种影响的存在，在一定程度上缓解了司法正义与社会正义之间的隔阂。其实，对于缓和司法正义与社会正义二者之矛盾作出最大贡献的是"具体案件具体因素的考量"以及"公众的互动参与"，其不同程度地体现在"情境——文本——流行"模式之中。

么很可能会成为国家层面的"超级先例"。在全社会中形成关于此类判决的共识,进而将判决中的原则、规则抽象成为一种无形的法治观念,甚或法律信仰,由内而外地、润物细无声地塑造以及影响着社会公众的行为以及行为预期。但是事实并非如此,指导性案例的指导意义并未完全释放。

指导性案例的重要之处在于"指导",而且"指导"的规范含义,按照《〈最高人民法院关于案例指导工作的规定〉实施细则》是"应当参照"。但是,日常的司法实践表明,指导性案例发布之初,只有少数人民法院参照指导性案例作出了判决,少数法院援引了裁判要点,少数法院援引了裁判案件的发布批次、编号等。① 虽然,随着指导性案例适用实践的探索,指导性案例的适用效果逐步呈现。但是,总体而言,指导性案例所追求的"统一法律适用"以及约束法官自由裁量权的效果并没有在司法实践中得以较佳地显现。② 所以,接下来我们的工作重心应放在指导性案例的适用阶段,逐步建立指导性案例适用的激励制度③以及规范

---

① 参见内蒙古自治区乌海市海勃湾区人民法院(2014)乌勃民一初字第 00089 号民事判决书、上海市奉贤区人民法院(2014)奉民一(民)初字第 1893 号民事判决书。因为数据统计不一致,所以关于细节的描述还请具体参见孙光宁. 案例指导的激励方式:从推荐到适用[J]. 东方法学,2016(3):18—28. 安晨曦. 最高人民法院如何统一法律适用——非正规释法技艺的考察[J]. 法律科学,2016(3):49—59. 同时,孙海波博士通过实证数据分析了现实司法实践是如何引用指导性案例的,以及影响指导性案例引用的原因,参见孙海波. 论指导性案例的使用与滥用——一种经验主义视角的考察[C]//舒国滢. 法学方法论论丛(第三卷). 北京:中国法制出版社,2015:223—241.

② 参见陆幸福. 论背离指导性案例及其限制[J]. 环球法律评论,2022(3):86—98. 王璐. 指导性案例适用及完善研究——基于指导性案例十年适用的实证考察[J]. 山东法官培训学院学报,2023(4):170—184.

③ 有学者提出了如何进一步激励法官参照指导性案例以及如何进一步规范参照指导性案例的路径,并且提出可以将指导性案例单独作为裁判依据的大胆构想。除了通过激励方式多样化的途径来促进法官参照指导性案例之外,提高未来潜在指导性案例的可适用性也是打破路径依赖、提高指导性案例适用率的重要举措。进而,可以采用事前培育与事后推荐并举的方法。《最高人民法院关于案例指导工作的规定》第 2 条明确了指导性案例的类型,其包括社会广泛关注的、法律规定比较原则的、具有典型性的、疑难复杂或者新类型的和其他具有指导作用的案例。再加以对实践的关照,可以断定,指导性案例多多少少带有"难办"或者"疑难"的色彩。正是这种"难办"或"疑难"的属性表现才为"规则的重新提炼"与"规则的重新解释"提供了某种契机,在法律方法论的辅助下,这种契机得以彰显。进而形成了现有指导性案例制度下的"指导性案例序号——关键词——裁判要点——(转下页)

地援引指导性案例,从笼统地强调发挥指导性案例的指导意义,到具体案件的应当参照以及规范参照,实现法官、检察官、律师、当事人等多方主体的自主论证模式,进而达至自主参照、规范参照与自主论证的协同推进。

一方面,法官在司法判决当中要积极地回应诉讼参与主体的需求,努力实现"正向主动参照"与"反向被动参照"的二元格局。当法官发现在审案件与指导性案例相类似时,应当积极参照,并且将指导性案例之裁判要点作为裁判理由加以引述、作为论证资源加以利用;当控(诉)辩双方在将指导性案例作为控诉或者辩护理由时,案件承办法官应当对其是否参照进行释明、加以论证,这一论证过程不仅可以进一步熏陶当事人的法治观念,而且作为参照后的"新判决"也可以重申指导性案例的内在价值,并将其再次释放给普通大众。另一方面,当事人在律师的帮助下,也要及时检索与自身案件相关的指导性案例,如果二者具有较高的类似性,也应该在自主论证的基础上,加以引述,作为自身诉求的强支撑理由。

五、践行案例法治文化实践模式

法治观念的形成依凭主体对法治信息和法治现象的反射、摄取,在大脑形成显影,最后形成法治的图像。只有通过亲眼所见、亲耳所闻的具体案件后,这种法治观念的意识才会由内心自然萌发。[①] 只有经历

(接上页)相关法条——基本案情——裁判结果——裁判理由"模式。从这种类型化的模式可以看出,"指导性案例对现有法律规范及其适用进行了创造性扩展,内含着法官造法的因素,这也是借鉴判例制度或者先例制度精神的表现"。但是,如果我们在一个"难办"或者"疑难"案件未正式成为制度化的指导性案例之前,有意识地发现其因具备适用法律灵活、具有普遍推广意义等特色,而具有成为"指导性案例"的潜质,那么,这种有意识的发现可以继而发展成为有意识的培育,以一种"规则意义"的对世角度去处理此个案,努力打造出一个具有示范效应、值得同案推广、能够塑造时代正义观的司法判决。参见孙光宁.反思指导性案例的援引方式——以《〈关于案例指导工作的规定〉实施细则》为分析对象[J].法制与社会发展,2016(4):90—102.

① 参见贺日开.司法权威的宪政分析[M].北京:人民法院出版社,2004:335.

过精英话语和大众话语长时间的相互碰撞与交流,中国的法治观念和法治精神才能生根发芽。同时,"使诉讼和法律获得生命的应该是同一种精神,因为诉讼只不过是法律的生命形式,因而也是法律的内部生命的表现。"①如果说司法赋予了法律生命,那么审判过程和司法判决所彰显的法治观念与法治精神则让司法的生命得以呈现。而公众则是司法生命展示过程的看客和参与者。案例法治文化的实践模式就是提供一种让各方参与的场域,让利益相关者或者自愿加入者利用此场域进行议论,实现程序性和主体间的互动,将案例法治文化真正付诸实践。在议论中,一方面,得出带有各方参与痕迹的作为司法产品的司法判决;另一方面,将司法判决内含的法治观念在主体间得以传播,让当事人以及其他监督主体不同程度地参与到司法判决作出以及价值释放的整个过程,实现中国语境下的法律精英与社会大众之间的扁平化沟通,通过"落细、落小、落实"的具体路径感知和领悟法治观念。同时,利用各种场合、平台和时机,通过个案判决、以案讲法、现身说法等途径形成培育法治文化的浓厚氛围,进而使得司法案例文化深入人心,弘扬司法理念和法治精神。具体而言,可以从以下两个路径来切入:

(一) 程序性互动的最优与偏离

在中国当今大陆法系之职权主义色彩式微,而英美法系当事人主义增强的局势下,当事人参与诉讼的空间以及程度得到了前所未有的增长。其间的举证、质证、辩论等环节都会有当事人的发声,实现当事人、法官、律师以及检察官等多方主体之间的信息交换与沟通。而且这种信息性参与的高质量属性从某种程度上最终促进了司法判决作出的效率和质量。② 所以,从这个角度来讲,当事人的参与已经内化为了将

---

① 马克思恩格斯全集(第一卷)[M].北京:人民出版社,1995:287.
② 如果对话的三方缺乏共通的认识框架,许多信息就不会得到对方的有效反应,或者由于对方的理解发生混乱而使信息交换和意思疏通难以成立,从而影响到法官作出司法判决的前期思维运转。参见[日]谷口安平.程序的正义与诉讼[M].王亚新,刘荣军,译.北京:中国政法大学出版社,2000:79.

来司法判决本身的组成部分。此外,判决结果的得出也是一个沟通理性的后果,是一个"主体间"认知、交流、交涉的结果。① 法院审判的过程从实质上讲就是一个对话交流的过程,在此过程中实现信息传播不对称意义上的信息资源共享。辩方把犯罪嫌疑人罪轻、无罪的信息资料予以呈现,而控方则把有罪、罪重的信息资料予以展示,各自表示出自己"说"的姿态和倾向。最后由法官对二者的信息资料加以整合,甚至整合的过程是穿梭于事实与规范之间,在辩方信息和控方信息之间进行视界的交流。最终在"听"与"说"的对话交流系统中充分调动诉讼参与人(诉讼参加人)的积极性以及达成共识。②

　　"审判程序中最突出的外观形态是矛盾的制度化,在这里,问题以对话、辩论的形式处理,容许相互攻击,这使得社会矛盾有机会在浓缩的、受控制的条件下显露出来。"③司法参与的剧场化不仅可以内化人们的理性精神和品质,减少感性地盲动参与,而且凸显程序和秩序观念,进而培养公众遵守程序和秩序的自觉意识。④ 通过司法判决的形成过程培育公众对于司法判决的一种同情式的理解,而不是一味将责任推脱于法官自身,将法官置于一种"原罪"的邪恶境地。⑤ "从象征的意义来看,当事者也因实质上参加了程序能够获得更高的心理满足感。"⑥进而使得司法正义成为了一种"可感知的正义"。⑦

---

① 参见[德]哈贝马斯. 在事实与规范之间——关于法律和民主法治国的商谈理论[M]. 童世骏, 译. 北京:生活·读书·新知三联书店, 2003:240—295.
② "听"即听别人说,是一种义务;"说"即让别人听,是一种权力或者权利。关于"听"和"说"的专门论述请参见聂长建. "说者"与"听者"角色转换——司法判决可接受性的程序性思考[J]. 政法论坛, 2011(2):122—131.
③ 季卫东. 法治秩序的建构[M]. 北京:商务印书馆, 2015:30.
④ 参见舒国滢. 从司法的广场化到司法的剧场化——一个符号学的视角[J]. 政法论坛, 1999(3):17.
⑤ 比如,昌平法院女法官马彩云被当事人杀害一案,很多论坛的议论当中明显有一种"法官腐败、枉法裁判"的前见和偏见。
⑥ [日]棚濑孝雄. 纠纷的解决与审判制度[M]. 王亚新, 译. 北京:中国政法大学出版社, 1994:259.
⑦ 参见郭春镇. 感知的程序正义——主观程序正义及其建构[J]. 法制与社会发展, 2017(2):106—119.

但是,必须予以注意的是,正当法律程序的良性运作以及程序正义的彰显确实对当事人,特别是利益受损方①对司法判决结果的不满具有一定的消解作用。但是这种消解不能予以高估,如果过分强调了程序的作用,很可能就会忽视了对实质正义实现路径的探索。而且,从现实的司法实践来看,当事人对司法判决结果的不满往往会连带造成对程序正义的忽视,后果性的利益关注仍是首位的。②

对于社会大众而言,特别是文化知识水平比较低的群体,其本身属于法律职业群体的外围,对于法律知识的既有水平也是一种"道听途说式"的朦胧印象。因此在面对一份真正的判决书的时候,他们产生第一反应的对象不是法官的判决理由,而是判决结果。当判决结果对其本身是有利的时候,他们(甚至包括律师在内的部分法律职业共同体成员,尤其是胜诉方的代理人或者辩护人)在很大可能性上是不追问法官判决理由的合法性和正当性的。但是,当判决结果对他们是不利的时候,他们才会进一步追问法官判决理由的合法性、合理性和正当性何在,进而找到上诉或者申诉的契机。由此观之,这种胜诉或者败诉而带来的利益分配以及心理落差是当事人进一步追问司法判决中判决理由

① 大多数情况下,程序正义和实质正义是相互兼容的,程序正义往往会促进结果实质正义的实现。但是也在某些情况下,二者会出现冲突,即程序正义的实现并不代表实质正义的实现。这里的利益受损方就是指这种情况下的当事人。

② 值得一提的是,美国法律心理学专家泰勒在《人们为什么遵守法律》一书中,用了调查问卷的实证研究以及法律心理学的方法得出了程序正义与否是决定人们是否愿意服从司法机关裁决的主要因素,而且他们在评价自己的诉讼经历是否公正时,考虑的也不是那些与结果是否有利于自己的因素。仔细阅读完泰勒教授的作品之后,就会发现,作者是从一种一般意义上以及纯粹意义上进行的考量。确实通常情况下,只要法官依法判案,遵守法定程序,那么裁判结果是可以接受的,并且也被认为是合法的、公正的。但是,还有一些特殊情况则是,法官是按照法律和正当法律程序进行审判的,但是当事人的实质正义却没有实现,这时候,如果再说当事人完全不考虑结果是否对自己有利很显然是不可能的。这一点从我国法院的低执行率以及高上访率就可以体现得淋漓尽致。泰勒教授的结论看上去很美,却在中国的语境下颇值得人怀疑。其实,泰勒教授的问卷调研存在一个重大缺陷。泰勒教授自己也承认,没有区分"尊重法律"与"遵守法律",这二者之间的关系在一定程度上可以理解为"应然"与"实然"的关系,即人们认为应该守法不等于实际上守了法,守法的理念认同与行动的轨迹实践之间很可能存在很大的差别。继而,如果把泰勒教授的研究拿到中国语境下,其是否适合中国的土壤仍是一个值得探讨的问题。参见[美]汤姆·R.泰勒.人们为什么遵守法律[M].黄永,译.中国法制出版社,2015.

合法性、合理性的直接驱动力。

我们致力于程序的设计，但是程序达至完美并非等同于获得实体性正确结果的能力。二者总会存在或多或少的误差，这是由在运行过程中人为的因素施加了影响以及制度本身运作的属性所致。因此，我们所能做的就是，使程序维持在一个实现实体最大化的可能范围之内，但是同时，并不否认程序本身的独立价值。而且，从义务的角度来看，当某种程序的设计会阻碍寻求恰当实体性结果时，会出现某种程度的偏离，如果这种偏离是基于双方合意基础上的共识或者这种偏离倾向于在司法判决中非获益的一方，我们从情理上可以给予某种程度的接受。

（二）培育司法判决的"解释共同体"

"徒法不能以自行"，①徒个案判决不足以塑造公众法治观念，还需要维系和解释司法判决的专业化团队——司法判决的"解释共同体"。② 进而可以"通过解释者的记叙、阐释、说理以及宣传来争取更广泛的理解并形成共鸣效果"。③ 司法判决的"解释共同体"是衔接规范与事实、司法机关与社会大众的能动群体，其活动的过程是解决司法高冷和司法疏离基调下司法精英主义立场上的社会化行动过程，亦是法律制度文化得以社会化的过程。一方面，司法判决的"解释共同体"可以使得司法判决所确认的规则、原则、价值得以释放，而且释放主体（特别是基层法院及其派出法庭、公安派出所、城乡司法调解组、城乡法律援助中心、律师事务所、法制新闻媒体评论人士等）是以一种通俗的、接地气的语言使其得以传播，整个过程破除了法言法语自然状态下的专业壁垒，使得公众更加清晰、明了、直观地感受和接收司法判决释放的

---

① 《孟子·离娄上》。

② 对于"解释的共同体（Interpretive Community）"的解释，参见［美］理查德·A·波斯纳. 法理学问题［M］. 苏力，译. 北京：中国政法大学出版社，2002：255. 同时，季卫东教授加以运用，提出了"法律的解释共同体"。参见季卫东. 法律职业的定位——日本改造权力结构的实践［J］. 中国社会科学，1994（2）：79. 笔者在此基础上提出了司法判决的"解释共同体"。

③ 季卫东. 通往法治的道路：社会的多元化与权威体系［M］. 北京：法律出版社，2014：230.

信息与行为能量；①另一方面，司法判决被得以通俗化理解之后，其本身反映出来的法治观念也会渗透到自生自发的民间秩序当中，成为公众法律生活的组成部分。进而完成高度专业化的司法判决知识向公众头脑中日常法治观念常识的转变。而在"法律知识—法律常识"这一转变的过程中，起轴心与纽带作用的则是司法判决的"解释共同体"。②

未来，司法判决的"解释共同体"一方面需要以一种理性的姿态研判司法个案判决的内在精髓和蕴含价值，承担司法判决社会化的职责，特别是实现指导性案例的社会化。虽然造成指导性案例从发布到真正参照出现鸿沟的因素是综合的，但是法官本身对指导性案例的重视程度和研读程度较低，显然在一定程度上助长了援引和参照的低频率化与低质量化，甚或是无意识忽略，所以在此境遇下，应加强法官、律师对指导性案例的研修与讨论，熟稔其中的裁判要点与审理技巧，做到触类旁通，遇到类似案件时能够及时、有效参照。另一方面，司法判决的"解释共同体"要关注司法判决在社会中的影响以及公众的反应状况，通过个案司法判决形塑公众法治观念，进而实现一种"通过个案判决凝聚法治文化共识"的时代格局。

---

① 正如张志铭教授所言，一般来说，判决书越是具有技术性、正式性以及充满演绎推理，当事人和普通公众阅读理解的可能性就越小，这样一来，说服当事人相信和接受司法判决以及审查司法判决合法性和公正性的功能，就只能由律师的说明工作来完成。因此，从这个角度而言，律师是司法判决所面向的重要对象。参见张志铭.司法判决的结构和风格——对域外实践的比较研究[J].法学，1998(10)：26.

② 从党的十八届四中全会提出建立法官、检察官、行政执法人员、律师等以案释法制度以来，各地都在相继建立相应的以案释法制度。而且，就在 2019 年新修改的《法官法》中，也确立了法官以案释法，促进法治观念形成的义务。

参考文献

中文文献：

一、著作

1. 严存生.法治的观念与体制——法治国家与政党政治[M].北京:商务印书馆,2013.

2. 张文显.二十世纪西方法哲学思潮研究[M].北京:法律出版社,2006.

3. 刘作翔.法律文化理论[M].北京:商务印书馆,1999.

4. 张芝梅.美国的法律实用主义[M].北京:法律出版社,2008.

5. 苏力.送法下乡——中国基层司法制度研究[M].北京:北京大学出版社,2011.

6. 苏力.法治及其本土资源[M].北京:北京大学出版社,2015.

7. 孙笑侠.司法的特性[M].北京:法律出版社,2016.

8. 李拥军.司法的普遍原理与中国经验[M].北京:北京大学出版社,2019.

9. 杨建军.裁判的经验与方法——《最高人民法院公报》民事案例研究[M].济南:山东人民出版社,2010.

10. 杨建军.司法能动主义与中国司法发展[M].北京:法律出版社,2016.

11. 季卫东.通往法治的道路——社会的多元化与权威体系[M].北京:法律出版社,2014.

12. 季卫东.法治秩序的建构[M].北京:商务印书馆,2015.

13. 泮伟江.当代中国法治的分析与建构[M].北京:中国法制出版社,2017.

14. 季金华.司法权威论[M].济南:山东人民出版社,2004.

15. 方乐.转型中国司法知识的理论与诠释[M].北京:人民出版社,2013.

16. 代志鹏.司法判决是如何生产出来的——基层法官角色的理想图景与现实选

择[M].北京：人民出版社，2011.

17. 刘金国，蒋立山.中国社会转型与法律治理[M].北京：中国法制出版社，2007.

18. 吴建国.中国回应型司法的理论逻辑与制度建构[M].厦门：厦门大学出版社，2016.

19. 王国龙.守法主义与能动司法——基于中国法律方法论研究视野的展开[M].北京：法律出版社，2013.

20. 马长山.公共领域的兴起与法治变革[M].北京：人民出版社，2016.

21. 姚建宗.法治的生态环境[M].济南：山东人民出版社，2003.

22. 顾培东.社会冲突与诉讼机制[M].北京：法律出版社，2004.

23. 江国华.常识与理性：走向实践主义的司法哲学[M].北京：生活·读书·新知三联书店，2017.

24. 王申.法官的实践理性论[M].北京：中国政法大学出版社，2013.

25. 梁治平.寻求自然秩序中的和谐[M].北京：中国政法大学出版社，1997.

26. 梁治平.法意与人情[M].北京：中国法制出版社，2004.

27. 侯猛.中国最高人民法院研究——以司法的影响力切入[M].北京：法律出版社，2007.

28. 孙万胜.司法制度的理性之径[M].北京：人民法院出版社，2004.

29. 陈瑞华.法律人的思维方式[M].北京：法律出版社，2011.

30. 王人博，程燎原.法治论[M].桂林：广西师范大学出版社，2014.

31. 聂长建.司法判决研究[M].北京：中国社会科学出版社，2011.

32. 孙海波.裁判对法律的背离与回归：疑难案件的裁判方法新论[M].北京：中国法制出版社，2019.

二、译著

1. ［美］本杰明·卡多佐.司法过程的性质[M].苏力，译.北京：商务印书馆，2000.

2. ［美］本杰明·卡多佐.法律的成长 法律科学的悖论[M].董炯，彭冰，译.北京：中国法制出版社，2002.

3. ［美］诺内特，塞尔兹尼克.转变中的法律与社会：迈向回应型法[M].张志铭，译.北京：中国政法大学出版社，2004.

4. ［美］欧文·费斯.如法所能[M].师帅，译.北京：中国政法大学出版社，2008.

5. ［以］巴拉克.民主国家的法官[M].毕洪海，译.北京：法律出版社，2011.

6. [日]棚濑孝雄. 纠纷的解决与审判制度[M]. 王亚新,译. 北京:中国政法大学出版社,1994.

7. [日]田中成明. 现代社会与审判——民事诉讼的地位与作用[M]. 郝振江,译. 北京:北京大学出版社,2016.

8. [日]谷口安平. 程序的正义与诉讼[M]. 王亚新,刘荣军,译. 北京:中国政法大学出版社,2002.

9. [美]罗科斯·庞德. 通过法律的社会控制[M]. 沈宗灵,译. 北京:商务印书馆,2010.

10. [德]卢曼. 社会的法律[M]. 郑伊倩,译. 北京:人民出版社,2009.

11. [美]博登海默. 法理学:法律哲学与法律方法[M]. 邓正来,译. 北京:中国政法大学出版社,2017.

12. [德]马克斯·韦伯. 经济与社会(上)[M]. 林荣远,译. 北京:商务印书馆,1998.

13. [德]马克斯·韦伯. 论经济与社会中的法律[M]. 张乃根,译. 北京:中国大百科全书出版社,1998.

14. [美]埃里克·A·波斯纳. 法律与社会规范[M]. 沈明,译. 北京:中国政法大学出版社,2004.

15. [美]汤姆·R. 泰勒. 人们为什么遵守法律[M]. 黄永,译. 北京:中国法制出版社,2015.

16. [美]德沃金. 法律帝国[M]. 李常青,译. 北京:中国大百科全书出版社,1996.

17. [美]尼尔·K. 考默萨. 法律的限度——法治、权利的供给与需求[M]. 申卫星,王琦,译. 北京:商务印书馆,2007.

18. [美]杰罗姆·弗兰克. 初审法院——美国司法中的神话与现实[M]. 赵承寿,译. 北京:中国政法大学出版社,2006.

19. [美]卡尔·卢埃林. 荆棘丛:关于法律与法学院的经典演讲[M]. 明辉,译. 北京:北京大学出版社,2017.

20. [美]卡尔·卢埃林. 普通法传统[M]. 陈绪纲,史大晓,等,译. 北京:中国政法大学出版社,2002.

21. [美]理查德·A·波斯纳. 超越法律[M]. 苏力,译. 北京:北京大学出版社,2001.

22. [美]理查德·波斯纳. 法官如何思考[M]. 苏力,译. 北京:法律出版社,2009.

23. [美]米尔伊安·R.达玛什卡.司法和国家权力的多种面孔——比较视野中的法律程序[M].郑戈,译.北京:中国政法大学出版社,2015.

24. [美]史蒂文·瓦戈.法律与社会[M].梁坤,邢朝国,译.北京:中国人民大学出版社,2011.

25. [美]络德睦.法律东方主义——中国、美国与现代法[M].魏磊杰,译.北京:中国政法大学出版社,2016.

26. [美]富勒.法律的道德性[M].郑戈,译.北京:商务印书馆,2005.

27. [英]罗杰·科特威尔.法律社会学导论[M].潘大松,等,译.北京:华夏出版社,1989.

28. [德]H·科殷.法哲学[M].林荣远,译.北京:华夏出版社,2002.

29. [美]弗兰克·克罗斯.美国联邦上诉法院的裁判之道[M].曹斐,译.北京:北京大学出版社,2011.

30. [德]哈贝马斯.公共领域的结构转型[M].曹卫东,等,译.上海:学林出版社,1999.

31. [德]哈贝马斯.在事实与规范之间——关于法律和民主法治国的商谈理论[M].童世骏,译.北京:生活·读书·新知三联书店,2003.

32. [美]劳伦斯·鲍姆.法官的裁判之道[M].李国庆,译.北京:北京大学出版社,2004.

33. [美]T·帕森斯.现代社会的结构和过程[M].梁向阳,译.北京:光明日报出版社,1988.

34. [英]哈耶克.法律、立法与自由(第一卷)[M].邓正来,等,译.北京:中国大百科全书出版社,2000.

35. [英]哈耶克.自由秩序原理(上册)[M].邓正来,译.北京:生活·读书·新知三联书店,1997.

36. [英]哈耶克.科学的反革命——理性滥用之研究[M].冯克利,译.南京:译林出版社,2003.

37. [美]昂格尔.现代社会中的法律[M].吴玉章,周汉华,译.南京:译林出版社,2001.

38. [美]唐·布莱克.社会学视野中的司法[M].郭星华,译.北京:法律出版社,2002.

39. [日]穗积陈重.复仇与法律[M].曾玉婷,魏磊杰,译.北京:中国法制出版社,2013.

40. [德]诺贝特·埃利亚斯. 文明的进程[M]. 王佩莉,袁志英,译. 上海:上海译文出版社,2013.

41. [美]乔纳森·H. 特纳. 社会学理论的结构(下)[M]. 邱泽奇,等,译. 北京:华夏出版社,2001.

41. [美]亨利·J. 亚伯拉罕. 司法的过程——美国、英国和法国法院评介[M]. 泮江伟,宦盛奎,韩阳,译. 北京:北京大学出版社,2009.

42. [美]劳伦斯·弗里德曼. 法律制度——从社会科学的角度观察[M]. 李琼英,林欣,译. 北京:中国政法大学出版社,2004.

三、期刊类

1. 李拥军. 合法律还是合情理:"掏鸟窝案"背后的司法冲突与调和[J]. 法学,2017(11).

2. 李拥军. 司法改革中的体制性冲突及其解决路径[J]. 法商研究,2017(2).

3. 苏力. 法条主义、民意与难办案件[J]. 中外法学,2009(1).

4. 苏力. 中国司法改革逻辑的研究——评最高法院的《引咎辞职规定》[J]. 战略与管理,2002(1).

5. 苏力. 关于能动司法与大调解[J]. 中国法学,2010(1).

6. 苏力. 司法制度的合成理论[J]. 清华法学,2007(1).

7. 王启梁. 网络时代的民意与法律应有之品性[J]. 法商研究,2009(4).

8. 王启梁. 意义、价值与暴力性私力救济的发生——基于对行动的主观维度考察[J]. 云南大学学报(法学版),2007(3).

9. 方乐. 司法行为及其选择的文化注释——以转型司法中的中国法官为例[J]. 法律科学,2007(5).

10. 方乐. 法官判决的知识基础[J]. 法律科学,2009(1).

11. 顾培东. 能动司法若干问题研究[J]. 中国法学,2010(4).

12. 顾培东. 公众判意的法理解析——对许霆案的延伸思考[J]. 中国法学,2008(4).

13. 郑智航. 国家建构视角下的中国司法——以国家能力为核心[J]. 法律科学,2018(1).

14. 郑智航. 法院如何参与社会管理创新——以法院司法建议为分析对象[J]. 法商研究,2017(2).

15. 郑智航. 调解兴衰与当代中国法院政治功能的变迁——以《最高人民法院工作报告》(1981年—2010年)为对象[J]. 法学论坛,2012(4).

16. 夏锦文. 当代中国的司法改革:成就、问题与出路[J]. 中国法学,2010(1).

17. 夏锦文,徐英荣. 现实与理想的偏差:论司法的限度[J]. 中外法学,2004(1).

18. 秦策,夏锦文. 司法的道德性与法律方法[J]. 法学研究,2011(4).

19. 程竹汝. 论司法在现代社会治理中的独特地位和作用[J]. 南京政治学院学报,2013(6).

20. 程竹汝. 社会控制:关于司法与社会最一般关系的理论分析[J]. 文史哲,2003(5).

21. 孙笑侠. 公案的民意、主题与信息对称[J]. 中国法学,2010(3).

22. 孙笑侠. 论基于规则与事实的司法哲学范畴[J]. 中国社会科学,2016(7).

23. 孙笑侠. 法律家的技能与伦理[J]. 法学研究,2001(4).

24. 孙笑侠. 判决与民意——兼以美国为例考察法官如何对待民意[J]. 政法论坛,2005(5).

25. 孙笑侠. 论司法多元功能的逻辑关系——兼论司法功能有限主义[J]. 清华法学,2016(6).

26. 孙笑侠. 司法的政治力学——民众、媒体、为政者、当事人与司法官的关系分析[J]. 中国法学,2011(2).

27. 刘治斌. 司法过程中的法律发现及其方法论析[J]. 法律科学,2006(1).

28. 刘治斌. 案件事实的形成及其法律判断[J]. 法制与社会发展,2007(2).

29. 王国龙. 从难办案件透视中国司法权的运行逻辑[J]. 法学,2013(7).

30. 王国龙. 捍卫法条主义[J]. 法律科学,2011(4).

31. 王国龙. 司法原情:传统及其当代价值[J]. 政法论丛,2015(1).

32. 杨建军. 通过司法的社会治理[J]. 法学论坛,2014(2).

33. 杨建军. 法律的系统性危机与司法难题的化解——从赵春华案谈起[J]. 东方法学,2017(3).

34. 杨建军. 好法官的两种形象[J]. 法学论坛,2012(5).

35. 杨建军,马治选. 当代中国社会的维权行动——以维权类法治人物、案件和新闻为主要分析对象[J]. 法制与社会发展,2013(5).

36. 舒国滢. 从司法的广场化到司法的剧场化——一个符号学的视角[J]. 政法论坛,1999(3).

37. 刘星.怎样看待中国法学的"法条主义"[J].现代法学,2007(2).

38. 汪庆华.通过司法的社会治理:信访终结与寻衅滋事[J].浙江社会科学,2018(1).

39. 高志刚.回应型司法制度的现实演进与理性构建——一个实践合理性的分析[J].法律科学,2013(4).

40. 劳东燕.能动司法与功能主义的刑法解释论[J].法学家,2016(6).

41. 孟涛.论当前中国法律理论与民意的冲突——兼论现代性法律的局限性[J].现代法学,2010(1).

42. 孟涛.改革开放以来法院体制的分权与集权——中国国家司法能力建设的变迁轨迹[J].新视野,2010(4).

43. 陆宇峰.社会理论法学:定位、功能与前景[J].清华法学,2017(2).

44. 陆宇峰.走向"社会司法化"——一个"自创生"系统论的视角[J].华东政法大学学报,2013(3).

45. 姚建宗.新兴权利论纲[J].法制与社会发展,2010(2).

46. 姚建宗,侯学宾.中国"法治大跃进"批判[J].法律科学,2016(4).

47. 冯洁.人工智能对司法裁判理论的挑战:回应及其限度[J].华东政法大学学报,2018(2).

48. 申伟.转型中国司法问题的时间语境[J].社会科学论坛,2016(12).

49. 郭春镇.感知的程序正义——主观程序正义及其建构[J].法制与社会发展,2017(2).

50. 江国华.审判的社会效果寓于其法律效果之中[J].湖南社会科学,2011(4).

51. 江国华.转型中国的司法价值观[J].法学研究,2014(1).

52. 陈金钊.法律如何调整变化的社会——对"持法达变"思维模式的诠释[J].清华法学,2018(6).

53. 侯猛.当代中国政法体制的形成及意义[J].法学研究,2016(6).

54. 陈洪杰.转型社会的司法功能建构——从卡理斯玛权威到法理型权威[J].华东政法大学学报,2017(6).

55. 季卫东.法律职业的定位——日本改造权力结构的实践[J].中国社会科学,1994(2).

56. 季卫东.中国式法律议论与相互承认的原理[J].法学家,2018(6).

57. 张志铭.司法判决的结构与风格——对域外实践的比较研究[J].法学,1998

(10).

58. 陆永棣.从立案审查到立案登记:法院在社会转型中的司法角色[J].中国法学,2016(2).

59. 凌斌.当代中国法治实践中的"法民关系"[J].中国社会科学,2013(1).

60. 孟融.我国法院执行公共政策的机制分析——以法院为"一带一路"建设提供保障的文件为分析对象[J].政治与法律,2017(3).

61. 石茂生.司法权力泛化及其制度校正——以司法权力运行为中心[J].法学,2015(5).

62. 徐霄飞.司法治理中的决策模型研究[J].浙江社会科学,2018(1).

63. 吴英姿.司法的公共理性:超越政治理性与技艺理性[J].中国法学,2013(3).

64. 胡铭.司法公信力的理性解释与建构[J].中国社会科学,2015(4).

65. 季晨溦.民意沟通:公共理性的司法构建基础[J].政法论丛,2017(3).

66. 陈杰.基于裁判理由的民意判决的正当性探析[J].河北法学,2018(4).

67. 陈林林.公众意见在裁判结构中的地位[J].法学研究,2012(1).

68. 陈绍松.司法裁判的评价与认同[J].法学杂志,2018(1).

69. 范愉.诉讼社会与无讼社会的辨析和启示——纠纷解决机制中的国家与社会[J].法学家,2013(1).

70. 江必新,王红霞.法治社会建设论纲[J].中国社会科学,2014(1).

71. 张斌峰,陈绍松.试论司法判决的合理可接受性——以修辞学为视角[J].齐鲁学刊,2014(1).

72. 冯辉.公共治理中的民粹倾向及其法治出路——以 PX 项目争议为样本[J].法学家,2015(2).

73. 张恩典.当代转型社会的司法公信力重建——以布迪厄"场域"理论为视角[J].河南财经政法大学学报,2016(6).

74. 徐光华.个案类型特征视域下的刑事司法与民意——以 2005 至 2014 年 130 个影响性刑事案件为研究范本[J].法律科学,2015(5).

75. 刘艳红."司法无良知"抑或"刑法无底线"?——以"摆摊打气球案"入刑为视角的分析[J].东南大学学报(哲学社会科学版),2017(1).

76. 周安平.涉诉舆论的面相与本相:十大经典案例分析[J].中国法学,2013(1).

77. 栗峥.传媒与司法的偏差——以 2009 十大影响性诉讼案例为例[J].政法论坛,2010(5).

78. 陈柏峰.法治热点案件讨论中的传媒角色——以"药家鑫案"为例[J].法商研究,2011(4).

79. 孙海波.司法义务理论之构造[J].清华法学,2017(3).

80. 侯明明.中国社会的司法回应论纲——"诉求—回应"互动模式的视角[J].北京理工大学学报(社会科学版),2019(2).

81. 侯明明.中国司法回应社会的方式、策略及其风险与出路[J].法商研究,2020(1).

82. 侯瑞雪.整合进路中的发展策略:伯克利学派的理论纲领——兼评《转变中的法律与社会:迈向回应型法》[J].河北法学,2006(10).

83. 周国兴.审判如何回应民意——基于卢埃林情景感理论的考察[J].法商研究,2013(3).

84. 蒋楠楠.法律与伦理之间:传统中国复仇行为的正当性及限度[J].法学评论,2018(4).

85. 陈龙.民粹化思维与网络空间底层叙事的天然正义性话语修辞[J].社会科学,2018(10).

86. 陈龙.纳入母题框架叙事:一种网络传播的修辞策略[J].西北师大学报(社会科学版),2018(5).

87. 白建军.中国民众刑法偏好研究[J].中国社会科学,2017(1).

88. 伍德志.冲突、迎合与默契:对传媒与司法关系的再审视[J].交大法学,2016(4).

89. 贺海仁.从私力救济到公力救济——权利救济的现代性话语[J].法商研究,2004(1).

90. 张玉光.儒家孝义思想对传统中国国家司法主义的影响——以"复仇"制度为论域的思考[J].西南政法大学学报,2004(5).

91. 孙树光.行政犯裁判结构的功能性研究——以法律结构与社会结构互动机制为视角[J].政治与法律,2019(6).

92. 张心向.死刑案件裁判中非刑法规范因素考量[J].中外法学,2012(5).

93. 杨知文.司法裁判的后果主义论证[J].法律科学,2009(3).

94. 雷磊.反思司法裁判中的后果考量[J].法学家,2019(4).

95. 王彬.司法裁判中的"顺推法"与"逆推法"[J].法制与社会发展,2014(1).

96. 于浩.推陈出新:"枫桥经验"之于中国基层司法治理的意义[J].法学评论,

2019(4).

97. 李龙,周志刚.论法律家与法学家的思维范式[J].法制与社会发展,2002(6).

98. 周赟.论法学家与法律家之思维的同一性[J].法商研究,2013(5).

99. 周赟.自生自发理论的价值和限度[J].河北法学,2007(2).

100. 蒋传光.公民的规则意识与法治秩序的构建[J].社会科学研究,2008(1).

101. 泮伟江.司法改革、法治转型与国家治理能力的现代化[J].中共浙江省委党校学报,2015(5).

102. 季金华.司法权威的文化建构机理[J].法律科学,2013(6).

103. 刘作翔.法治文化的几个理论问题[J].法学论坛,2012(1).

104. 刘练军.民粹主义司法[J].法律科学,2013(1).

105. 王禄生.英美法系国家"接触型"司法公开改革及其启示[J].法商研究,2015(6).

106. 孙光宁.案例指导的激励方式:从推荐到适用[J].东方法学,2016(3).

107. 孙光宁.反思指导性案例的援引方式——以《〈关于案例指导工作的规定〉实施细则》为分析对象[J].法制与社会发展,2016(4).

108. 聂长建."说者"与"听者"角色转换——司法判决可接受性的程序性思考[J].政法论坛,2011(2).

四、其他文献

1. 邱昭继.法律问题有唯一正确答案吗?——论德沃金的正确答案论题[C]//陈金钊,谢晖.法律方法(第9卷).济南:山东人民出版社,2009.

2. 刘练军.司法判决的公共产品属性[C]//吴康宁.金陵法律评论(秋季卷).北京:法律出版社,2012.

3. 谭安奎.公共理性[C].杭州:浙江大学出版社,2011.

4. 谢小瑶,赵冬.裁判可接受性的"理想"与"现实"——源于听众理论的启示[C]//张仁善.南京大学法律评论(春季卷).北京:法律出版社,2013.

5. 朱振.法律的权威性:基于实践哲学的研究[C]//张仁善.南京大学法律评论(春季卷).北京:法律出版社,2015.

6. [法]布迪厄.法律的力量——迈向司法场域的社会学[C]//《北大法律评论》编委会.北大法律评论(第2卷第2辑).北京:法律出版社,2000.

7. [日]滋贺秀三.中国法文化的考察——以诉讼的形态为素材[C]//王亚新,梁治平.明清时期的民事审判与民间契约.王亚新,等,译.北京:法律出版社,1998.

8. [美]克利福德·吉尔兹.地方性知识:事实与法律的比较透视[C]//梁治平.法律的文化解释.北京:生活·读书·新知三联书店,1994.

9. [美]斯蒂文·J.伯顿.法律的道路及其影响[C].张芝梅,陈绪刚,译.北京:北京大学出版社,2005.

10. 刘斌."自治"与"回应":中国法院司法风格调整的评估与反思[C]//公正司法与行政法实施问题研究:全国法院第25届学术讨论会获奖论文集(上).北京:人民法院出版社,2014.

11. 汪庆华.通过司法的社会控制——涉诉信访与行政诉讼[C]//姜明安.行政法论丛(第13卷).北京:法律出版社,2011.

外文文献:

一、专著

1. KARL N. LLEWELLYN. Jurisprudence: Realism in Theory and Practice [M]. Chicago: The University of Chicago Press, 1962.

2. HABERMAS. The Theory of Communicative Action(Vol. 1): Reason and The Rationalization of Society [M]. trans. Thomas McCarthy. Boston: Beacon Press, 1984.

3. HABERMAS. Between Facts and Norms: Contributions to a Discourse Theory of Law and Democracy[M]. trans. William Rehg. Cambridge: MIT Press, 1996.

4. NIKLAS LUHMANN. Observations on Modernity [M]. Trans. William Whobrey. California: Stanford University Press, 1998.

5. EDWARD SHILS. The Torment of Secrecy: The Background & Consequences of American Security Policies [M]. Glencoe, IL: The Free Press, 1956.

6. RICHARD RORTY. Philosophy as Cultural Politics: Philosophical Papers [M]. Cambridge: Cambridge University Press, 2007.

7. RICHARD A. POSNER. Breaking the Deadlock: the 2000 Election, the Constitution, and the Courts [M]. Princeton, NJ.: Princeton University Press, 2001.

8. ROY L. BROOKS. Structures of Judicial Decision Making from Legal

Formalism to Critical Theory [M]. Durham, NC: Carolina Academic Press, 2005.

9. RONALD DWORKIN. Taking Rights Seriously [M]. Cambridge: Harvard University Press, 1978.

10. PATRICK DEVLIN. The Enforcement of Morals [M]. Oxford: Oxford University Press, 1965.

11. PHILIPPE NONET, PHILIP SELZNICK. Law and Society in Transition: Toward Responsive Law[M]. New York: Harper and Row, 1978.

二、期刊

1. LEE EPSTEIN, et al. The Role of Constitutional Courts in the Establishment and Maintenance of Democratic Systems of Government[J]. Law and Society Review, 35(1)2011.

2. LON L FULLER. The Forms and Limits of Adjudication[J]. Harvard Law Review, 92(2)1978.

3. OWEN M. FISS. Objectivity and Interpretation[J]. Stanford Law Review, 34(4)1982.

4. OWEN M. FISS. The Social and Political Foundations of Adjudication[J]. Law and Human Behavior, 6(2)1982.

5. OWEN M. FISS. Foreword: The Forms of Justice[J]. Harvard Law Review, 93(1)1979.

后记

学术之路是一场拥抱不确定性的冒险

这本小薄册子是我第一本由既有发表论文集结成书的成果,所以于我而言,显得格外珍惜(当然是一种敝帚自珍)。但不管是在语言文字的表达形式上,还是特定观点的具体内容上,也不可避免地透漏出稚嫩和不成熟。面对深刻的理论世界以及繁杂的现实世界,当一个个问号不间断地出现在脑海的那一刻,也许就该承认个体在知识面前的理性不及。通过不断地追问和反思,承认自身的无知,也许是我们人类自身不断前进的最大动力。所以,一想到学术成长之路的历时性和进阶性,我则有点释然,大部分青年教师也应该是这样走过来的,慢慢地才能变为学术场域的"老人"。之所以说"老",不仅仅在于年龄的增长,更在于学术职场的游刃有余、写作套路或者学术规范的熟稔,以及思想观念的愈益成熟。一路求学,从本科到博士,我见证了周围太多这样的历程与时刻。这也恰好印证了著名法学家苏力教授说过的那句话,"我们不仅见证历史,其实我们就是历史。"

平心而论,这一路走来的历程告诉我,正如开在窗台水泥夹缝中的小花一样,学术生涯也是一场冒险之旅,更是拥抱不确定性的过程。

从事学术研究,不是简单地追求某种唯一正确答案,而是提供一种正当的合理解释或基于充分论证基础上的可能答案。但是在人文社科领域,像自然科学那样确定性的知识太少了。甚至是,我们自身在得出一些结论之后,内心还是会再次追问一下,是这样的吗?真的是这样的吗?这样解释的话,会不会有什么漏洞?还有没有完善的空间,使其更具有说服力和解释力呢？更何况，"一千个读者就有一千个哈姆雷特"这样的情况也时常存在。只不过，这样认为的或者认同此观点的人多了，才成为了一种所谓的特定时空下的"共识"。但是，这种"共识"在将来都有被打破的可能性。所以，当我们认为某种理论是一种"共识"时，其实保持必要的警醒和谨慎是应该的。

再者，知识分子的研究进路就应该是片面深刻的，夸张一点的说法就是，著名作家许知远所提到的"带着偏见看这个世界"。但是这种片面深刻是建立在充分论证基础之上的，而不是十分浅薄不加论证的决断。那种 A 说 B 说 C 说到我说而融合的教科书式的思路肯定是全面的，但是其却丢失了某个视角深挖下的纵向深刻性。

其实，除了内容观点的展示之外，本书也试图在写作方法上有所呈现，进而传达出我自己近些年来关于写作的几点粗浅理解。第一，学术写作就是运用理论想象力建立某种关系。至于具体是何种关系，这需要在具体的理论之间、理论与现实之间再加以细化。这种想法呈现出两个追求：一是对于理论的追求；二是对于关系的追求。这一点，在第一章、第三章的阐释中得到了明显的体现。我将"卡多佐司法实用主义哲学"与"通过司法的社会治理"进行了"理论参鉴"意义上的勾连；将传统司法文化与法治中国建设的主体性进行了关联，试图挖掘出传统司法文化的当代价值和意义。第二，从中国的法治实践中提炼出抽象的概念或者命题，对此进行深刻分析的基础上，进而实现由实践到理论的升华。这一点，集中体现在第二章、第五章、第七章和第八章。我分别提出了"转型时期中国社会的司法回应""司法正义与社会正义的错位"和"通过个案判决塑造公众法治观念"等命题，并对此一一展开。第三，利用某种成熟理论作为分析某个问题的视角进行阐释，比如系统论法学的视角、结构功能主义的视角、组织社会学的视角、法经济学的视角等。通过利用这些视角分析某个法学问题，从而得出一些新的启示和观点。这一点，集中体现在第六章。我通过借用美国行为主义法学派代表人物布莱克的"案中隐性社会结构"对"张扣扣案"这一热点案件进行了分析，试图得出一些关于"活法"对于司法裁判的新启示。第四，探寻学术研究与日常现实之间的差异，尤其是写作表达与法治实践之间的区分。这一点，集中体现在第四章，我基于纯粹逻辑思维和日常现实之间的差异，指出了学术研究中单一线性进路的弊端，进而提倡"司法日常现实与逻辑简化"的合作式思考路径。其实，稍微夸张一点地说，这不仅仅是在反思"司法判决的正当性来源"这一个问题，其背后是对于整个社会科学研究方法与进路的反思。

感谢家人的理解和陪伴，正是你们的存在才使得我有更大的动力从事于一份自己喜欢而又充满挑战的职业；感谢曾经在各种会议、审稿、评阅等场合、阶段提出各种建议、意见的师友，是你们让本书更加充实、完善。感谢曾经刊发本书部分章节的《天府新论》《学术论坛》《人权研究》《甘肃政法大学学报》《兰州学刊》《现代法治研究》《政法学刊》等期刊编辑部以及编辑的赏识。感谢上海三联书店郑秀艳女士高效、认真、负责的编辑工作，让本书能够快速地出版，见诸于世。

思虑再多，也难免存在疏漏、不足之处，期盼学界各位同仁不吝指正。

2023 年 12 月 10 日

于长春寓所

图书在版编目(CIP)数据

通过司法的社会治理/侯明明著.—上海：上海
三联书店,2024.6—ISBN 978-7-5426-8558-2

Ⅰ.D63

中国国家版本馆 CIP 数据核字第 2024SC1602 号

通过司法的社会治理

著　者 / 侯明明

责任编辑 / 郑秀艳
装帧设计 / 一本好书
监　制 / 姚　军
责任校对 / 王凌霄

出版发行 / 上海三联书店
　　　　　(200041)中国上海市静安区威海路 755 号 30 楼
邮　箱 / sdxsanlian@sina.com
联系电话 / 编辑部：021-22895517
　　　　　发行部：021-22895559
印　刷 / 上海颛辉印刷厂有限公司

版　次 / 2024 年 6 月第 1 版
印　次 / 2024 年 6 月第 1 次印刷
开　本 / 655 mm×960 mm　1/16
字　数 / 210 千字
印　张 / 15.75
书　号 / ISBN 978-7-5426-8558-2/D·642
定　价 / 88.00 元

敬启读者,如发现本书有印装质量问题,请与印刷厂联系 021-56152633